徹底検証「新しい歴史教科書」

東アジア・境界域・天皇制・女性史・社会史の視点から

第**1**巻

古代編

同時代社

シリーズの構想

「シリーズ：歴史教科書の常識をくつがえす」全5巻は、新しい歴史教科書をつくる会（以下「つくる会」と略称する）が2001年に扶桑社から出版した検定合格済み教科書の詳細な批判である。

「つくる会」は、1997（平成9）年の1月に結成された。この団体は、日本の太平洋戦争中のアジア諸国への侵略に対する謝罪と保障が不充分なことへの批判が韓国や中国で高まり、特に従軍慰安婦の問題が大きく取り上げられる中で、東大教授（当時）の藤岡信勝を中心に1995（平成7）年に結成された自由主義史観研究会を母体としている。この研究会は、従来の明治維新以後の歴史に関する見方が偏った思想によって作られた「自虐史観」であると批判し、それにとらわれない「自由な」新しい歴史観に基づいて歴史教育を推進しようとする、教師やその他の人々によって結成された。そして1996年6月に検定合格となった全7社の歴史教科書に従軍慰安婦が明記されたことをきっかけに、「過去の歴史にとらわれない自由な歴史観に基づいた歴史教科書を作り、それを青少年に供給する」ことを目的として、この研究会を母体にさらに多くの人を集めて、「つくる会」は結成された。結成当時の会長は東京電気大教授の西尾幹二、副会長は前記の藤岡信勝である。そして結成から2年後には全国の都道府県に支部を結成し、公称会員数は6000名に達した。

「つくる会」が作った歴史教科書は、日本の歴史の意図的な改変であり、アジア各国との今後の友好関係を築く上での障害となることは事実である。

この教科書は大略3つの欠陥を持っている。
　（A）日本の歴史における天皇制の役割を過度に強調し、無批判に「天皇中心」の日本こそ日本のあるべき姿であるとしていること。
　（B）日本国・および日本文化の形成に果たした中国や韓国の役割を過小評価していること。
　（C）日本が過去に行った侵略行為を過少に記述していること。
これにより、日本の歴史を意図的に改変しようとしていることに疑いはない。

しかしこの教科書をめぐる議論には大きな欠陥がある。

一つは、現在学校で使われている歴史教科書には、「つくる会」が指摘する以上に重大な欠陥があることが忘れ去られていること。二つめは、なぜ今、きわめて民族主義的な教科書が作られたのかという時代状況の分析が、不充分にしかなされていないこと。三つめは、なぜ韓国や中国が強硬に、日本の歴史教科書のありかたを問題にするのかという時代状況の分析が、不充分にしかなされていないこと。

　ここをしっかり把握しないと、この歴史教科書への対応は感情的な非難の応酬となり、不毛な政治的主張のぶつかり合いとなってしまう。

(1) 現在の歴史教科書・歴史教育の持つ欠陥

　現在学校で使用されている歴史教科書の根本的欠陥は、歴史上の出来事の歴史的評価を下さず、「事実」のみを記述していることにある。歴史とは単に事実を学ぶことではない。過去の人々の歴史的選択の積み重ねによって、今現在がどのようにして成り立ってきたのかを学ぶことにより、今後の未来をどう構想するかを考える所に、歴史を学ぶ意味がある。従って歴史から学ぶには、客観的な資料によって復元した事実に基づき、当時の人はその時代をどう認識してどのような歴史的選択をしたのか知るとともに、昔の人の歴史的選択そのものを客観的に評価し、今後の歴史的選択に役立てようとすることが大切である。しかし、戦前の歴史研究では、その国家の神聖天皇制的性格により、天皇制の意味や社会史的研究はほとんどなされず、歴史教育では、歴史は神話を学ぶものと政治的に規定され、歴史研究と歴史教育は切断された。一方戦後の歴史研究は、社会史的研究など科学としての歴史研究は進展したが、戦前の経験への拒否感から、日本国家のあり方や日本における天皇制の役割などの問題は脇に置かれた。そして歴史教育では、教科書検定制度の存在により教科書がその時代の歴史研究の成果を反映できなくなるとともに、学校教育全般が受験と立身出世のための道具と化したことから、過去の科学的な再検討に基づいて未来の日本の国のありかたについての考察を深めるという作業は教育から排除され、歴史学習は、ほとんど受験のための暗記科目にと堕してしまった。

　日本の歴史研究には戦前も戦後も無視できない歪みがあったし、歴史教育も、戦前も戦後も、歴史を科学的に再検討し、これを基に日本国の未来像を描き揚

げるという作業をしてこなかった。このため多くの日本人の歴史認識には、きわめて深刻な歪みが生じていたのである。

　新しい歴史教科書は、不充分ながら、しかも間違った視点からこの問題をも提起しているのであるが、反対論者の多くはこのことに気づいていない。そして同時に、新しい歴史教科書の記述自身も、戦後の歴史教科書が受けてきた歪みから自由ではないことを、この教科書を作った人々や賛同者も気づいていない。

(2) 歴史教科書が問題となる現代的背景

　また、歴史教科書が問題になっている背景は、アメリカ標準のグローバリズムの展開によって、世界各国は自国の存続の為にどう未来を構想するかが緊急の課題とされ、そのためには、自国の歴史のとらえかたが優れて現代的課題になっているからである。

　グローバリズムの展開はアメリカの巨大な政治的・軍事的・経済的力に依拠しており、日本やアジア各国のこれまでのあり方を否定し、アメリカに従属するのかアメリカに対抗して独自の勢力として屹立するのかを問うている。その中でアジア諸国は、アジア経済共同体という広域経済・政治共同体を設立してグローバリズムに対抗しようと指向し、その盟主には日本を期待している。中国を牽制しつつそれを巻き込み同時にアメリカと対抗するには、日本の高度な科学・技術力と経済力が不可欠だからである。しかし日本は、アジア諸国の期待に反して、アメリカに追従し続け、アジアの盟主たる自覚もない。

　「つくる会」の人々が民族主義をかかげて自国の歴史を意図的に改変してまで「日本民族の誇り」にかけるのは、このグローバリゼーションの流れの中でアメリカに従属しながら進むという日本の現在のあり方への拒否的対応でもある。そして、中国や韓国がそれに反発し日本の侵略の事実を問題にし謝罪を要求するのは、過去のいきさつを清算し、グローバリゼーションの展開の中でアジアレベルでの共同を模索する中での、これもアメリカ発のグローバリゼーションに対する拒否的対応である。この両者のすれちがいをどうするのか。今後日本は、中国や韓国やアジアの国々とどのような関係を持つべきなのか。歴史教科書のありかたをめぐる論争は、この問題と一体である。

しかしこのような認識は、批判する側もされる側にも希薄である。

(3) シリーズの構想と刊行の目的
本シリーズ全5巻は、以上の観点にたって、
　①新しい歴史教科書の一字一句を検討し、批判する
　②この批判を基礎に、「つくる会」の問題提起の積極的な側面とともに、意図的な歴史改変の姿と誤った歴史認識を明らかにする
という二つの作業を、古代編・中世編・近世編・近代編・現代編と5巻に分けて行う。

　そしてこの作業を通じて、新しい歴史教科書が提起した、歴史教科書・歴史教育の問題点と今後のあり方を明かにする。また同時に、新しい歴史教科書に決定的に欠けている「東アジア・世界の中に日本を位置付け、その境界域をも重視する」視点や「女性史・社会史」の視点から、そして新しい歴史教科書が提起した「日本における天皇制の役割」を再検討する視点から、なるべく最新の歴史研究に依拠しながら、今までの歴史教科書が描いてきた常識的な歴史像をくつがえすことによって、日本人の歴史認識を新たにする素材を提供する。

　こうすることで、今後の日本とアジアの関係をどう設定したらよいかを考える基礎的視点を提供することを目的として、全5巻を順次刊行する。

　　注：この批判は、2001年6月の扶桑社刊の市販本に依拠して行った。また、2005年8月に刊行された新版も参照し、旧版との異同も含め、新版の批判も、各項の末尾に注として掲載した。旧版の方が新版よりも、「つくる会」の主張と歴史改変の様を直裁に表現していると判断したからである。さらに文中では比較のために、著者が授業で使用していた教科書を参考に使用し引用もした。清水書院発行「中学校歴史：日本の歴史と世界」(平成8・1996年検定合格、平成11・1999年第3版発行)である。平成10・1998年に学習指導要領が改訂され、世界の歴史については「日本史との関連においてのみあつかう」と変更される前の教科書ではあるが、記述はバランスがとれているので、比較するのには好都合であったため使用した。

徹底検証「新しい歴史教科書」

第1巻(古代編)

目　次

6　目次

シリーズの構想 ……………………………………………………………… 1
はじめに …………………………………………………………………… 8

序　章　「序章：歴史への招待」批判

1　「日本の美の形」のとりあげ方に潜む危うさ ………………………… 12
2　「歴史を学ぶとは」に潜む問題のすり替えの構造 …………………… 14
3　「日本歴史の流れ―歴史モノサシ―」の虚像 ………………………… 19

第1章　「第1章：原始と古代の日本」批判

1　農耕と交易に依拠した縄文文化
　　――「文明＝進歩」史観批判としての「縄文文明」論が見逃したもの ……… 24
2　東アジア諸民族に大きな影響を与えた中国文明の社会的基盤
　　――政治史に偏った「中国の古代文明」論が見逃したもの …………… 31
3　100万人以上の渡来人
　　――大陸からの大量の人の渡来を無視した「弥生文化」論 …………… 37
4　「日本語」「日本神話」の起源論は
　　日本人が渡来人であることを示している ……………………………… 44
5　日本列島の王者は九州倭王朝であった
　　――元祖「歴史捏造」としての「邪馬台国」論 …………………………… 49
6　幻の「大和朝廷」による「日本統一」 ……………………………………… 56
7　「神武東征」は倭王朝の東方武装植民だった
　　――「改作された伝承」を無批判につかった「神武天皇の東征伝承」 …… 65
8　「倭」＝「大和朝廷」という虚妄 …………………………………………… 73
9　日本列島は「大和」の傘下にはないことを示す「倭建伝承」 ………… 87
10　幻の「聖徳太子の独自外交」
　　――隋と対立したのは九州倭王朝のアメノタリシホコだ ……………… 92
11　「盗用」の結果である「聖徳太子の政治」 ……………………………… 102
12　大いなる歴史の改変 ――「大化の改新」はなかった ……………… 108
13　白村江の敗戦で倭国は「滅び」た！
　　――「日本という国号の誕生」の裏に隠れた真実 ……………………… 116
14　東アジアの辺境に成立した「律令国家」の特殊性 …………………… 133
15　聖武朝は新王朝「日本国」の皇位継承の危機の時代であった …… 142

16	日本文化の国際的背景を示す:「日本語の確立」	155
17	神話は「政治的に歪め」られてはいるが、 　　日本の初源の姿を示す宝である	162
18	飛鳥・天平文化は「日本人の美意識」の古典ではない 　　——「独善的美意識」に基づく飛鳥・天平文化論	171
19	「政治宣言」の書 　　——古事記と日本書紀	179
20	王朝簒奪者としての桓武天皇 　　——桓武朝成立の裏側を無視した天皇「信仰」的記述	184
21	「日本列島すべてが天皇家の統治下にある」という概念の虚妄さ	189
22	摂政・関白は王家の家長不在の中で王権を代行した 　　——「天皇はあやつり人形」ではなかった	203
23	中世の始まりとしての10世紀	211
24	平板な武士像:「武門貴族」と「国の兵」の合体を捉えられず	217
25	「新たな直系皇統創出」としての「院政」の登場	224
26	「個人救済仏教」の先駆けとしての平安仏教 　　——「仏教の新しい動き」の新しさとは何か	231
27	「唐風」を基礎とした「国風文化」	245
28	浄土教の興隆の意味 　　——都市の発展と共同体の崩壊	255
29	聖・俗を統合する王への脱皮を図る後白河王権 　　——院政期の文化の性格	265
30	補遺1:完全に無視された奥州・蝦夷ヶ島・東アジア交易網	279
31	補遺2:間違いだらけの「紫式部と女流文学」	291
32	補遺3:「女性天皇」の位置付け 　　——古代社会の女性	299

巻末資料 ……… 331

あとがき ……… 341

はじめに

　この書物は、新しい歴史教科書をつくる会（以下「つくる会」と略称する）が2001年に扶桑社から出版した検定合格の中学校用歴史教科書、「新しい歴史教科書」の「序章」と「第1章：古代の日本」との批判である。

　この論考は、2001年の教科書改定に際して、「つくる会」がはじめて教科書出版に参入して扶桑社から出し、これが検定に合格したことを契機に書き始められた。2001年6月に出版された市販本をただちに購入して読んでみたところ、さきに「シリーズの構想」に書いたような根本的な欠陥を持っており、これは教科書と言うよりも、政治的プロパガンダの本だとの印象を持った。また、この本に対する様々な批判を見てみたが、批判する側の視点にも問題が多く、このままでは、今この本が公にされている意味も明かにならず、そしてこの教科書が流布させようとしている嘘がまかり通ってしまうのではないかとの危惧を抱いた。そこで新しい歴史教科書の詳細な批判を作り、全面批判を公開するとともに、この教科書をめぐる論争の問題点をも明らかにしようとしたのが、この論考のはじまりであった。

　しかし当時はまだ、現職の中学校教諭であったため、毎日の授業などの教育活動に忙しく、この年の夏休み中に、第1章「古代の日本」の平安時代の初めまで書き上げるのが精一杯であった。そして仕事の合間に執筆を続け、翌2002年3月までに第1章の批判を書き上げ、4月には、第2章「中世の日本」に取りかかったものの、この年は3学年の担当でもあり、この年限りで退職することになっていたのでさまざまな引継ぎ事項に追われ、結局2章の批判は途中までとなってしまった。2003年3月に退職し、評論活動に移ったのだが、新しい仕事に忙しく、また翌2004年には家族が相次いで入退院し、仕事と家族の世話に追われ、この状況は2005年夏まで続き、教科書の批判は、途中で挫折したままになってしまった。

この論考を再開したのは、2005年8月。「つくる会」教科書が、今回の検定にも合格し、さらに東京杉並区など一部公立中学校で採択されることが決定したことが契機である。このときも、この教科書に対する批判は4年前と同じく不充分であり、この教科書の性格を、充分につかんだものとは言えなかった。そして8月に出版された新版の市販本を見ると、一部改定され、その鮮明な主張＝角のある表現の一部は削除されてはいたが、基本的な歴史の意図的な改変の構造は変わらないことを確認。このままではいけないと批判の執筆を再開したしだいである。「古代の日本」批判はすでに一応完成を見ていたわけだが、「中世の日本」の批判を行うに従い、「つくる会」教科書には、「シリーズの構想」で示した根本的な欠陥以外にも、女性史や社会史、そして東アジアや世界の中に日本を位置付ける視点に欠けていることが明らかとなり、この視点から、「古代の日本」批判もさらに加筆訂正を行った。「古代の日本」批判の最終章が完成したのは、「中世の日本」完成と同時の2006年5月であった。
　「つくる会」教科書が出版されてから、日本と中国・韓国との関係は最悪の状態になっている。きっかけは小泉首相の靖国参拝であるが、背景には、戦後の日本がアジア諸国と新たな国交を結んでいく過程で行った戦後保障があまりに不充分であることと、その枠組みとして作られた戦争責任を少数の戦争指導者に押し付けて日本国家として日本国民としての第二次世界大戦にいたる近代日本総括をやってこなかったことによる日本人自身の歴史認識の歪みとが存在する。
　このような状況の中で、「つくる会」教科書の全面批判を出版することは、日本人自身の歴史認識の歪みを正すきっかけにもなるし、自国の歴史を、アジア諸国や日本の中の境界地域との関係などから読みなおすことにも役立つと考え、ここに「つくる会」教科書批判の一部分を出版することにしたしだいである。

　本書を書くにあたってはたくさんの書物のお世話になった。一つ一つここでとりあげることはできないが、参考にした書物については、本書の各節の終わりに「注」として載せてあるので、さらに深く学びたい方は、それらの本にもあたってみて欲しい。
　なおこの批判は、さまざまな歴史家の論説を参考にしながら行ったもので、

著者個人のオリジナルな主張も少しはあるが、多くはプロの歴史家たちの見解に依拠して、中学校の社会科教師として実際に教科書を使ってきた経験に即して、この「つくる会」教科書を実際に使うと、どのような問題が生じるのかということも念頭に置きながら行った批判である。教科書の記述は多岐にわたるので、私の理解がまだまだ不足している分野もあり、全ての問題点をきちんと指摘し得ているわけではない。私の批判の不充分な点や間違いについては、読者諸氏の忌憚のないご批判を期待する。

　最後に、本書を出版するにあたり、いつも構想中のこむずかしい話しを忍耐強く聞いてくれて、構想をまとめるのを手助けしてくれた81歳になる母に感謝したい。

2006年7月

序　章
「序章：歴史への招待」
批　判

1 「日本の美の形」の とりあげ方に潜む危うさ

　「つくる会」教科書は序章に入る前に、「日本の美の形」という一章を設け、縄文時代から現代までの、日本の「代表的な」美術作品を挙げている。しかし、そのあげ方が特異である。

　通常の歴史教科書ならこの部分は、原始・古代の章の前段階として、世界の人類文化の発祥としてアルタミーラなどの洞窟壁画の紹介に始まり、各地の古代文明の文化を紹介し、最後に古代日本文化に大きな影響を与えたインドや中国の文化を紹介する部分である。

　通史的に日本の文化を美の形の変遷を通じてつかませようという意図は良いが、そのとりあげかたに問題がある。

　最初のグラビアページの4ページ目に、「日本の美の形」と題した一文を載せ、その最初に、日本美術の歴史と性格を以下のように要約している。

> 世界にほこる日本の美
> 　明治時代の思想家で、美術界の中心的存在だった岡倉天心は、「アジアは一つである」との言葉を残している。天心は、中国やインドなどアジアの美術が、日本に伝わって一つになったと考えた。日本人は大陸の文化を積極的に取り入れながら、独自の美意識に裏付けられた、世界にほこる美術作品を生み出してきた。
> 　日本の美術は、西洋や中国の美術と並んで、深い内容をもっている。すぐれた美術が日本でつくられた背景には、「形」に対する日本人の高度な鑑賞力があった。

　しかしこのグラビアページでは、その日本人が積極的に取り入れた大陸の文

化である中国やインドの美術が具体的にどんなものであり、どこが「日本独自の美意識」に基づくものなのかを、この教科書を使う生徒たちが自分の目で確かめられるように、中国やインドの美術作品を載せることをしていない。そして各時代の美術の紹介文の中には、かなり独善的な評価を示す文章がちりばめられている。

すなわち、飛鳥時代には「ギリシャの初期美術に相当する」、奈良時代には、「イタリアの大彫刻家ドナテルロやミケランジェロに匹敵する」、鎌倉時代には「17世紀ヨーロッパのバロック美術にも匹敵する表現力をもつ」などである。

これでは日本人独自の美意識なるものは、客観的な資料の配列により、その比較対照によって考察された結果として導き出されるのではなく、検証の対象ではない、あらかじめ作られたドグマとして、生徒に提示される結果となってしまう。

この教科書の最初のグラビアのページに、資料による検証を不可能な形で提示された「日本の美の形」なる一章は、この教科書が「日本的なるもの」の姿とその「優秀性」とを、歴史資料による検証を度外視して、あらかじめあるべきものとして押し付けて行こうとする意図を、たくまずして露呈しているものと思われる。

注：05年8月の新版では、ここに上げた日本美術の歴史的評価に関わる記述はすべて削除されている。扶桑社のホームページにある編集方針によれば、「角のある部分は削除して丸くした」とあるので、「つくる会」の主張をストレートに出した部分は新版ではかなり削除されたものと思われる。

2 「歴史を学ぶとは」に潜む問題のすり替えの構造

　序章の最初は「歴史を学ぶとは」という文章である（p6・7）。この文章にこそ、「つくる会」の人々がこの歴史教科書を作った意図が直裁に表現されており、その主張の正しい部分も、まちがった部分も、全てがあらわれている。教科書は次のように記述する。

　　歴史を学ぶのは、過去の事実を知ることだと考えている人がおそらく多いだろう。しかし、必ずしもそうではない。歴史を学ぶのは、過去の事実について、過去の人がどう考えていたかを学ぶことなのである。
　（中略）
　　歴史を学ぶとは、今の時代の基準からみて、過去の不正や不公平を裁いたり、告発したりすることと同じではない。過去のそれぞれの時代には、それぞれの時代に特有の善悪があり、特有の幸福があった。

ここにこの会の人々が歴史をどう学ぶことを、考えているのかがはっきりあらわれている。
　①「過去の事実を知るのではなく、それを当時の人がどう考えていたのかを学ぶこと」
　②「過去を今の基準から裁くことではない。それぞれの時代に固有の善悪があった」
これが彼らの主張である。

　たしかにそれぞれの時代には固有の状況があり、ある歴史的事実は、その固有の状況から生まれた。そして歴史的事実は全て当時の人々の判断によってなされた彼らの行動なのだから、彼らがどう状況をとらえどう判断して行動した

章：「序章：歴史への招待」批判

点において、今までの歴史教育と歴史教科書には限界があった。
る会」の人々の今までの歴史教育・歴史教科書に対する批判の一つは、
向けられている。
面に限って言えば彼らの主張は正しい。

し、立ち止まってゆっくり考えてみよう。
での歴史教科書が、国民教育の教科書としては異例なほどに自己主張を
制限しているのはなぜなのか。
は、歴史を振りかえってみればすぐわかる。
の歴史教科書は、皇国史観によって歪められ「日本民族の優秀性」とい
な民族主義的主張によって彩られた、政治的プロパガンダの書といって
ではなかった。そして、ここで作られた歴史意識や自国認識が、15 年
いたる悲惨なアジアと日本の歴史を作り出した原動力の一つであったこ
憶に新しい。
の歴史教育はその反動として、歴史的評価を正面に掲げることを極端に
したのであり、科学的な客観的な歴史認識を育てるためには、プロパガ
はなく、事実に基づいて生徒自身が学習の中で気がつくようにすること
だとの認識に基づいていた。
しこれは、歴史認識の育成が教師個々の力量に過度に依存した体制であ
して学校教育が立身出世のための受験の手段と化していったときに、歴
がたんなる受験知識の習得に矮小化され、自国の歴史すら知らない、自
化的伝統も知らない、日本人としての意識すら持たない、大量の無国籍
生み出すもととなった。
認識にてらしてみれば、「つくる会」のさきの主張は、この弱点を問題
歴史教科書を歴史叙述の書と位置付け直し、過去の歴史の当時の状況を
につかむことを通じて自国の歴史の意味を考えようとし、自国の歴史と
文化とを深く知り、日本人としての意識を持った国民を作り上げようと
格を持つことが明らかとなる。
主張はこの限りにおいては正しい。

のかを知らなければ、その事実の意味を捉えることは
　この意味の範囲内においては、彼らの主張は正しい。
うに続ける限りにおいても、この主張は正しい。

　　何年何月何日にかくかくの事件がおこったとか、
　　実はたしかに証明できる。(中略)けれども、そういう
　　て並べても、それは年代記といって、いまだ歴史で
　　くの事件はなぜおこったか、誰が死亡したためにど
　　考えるようになって、初めて歴史の心が動き出すの

　歴史は事実の羅列では、まだ歴史ではない。その事
初めて歴史といえる。そしてこれを考えるには、当時の
が時代をどう見て、どう行動したのかを知らねば、歴
響もつかむことはできない。この意味で歴史を学ぶこ
で裁くことではない。

　今までの学校教育における歴史学習は、この歴史的
の状況に即してとらえ、その意味を考えるという面は、
の状況を知るための記述や資料も少なく、教科書の記
単なる事実の羅列に見えてしまう。
　言い換えれば、今までの教科書は、歴史的事件の意
教科書を主たる教材として授業を行う教師の判断と
た。教師の歴史観や歴史哲学、つまりなんのために歴
意識や、その歴史に対する知識や洞察力の深さによっ
生徒が学ぶことには大きな差が生まれた。
　さらに言いかえれば、今までの教科書は、歴史を
けられていたのであり、歴史叙述の書としては位置付
だし、資料としてもあまりに不充分であり、歴史の意
以外に歴史資料集を必要としたし、教師の自作の資料
あった)。

しかし彼らがこれに続いて以下のように主張するとき、以上のことを主張したのは、彼らが歴史を意図的に改変しようとする意図を合理化するためのものでしかないことを示し、そこでは大いなる問題のすり替えが存在していることが明らかになる。

> しかしそうなると、人によって、民族によって、時代によって、考え方や感じ方がそれぞれまったく異なっているので、これが事実だと簡単に一つの事実をくっきりとえがきだすことは難しいということに気がつくであろう。
> （中略）
> 歴史は民族によって、それぞれ異なって当然かもしれない。国の数だけ歴史があっても、少しも不思議ではないのかもしれない。
> （中略）
> 歴史に善悪を当てはめ、現在の道徳で裁く裁判の場にすることもやめよう。歴史を自由な、とらわれのない目で眺め、数多くの見方を重ねて、じっくり事実を確かめるようにしよう。

たしかに歴史は民族によって、個人によって、時代によって、同じ史実が違ったものとしてとらえられる。だからこそ、数多くの見方を重ねて事実をじっくり確かめる必要がある。

もしこの「つくる会」の教科書が、ことなる立場の民族のことなる立場の個人のそれぞれの見方を裏付ける事実を併記して、歴史を複眼的に見られるように、事実の多様な側面を一方だけ切り捨てることなく記述するのであれば、歴史的評価を正面に立てた歴史叙述の書としての教科書は、意味のある有意義なものになるであろう。

しかし、この教科書の真実の姿は全く逆だ。以下の章に一つ一つ詳述するが、この歴史教科書は事実の多様な側面の一方だけ記述し、対立する見解の一方だけを示す資料を載せるという、単眼的な教科書なのだ。もっともひどい事実の切り捨ては、日本による周辺諸国への侵略の事実と、侵略の意図を極端に切り縮め、そうせざるをえなかった背景のみを強調することによって、他国を侵略征服したことを合理化する態度である。これは古代史から現代史まで、この教

科書の著者たちが一貫してとった態度なのだ。彼らの歴史にたいする態度は、決して「自由」でも「とらわれのない目で眺めた」ものでもない。極めてとらわれの多い、偏った歴史的事実を意図的に改変しようとした態度である。

とすれば、上に詳述した彼らの歴史学習にたいする極めて正しい認識の披瀝が何のためになされたのかは一目瞭然であろう。

今までの歴史教科書は「歴史に善悪をあてはめ、現在の道徳で裁く場」であったという彼らの主張を、まるで正しい立場であるかのようにすり替えるためにのみ主張されていた。

これが、何をさしているかはおわかりであろう。歴史教科書において、日本が古代から現代までに行った全ての周辺諸国にたいする侵略行為を記述し、その当時の人々の侵略意図を記述することがすべて「歴史に善悪をあてはめ、現在の道徳で裁く」悪しき行為だというのだ。これが彼らのいうところの自虐史観であり、正しい歴史叙述ではないというのであり、自分たちの歴史観を、正しい「自由主義史観」であると主張する所以である。

しかし過去の事実を、曇りのない、とらわれのない目で見、事実を多面的にとらえることがどうしていけないのか。それをしてはいけないというのなら、事実は確定できないということになり、歴史的事実はつかむことはできないことになる。また、事実を一面的にしか見ないで得られる民族の歴史認識や民族の誇りとは、なんであろうか。歴史の真実に目をつむった、単なる自己満足の表明にすぎない。

そういえば、彼らはこうも言っている。「歴史を学ぶことは事実を知ることではない」と。「事実を正確に知ることはできない」と。そうだ。彼らが自由な、とらわれのない眼で歴史を見なければならないと主張したのは、すべて「歴史は事実を学ぶのではなく、過去の人が事実をどう考えていたかを学ぶこと」だと言いたいがためである。しかもそれを対立する他の人々の目で見た事実と対比させ検証することなく、全て正しいと理解せよということは、「歴史は事実を知るのではなく、神話を知るのだ」と言っているのに等しい。

彼らは「歴史は神話だ」とも言ってきた。そうだ。神話なのだ。

神話とは、歴史的事実ではない。歴史的事実に基礎を置きながらも、その

一つの側面を強調したり、自分に都合の悪い事実や側面は切り捨てたりしてつくった、意図的な歴史改変の結果なのだ。

なにゆえそうするのか。それは、その神話を歴史だと主張する人々が、自己の主張や立場を歴史的正統性のあるものとして、その神話を示す対象となる人々に、その改変した歴史を信じこませるために行うのである。

自分の歴史観を自由主義史観と呼んだ彼らのその看板にこそ、嘘があった。彼らが誇らしげに主張した歴史哲学は、すべて彼らの歴史の意図的な改変を合理化せんがための隠蓑だった。

では「つくる会」教科書が、どのように事実の一側面のみ記述して事実を改変したのか。以下の章で詳述しよう。

> 注：05年8月の新版は、旧版では見開き2ページあったものを1ページに圧縮（p6）。そして旧版にあった「歴史は事実を学ぶのではなく、昔の人々がどう考えて行動を選択したかを知ることだ」「国や民族が違えば歴史に対する解釈は異なる」という強烈な主張は影を潜め、彼らが言うところの「自虐史観」への批判も影を潜めている。ここでも「角をとった」ということなのだろう。だが後に見るように、記述本体での強烈な主張＝歴史の意図的な改変は改まってはいない。

3 「日本歴史の流れ―歴史モノサシ―」の虚像

序章の二つめは、「日本歴史の流れ」と称し、キリスト紀元を基準に1世紀を1センチで現した年表で、日本の歴史の流れを概観した章である（p8・9）。ここの小見だしは、「人類誕生は450m左に」「明治からは1cm強の長さ」「20cm台を生きるみなさんへ」となっており、人類の歴史の長さに比べ、明治以後の近代・現代の時間の短さを強調している。このことに別に問題はないのだが、

この「明治からは 1cm 強」の節の記述のしかたに問題がある。

> ……この歴史モノサシでは、ちょうど 20cm を示したあたりに現代がある。そして、明治時代は、現代から左へわずか 1cm 余り。明治以後が、いかに短いかに、かえって目を見はる思いさえするだろう。明治になって日本が欧米文明の影響をもろに受けたことはよく知られている。日本人が欧米を知って以来の歴史を、歴史のすべてだと思ったら、大きな間違いをおかすことになる。
> 　日本の歴史がいかに長く、豊であるかが、かえってここからはっきり分かってくるはずだ。(中略)
> ……みなさんは聖徳太子の名前を知っているだろう。5cm9mm で登場する。そのころヨーロッパは、まだ存在しない。フランスやドイツやイタリアがはっきり姿をあらわすのは 12〜13cm で、日本でいえば鎌倉時代である。

なにゆえここで、「日本人が欧米を知って以来の歴史を、歴史のすべてだと思ったら、大きな間違いをおかすことになる」などと、ことさら強調しなければならないのだろう。また日本の歴史の長さを強調するときに、なにゆえ、「みなさんは聖徳太子の名前を知っているだろう。5cm9mm で登場する。そのころヨーロッパは、まだ存在しない。フランスやドイツやイタリアがはっきり姿をあらわすのは 12〜13cm で、日本でいえば鎌倉時代である」などと、ヨーロッパの歴史の短さと対比して強調しなければならないのだろう。しかもこの最後の「ヨーロッパの歴史の短さ」という表現には問題のすり替えすら存在している。

　なぜその国の歴史の長さをあらわすときに、国家の成立を基準にしなければならないのだろう。しかもそれを、現在の国民国家の版図を基準に。また、現在のフランス・イタリア・ドイツに現在の国家とほぼ同じ大きさのほぼ同じ民族構成の国が登場したのをその国のはじまりに置いたとしても、それは「870 年のフランク王国の分裂」がそれにあたるのであって、これは日本では平安時代である。なぜわざわざ「鎌倉時代」などと嘘をいうのだろうか。

　この答えは、870 年ごろの日本の姿に理由がある。この時期は、いわゆる

大和朝廷による長い蝦夷侵略がほぼ完了した時期にあたり、北海道と沖縄を除く現在の日本国の全版図が大和に都する天皇家の下に統一された時期だからである。フランスやイタリアやドイツの出現がこの同じ時期であっては、「日本の歴史がいかに長く、豊かであるか」を強調することは不可能になってしまう。

　この教科書の著者たちは、こんな嘘をつかってまで、日本の歴史の長さを誇らなければならないのだろう。なぜか。

　この理由は、上に引用した部分の「明治になって日本が欧米文明の影響をもろに受けたことはよく知られている。日本人が欧米を知って以来の歴史を、歴史のすべてだと思ったら、大きな間違いをおかすことになる」というものの見方に起因しているのだ。

　どうやらこの本の著者たちは、日本が欧米の影響を強く受けたことが大いに気に入らないらしい。だから欧米の強国が歴史上に現れた時期を意図的に改変してまで、「日本の歴史の方が長いのだからすぐれている」と強弁したいのであろう。それほどまでに明治以後の近代日本の歴史は、彼らにとって汚辱に満ちた歴史なのであろう。

　日本の歴史が欧米の歴史より長いという嘘には、まだ二つ大きな嘘がある。それはこの年表の中で、4世紀ごろに「大和朝廷統一進む」との一項を入れていることだ。

　またあとで古代の項で詳述するが、これは戦前の皇国史観の焼き直しで、なんとしても現天皇家の先祖がかなり早い時期から日本列島の統一王者であるという命題を証明するために、「大和発祥の王墓の形である前方後円墳」という「神話」と、その墳墓の形と「中国伝来の鏡の下賜」という「神話」によって、歴史を意図的に改変したものである。

　要するに「4世紀のころにもう日本は統一が始まっていたのであり、欧米などよりもっと歴史は長い」と言いたいのであろう。

　しかしヨーロッパにおける国家的統一の始源をあげるなら、それはローマ帝国によるヨーロッパ地域の統一をあげるべきだ。これはキリスト教による信仰の統一であり、ローマ字表記による文字の統一であり、その他法律や国家の組織や度量衡にいたるまで、今日のヨーロッパ文化の諸特徴の始源であり、これは紀元前2世紀のことだ。

ここでもこの教科書の著者たちは、おおいなる歴史の意図的な改変を、国家の起源の基準をあいまいにすりかえることによって、実現している。
　しかし、この章における「日本の歴史の長さ」をめぐる最大の問題点は、日本における国家の始源を中国におけるそれと比べていないことである。よく知られているように、中国における現在の版図に匹敵するような国家の成立は、紀元前16世紀の殷王朝の成立であり、それが倒したという伝説上の前王朝夏の遺跡らしきものが今日発掘され始めている事実に照らせば、中国における国家の始源はさらに遡る。
　これは意図的に改変された4世紀日本統一の始まりよりも2000年も前の話であり、日本では縄文時代後期にあたる。

　なぜ日本の国の歴史の長さとは比肩できないほどの長さをもった中国のそれと比べないのか。そもそもこの「歴史のものさし」には、日本以外の外国の歴史のものさしは掲載されていない。特に日本と密接な関係を持っていた東アジアの中国・朝鮮の「歴史のものさし」が掲載されていない。
　ここには、中国・朝鮮にたいする蔑視の思想が裏返しされてあらわれている。そして日本の歴史を世界の流れ、少なくとも東アジアの歴史の流れの中に位置付けて考えるという視点が欠如されたままでの日本　国史しか、この教科書の著者たちの頭の中にはないことがよく表現されている。
　「つくる会」の人々の誇る日本の歴史の長さは、以上のような多くの虚偽によって彩られた幻だったのだ。

　　注：05年8月の新版では、日本の歴史がいかにヨーロッパより長いかという、日本の歴史の長さを誇示しようとする記述は全面的に削除されている（p 7）。

第1章
「第1章：原始と古代の日本」
批　判

近江神宮所蔵の無文銀銭（本文 p152 参照）

1　農耕と交易に依拠した縄文文化
——「文明＝進歩」史観批判としての「縄文文明」論が見逃したもの

(1) 日本＝「豊かな自然環境の国」でよいのか？

　「つくる会」教科書の全てが間違っているわけではない。この歴史教科書は、従来の教科書と違って、歴史上の出来事の歴史的評価をはっきりさせ、時代の性格をより鮮明にしようとする傾向がある。
　その比較的成功例が、第1章第1節「日本のあけぼの」の中の「②縄文文化」の項である。
　ここでは最初に「氷河時代の日本列島」と題して、以下のような記述がある（p 23）。

　　花粉の化石の分析などから、日本では、氷河時代にも厚い氷におおわれることなく、動植物が絶滅せず繁殖し続けていたことが分かっている。豊かな食料を求めて、人々は大陸から渡ってきたのだった。こうして日本でも旧石器時代が始まった。

　この事実は、多くの教科書ではあまり記述されることはない。日本列島は豊かな森に覆われた地帯だった。しかしユーラシア大陸の北部はヨーロッパも含めて氷で閉ざされた地帯だった。だからこそ人類が、当時大陸と地続きであった日本列島に移り住んできたのだ。当時の日本の自然環境の豊かさを前提としなければ、日本列島への人類の出現のわけはわからない。
　しかし、上の記述にも問題はある。この記述のしかたでは、「日本だけが特殊だった」と受け取られかねない。
　事実は、現在氷河時代と表記されている時代に陸地が氷河に覆われていた

のは、北半球でいえば、ユーラシア大陸の北部と、アメリカ大陸の北部にすぎなかった。たしかにヨーロッパ地方は、ほぼ全域が氷河で覆われ、わずかに現在の地中海の北側の地域に針葉樹林の森林地帯が広がっているにすぎなかった（スペインのアルタミーラの洞窟壁画やフランスのラスコーの洞窟壁画はこの時代のもの）。

そしてシベリア全域と中国北部も同様であった。

しかし目をもう少し南部に移してみれば、大地の景観は一変する。氷河の周辺のツンドラ地帯を過ぎれば、針葉樹林の森が広がり、その南には広大な草原が広がっていた。氷河の面積は、最後の氷河期のその最後のもっとも寒い時期である2万8000年前から1万2000年前でも、大陸の30％を占めるに過ぎないのであり、それ以外の時期には、通常は10％ぐらいなのだ。陸地の多くは森林と草原。あのサハラ砂漠も、この時期には草原地帯だった。

「氷河時代」とは、すぐれてヨーロッパ中心史観のなせる技であり、むしろこの時代は「森林と草原の時代」と表現したほうが正確である。

だから上の記述は、正しくは、北半球では北極の近くの陸地の30％を氷河が占めたにすぎず、日本列島でももっとも氷河が発達した北海道は陸地の大部分が氷河とツンドラで覆われ、マンモスもここまでは南下していたが、津軽海峡（当時はないが）より南は、山岳地帯を除いて針葉樹の森で覆われており、多くの動物たちが生息していたと書くべきであったのだ。

日本列島だけが豊かな自然を持っていたわけではない。

(2)「縄文文明」で正しいのか？

この森と草原の時代に終わりを告げたのが、今から1万2000年ほど前である。最後の氷河期が終わり、今まで氷河が覆っていた地域が、ツンドラ、もしくは針葉樹の森となり、草原地帯は水と緑豊かな広葉樹で覆われた地域へと変貌した。

「森林と石清水の生活文化」の項では、最初に次のように記述している（p 23）。

ことに東日本は、豊かな木の実や山芋などのほかに、サケ、マスなどの川魚にも恵まれていた。カツオ、マダイ、スズキといった海の幸。イノシシ、シカ、マガモ、キジといった山の幸。それに豊富な貝類。このように比較的、食料に恵まれていたので、日本列島の住人は、すぐには大規模な農耕を開始する必要がなかった。

　たしかに縄文時代の日本は、海の幸・山の幸に本当に恵まれている。そのことを指摘するのはよい。だがそのことを記した文章のすぐあとに、「日本列島の住民は、すぐには大規模な農耕を開始する必要がなかった」と記す意味はなんだろうか。
　この疑問は、上の文のすぐあとの文を読むと氷解する。ここには以下のような文章が記されている（p 24）。

　大陸の農耕、牧畜に支えられた四大文明はいずれも、砂漠と大河の地域に発展した。それに対し、日本列島では、森林と岩清水に恵まれた地域に、1万年以上の長期にわたる生活文化が続いていた。大陸と日本列島とでは、生活条件が異なっていた。違った条件のもとでは、文明や文化は当然、違った形となってあらわれた。かつて土器のルーツといわれた西アジア（メソポタミア）の壺は、最古のものでも約8000年前である。それに対し、日本列島では、およそ1万6000年前にさかのぼる土器が発見され、現在のところ世界最古である。……（中略・縄文土器）……西アジアの土器は食べ物の貯蔵用のものだが、縄文土器は早くから煮炊きに用いられ、底に加熱の跡を残している。このことは、大きな規模の農耕生活がなくとも、豊かで発達した食生活が得られることを物語っている。

　大規模な農耕とは、ヨーロッパ文明の源になったメソポタミア地方の灌漑農耕のことを指している。つまり、先の「日本列島の住民は、すぐには大規模な農耕を開始する必要がなかった」という主張は、そこに都市国家が生まれ、文字と階級とが生まれた歴史的段階のことを「文明」と呼んでいる、あの文明を相対化し、縄文時代も「文明」であったと主張しようとする立論だったのだ。

たしかにこのことを指摘するのは正しい。農耕・牧畜による古代文明の考え方は、農耕・牧畜を持たない生活は「原始的」で「野蛮なもの」「未開なもの」というイメージを伴っており、のちにヨーロッパによる世界征服を、「文明による未開の文明化」と呼んで合理化する思想を生み出した。言いかえればヨーロッパ中心史観。

農耕や牧畜を行わなくても、条件によっては狩猟や採集だけでも充分豊かな生活をすることは可能であり、むしろ農耕・牧畜文化のほうが生活条件は貧しいこともあるのだ。

だからここで、「森と岩清水」の自然の恵みに囲まれた縄文時代の生活もかなり豊かなものであり、地球上の各地域の人類の生活は、それぞれの地域の自然条件によって異なるのであり、だからどちらかに優劣をつけていくことは正しくないと主張する限りにおいては、この記述は正しい。そして、今までの「文明史観」を正すことは必要でもある。

しかし「つくる会」教科書の農耕についての記述にも多くのまちがいがある。

一つは農耕の発生は、けしてメソポタミアにおける大規模灌漑農耕がその始源ではなく、熱帯地方のタロイモやバナナの栽培にこそ求められるべきである。縄文時代においてもかなり早い時期からヒョウタンやイモなどの熱帯地方の農業の作物を栽培していたことは明らかであり、さらにクリ・マメ・ソバ・アサ・エゴマ・ウルシなどの栽培が行われていたことも、この教科書の次のページである「縄文時代の生活」の項に明記してある。

縄文時代の農耕は、メソポタミアなどの穀物栽培ではなく、熱帯系の農業の特徴であるイモなどの栽培の農耕に属している。この意味で、この教科書の著者たちは、農耕といえば穀物栽培のことという先入観に犯されているといえよう。

またそのメソポタミアの穀物栽培でも、最初から大規模な灌漑農業が行われていたわけではない。乾燥地帯のこの地域では、最初は湧水のあるところで小規模な穀物栽培がなされていたのであり、メソポタミアの大規模な灌漑施設を伴う農業は、周辺の砂漠化の進行に伴って起きた現象であることは周知の事実である。

むしろ、人類は最後の氷河時代が終わり、温暖で水と森の豊かな自然が恵まれた時代に入るとともに、採集経済から、自然の力を利用して食物を自ら育て

るという段階に世界各地で入ったのであり、各地の自然条件の違いにより、さまざまな農作物の栽培が始まり、それが相互に人の移動を伴って伝播し合い、各地にさまざまな「文明」と呼べる段階の生活を生み出したと記述すべきであったのだ。

　どうもこの教科書の著者たちは、ヨーロッパ文明に対する敵愾心のあまり、その文明の始源の姿も正確にとらえられないまま、それが虚像であるとも知らずに単純に日本と比較し、ヨーロッパとは異なる日本の独自性を強調することに急である。そしてその日本の特徴が、アジアやアフリカなどの多くの地域での生活の一部であるということを失念し、「日本は優れた国である」と叫ぶことに終始している。

　これは教科書という、未成年の若者たちがその考えかたの基礎を学ぶための参考資料としては、あまりに不適格な姿といえよう。

　なおこの教科書や他の多くの教科書で、縄文時代の代表的な遺跡として、青森県の三内丸山遺跡が挙げられているが、これはきわめて危険な側面を持っている。

　この教科書は比較的押さえ気味に記述し「今までに見つかったもっとも大きな縄文時代の集落あと」と評価し、具体的な住居遺跡の数などは記していないが、この遺跡の発掘報告者が記した「500人居住説」には、今現在、その推定の根拠がないと多くの疑問がよせられており、推定で50人以上を越えない普通の村ともいわれている。また三内丸山の集落遺跡がもっとも大規模と評価できるのは、縄文前期という一時期においてである。後期や晩期にはもっと大規模な集落あとが見つかっている。三内丸山遺跡は「都市」といわれるほどの規模も内容も備えていないのであり、都市の存在しない「文明」は、文明の概念を変更しない限りありえない。縄文文化の独自性を強調するあまり、この遺跡の出現をもって「縄文文明」と主張することには危険がある。

(3) 農耕と交易に依拠した縄文時代

　むしろ「縄文文明」と主張するのであれば、縄文前期である三内丸山遺跡ですでに「人工の栗林」という畑作農耕が始まっていることや、この教科書でも

指摘しているように、他の遺跡でも瓢箪の栽培などの畑作農耕が行われていたことと、最初期からの土器の存在、そして縄文後期になると都市的ともいえる大集落が存在していることをあげるべきであろう。

さらに、1万年にもわたる時代を、縄目模様の土器という共通項だけでくくることには無理がある。縄文時代は、早期・前期・中期・晩期の4つの時期に分かれる。そして前期にはすでに畑作農耕が始まっている事が各地で確認されており、晩期になると磨製石斧も出現し、大規模な都市的な集落も出現している。晩期になると「文明」とでもいえる段階にきているのではないか。

地図1　北海道から見つかった沖縄産の貝製腕輪

こう考えると、古田武彦が、中期末か晩期はじめにあたる紀元前1100年頃に、倭人が中国・周の成王に貢物を献じたという中国の史書の記述は正しいとしていることも一考の余地があろう（くわしくは、古田武彦著「邪馬一国への道標」参照）。

さらに、縄文人が中国・周にまで朝貢しているということは、縄文時代における海を通じた交流・交易のネットワークがあったことを予感させる。そしてこれは、北海道の洞爺湖畔の遺跡から貝製の腕輪をした人骨がみつかり、その中に、オオツタノハガイという奄美諸島や沖縄でしか生息していない貝を輪切りにした腕輪が存在するという事実（樋口尚武著「海を渡った縄文人

―縄文時代の交流と交易」参照)が示すことである(地図1「北海道から見つかった沖縄産の貝製腕輪」参照)。また、南米エクアドルのバルディビア遺跡から、縄文時代中期の九州有明海地方や関東の三浦半島の縄文土器が多量に見つかっている事実(古田武彦訳「倭人も太平洋を渡った」参照)も、同様のことを示すのであろう。

　縄文人が南方から島伝いに丸木船で日本列島に渡ってきたと考えられているように、この時代からすでに、列島内外にわたる交易のネットワークが築かれていた可能性は高い。

　また近年の発掘成果によると、縄文時代の初期の中心は北日本ではなく、九州南部にあったことが分かっている。鹿児島県の鹿児島湾沿岸の火山灰の下から、縄文時代初源期の大規模な住居址が多数みつかっており、その村々が大規模なカルデラ形成を伴う火山爆発によって壊滅的打撃を受けた後に、西日本の縄文文化は衰退の一途をたどり、縄文文化の中心は東日本に移ったこと。そしてこのことが原因の一つともなって、西日本に最初の稲の栽培が広がったということも、近年の発掘で明らかになっていることも付記しておく。

　どうもこの教科書の著者たちは、最近の学問の成果を使うときにも、恣意的に選択をしているようである。

　　注：05年8月の新版では、縄文時代の記述が大きく変化した（p 18・19）。まず旧版で縄文時代が、ヨーロッパ文明や四大文明と比肩するほどの文明であるという主張は全面的に削除された。そしてこれと関連するのだろうが、旧版では縄文時代の前に置かれていた「文明の発生」が縄文時代のあと弥生時代の前に置かれ、人類の始まりの記述は、旧石器時代で留められている。また、縄文人が、南方東南アジアから島伝いに移動してきた人々が、旧石器時代に北方から移動してきた人々と合流して成り立ったものであるという、縄文人・縄文文化のルーツともいえる事実を、比較的きちんと記述するようになった。旧版と比べると、比較的落ち着いた学問的記述である。

　　　だが、縄文時代を旧石器時代という位置付けでよいのか。前期末には様々な畑作農耕が行われていたことは確かだし、そもそも縄文土器の存在と合わせて見ると、縄文時代の前期末には、この文化が新石器文化の段階に入ってい

ることを示しており、後期には磨製石器も登場し、かなり大規模な村落＝都市的なものも出現している。縄文文明という主張を削ったことで、かえってこの教科書の縄文文化についての認識は、学問的にも後退していると思える。

さらに、記述の最後に論証なしの主張が挿入されていることは問題である。それは、「自然と調和して生活した約1万年間の縄文時代には、日本人のおだやかな性格が育まれ、多様で柔軟な日本文化の基礎がつくられたという側面もある」（p 19）というものだ。「自然と調和」とあるが、三内丸山遺跡で明らかなように、縄文人は前期末には森林を伐採し人工的に育てた栗林を持っていた。いうなれば「畑作農耕」の開始だ。これを「自然と調和」という一言で片付けてよいのか。そして確かに日本文化の基層には縄文文化が存在しつづけているのだが、その例をあげることなく、「おだやかな日本人の性格」「多様で柔軟な日本文化」が作られたと主張することは、新版でも形を変えて、歴史の独善的評価がなされていることの例である。

注：この項は、森川昌和・橋本澄夫著「鳥浜貝塚：縄文のタイムカプセル」（読売新聞社 1994 年刊「日本の古代遺跡を掘る 1」）、梅原猛・安田喜憲編著「縄文文明の発見：驚異の三内丸山遺跡」（PHP 研究所 1995 年刊）、古田武彦著「邪馬一国への道標」（1982 年角川文庫刊）、樋口尚武著「海を渡った縄文人─縄文時代の交流と交易」（1999 年小学館刊）、古田武彦訳「倭人も太平洋を渡った」（1987 年八幡書店刊）、隈元浩彦著「私たちはどこから来たのか：日本人を科学する」（毎日新聞社 1998 年刊）などを参照した。

2　東アジア諸民族に大きな影響を与えた中国文明の社会的基盤
──政治史に偏った「中国の古代文明」論が見逃したもの

中国の古代文明は、日本古代に大きな影響を与えた文明である。そしてその文明における社会経済史的発展に基礎を置いた巨大な国家の出現は、周辺の諸

民族、とりわけ東アジアの朝鮮・日本には巨大な脅威となり、それぞれの地域の諸民族に独立のための「改革」をつきつけた。

　すなわち、中国の進んだ国家統治システムを取り入れて国家的統合を進め、中国の作り出す国際秩序の中にいかに自分を位置付け、それと共存して行くかが、周辺諸民族にとって大きな問題となったのである。

　そしてその改革は常に、外からの脅威に対抗するためのものであり、そこで取り入れようとした国家統治システムは常に、その民族の社会経済上の段階に適応したものではなく、しばしばその社会経済上の状態からくる人々の諸要求とはかけ離れたものとなり、国家統治システムと当該地の社会経済の現状とのすりあわせ、適合化が必要とされた。つまり、中国の脅威に対して、中国の国家統治システムを導入して国家的統一をはかり強化することで民族の独立を守ろうとすると、必ずそこに内部対立が生まれ、その調整のためには「内戦」すらが必要となったのだ。逆に中国における社会経済上の変化が、そこにおける国家の分立という状況を生み出せば、周辺諸民族に対する中国の脅威は緩和され、周辺諸民族における国家的統一の必要性も薄れ、そこでも国家の分立または、権力の多元的分立という状況が生まれた（以上のことは具体的には、以下の各項目の批判の個所で詳述する）。

　したがって、中国文明のありさまを記述するときは、それが中国のどのような社会経済上の状態から生まれたのかという視点を欠くと、その中国の状態が周辺諸民族に与えた影響の意味を充分には捉えられず、ともすると国家の興亡史のレベルに問題が歪曲化されてしまう。

　この観点で新しい歴史教科書の中国古代文明の記述を見ると、まさに社会経済史の視点を欠いていて、国家の興亡と国家統治システムの変遷を描いただけのものになっていることがわかる。

（1）社会経済の変化と切り離された、春秋戦国政治史の移り変わり

　たとえば殷・周から春秋戦国時代は、以下のように記述されている（p 26）。

　　紀元前 11 世紀ごろに殷はほろび、かわって周が中国を支配した。周は、

2 東アジア諸民族に大きな影響を与えた中国文明の社会的基盤

一族や家臣に領地を与えて地方を治めさせるという、のちの封建制度に似たシステムを用いた。紀元前8世紀のはじめ、周は衰え、それからいくつもの国がたがいに争う内乱の時代が始まった。これは数百年も続き、春秋・戦国時代とよばれる。この長い戦乱の時代に、多くの思想家があらわれ、どうすればよい政治が行われるかを論じ、各国の宮廷を説いてまわった。彼らを諸子百家という。

ふつうの教科書ならここに「このころから鉄器や貨幣が使われはじめた」という一文が入り、この春秋戦国時代というのが鉄器の普及による農業生産の発展と、それにともなう大量の余剰生産物の出現により、貨幣を仲立ちにした、商品経済の段階に到達していたことがわかるように記述する。

もっともこれでも記述は不充分である。なぜならこのような商品経済の発展に伴って社会がどう変化し、そのことと諸国家の分立ということがどう関係しているかということが、この記述では理解できないからだ（教科書の記述は、それを考える基礎資料と考えればそれでもよいのだが）。

事実は、春秋時代にはじまった鉄製の犂を馬や牛に引かして田畑を耕す農法の普及と国内交通の発達が大規模な商品生産を支え、各地に今日的な意味での商品生産・流通の拠点としての都市が発達した。そして国家はこの変化に対応して貨幣を発行するようになり、貨幣が物事の全てをはかる価値尺度となる社会が生み出される。そしてこれに対応して、殷・周・春秋時代をつうじて支配的であった氏族的結合を基礎とする村の形態が崩れ、独立した土地を持った小家族が主体となり、その中から大規模な土地をもった「豪族的な」人々も現れ、旧来の氏族の指導者であった諸侯・士大夫層とは異なる富豪層が形成され、それが各国の政治をも動かすようになったのだ。

このことを記述しておくと、日本の歴史を理解する上で、どんな利点が生まれるのであろうか。

周の国家制度は、形は封建制度に似てはいるが、実質は周王族やその家臣がそれぞれの氏族の長としての結合の上にたった状態を基礎としてそれぞれの氏族共同体の連合と支配・服従の関係をつくり、その関係を周王室が秩序付ける

という形で行われていた。日本でいえば「大和国家」の段階における「氏姓制度」と同じようなものだ。つまり紀元前11世紀から紀元前6世紀ごろまでの中国の社会の形態と、紀元後4〜7世紀頃の日本の社会の形態はほぼ同じなのである。いいかえれば、中国と日本とでは1000年以上もの社会発展の段階に開きがあったことがこれでわかる。

　さらにこれは中国と日本との国家統治システムの段階の差もよく示す。

　後に述べる「魏志倭人伝」に描かれた紀元後3世紀の日本の国家統治システムは、中国に到った倭人の使節が自らのことを「大夫」と称していることからもわかるとおりに、中国の周の政治制度を取り入れたものであった。つまり中国では紀元前6世紀の戦国時代には崩れ始める制度が、日本では紀元後3世紀になっても生きていた。

　周・春秋戦国時代の政治と社会との関係を「諸侯・士大夫」「鉄と貨幣」「氏族社会の崩壊」というようなキーワードを用いて簡潔に記し、のちの「邪馬台国」の項で、倭国の政治制度が周と非常に近いものであることがわかるような記述や資料を入れておけば、日本と中国の社会経済と国家の発展の段階のずれと相互関係を、そこから認識できる。そして「進んだ強大な国・中国」の脅威と、「遅れた・統一されていない日本」が、それを恐れいかに行動したのかという、古代日本における統一国家形成の問題を、深く認識できる基礎を学ぶことが出来るのである。

　しかし「つくる会」教科書には、この観点はまったくない。政治史・文化史と、社会経済史とを統一的に把握しようとする視点は完全に無視されているといえよう（日本史の記述においてこの問題がどうなっているかはのちに述べる）。これでは戦前の皇国史観に基づく国定教科書における歴史叙述と、観点はほとんど同じになってしまう。「新しい」歴史教科書が、実は「とても古い」形態を持っていることを証明する、一つの証拠でもある。

　そしてこのような政治至上主義ともいえる記述姿勢は、その記述の相対的な正しささえも、その効果を限定し、無にきせしめてしまう。

　たとえば以下のような儒教に対する評価である（p 26）。

　　その中の一人である孔子は、仁愛（思いやりの心）を説き、道徳と礼（礼

2 東アジア諸民族に大きな影響を与えた中国文明の社会的基盤 35

儀に基づくおきて)で人を導けば、天空のすべての星が北極星を取りまきながら整然と動いているように、政治は万事うまくいくと述べた。……(中略)……しかし、人間の性質はもともと善であるとするこの考えは、楽天的すぎて、実際の政治には必ずしも役に立たないと反対する思想家もいた。

　一つの思想を異なる視覚から評価することは、歴史を客観的にとらえるには不可欠な視点である。しかし、この「性善説」「性悪説」の対立の背後には、商品・貨幣経済の発展にともなう、氏族社会の分解と変質、氏族共同体から小家族への社会の変化が存在したことを付さないと、この記述は単に、ものごとにはいろいろな見方があるという相対主義に陥ってしまう。「性善説」には古き良き共同体の道徳への憧れという側面が存在し、「性悪説」は、氏族共同体とその崩壊は、その集団的道徳の崩壊でもあるという現実に即した側面があり、このことが「性善説」を理想主義に、「性悪説」を法による規制へと動かした背景としてあることが、上の記述ではわからなくなる。

　もしかしたらこの記述は、「つくる会」の人々が、この教科書の「歴史を学ぶとは」の所で披瀝した歴史的相対主義にともなうものであるのかもしれない。

(2)「国家統治論」に止まった「秦・漢の中国統一」論

　これと同じことが、次の「秦・漢の中国統一」の所でもいえる。
　秦・漢の統一は、戦国時代を通じておきた商品・貨幣経済の発達が、狭い国家の枠におさまりきれなくなって起きたことである。だから普通はここでは、秦による統一を述べたあとで、始皇帝のなしたこととして「郡・県制の導入・ます、ものさし、貨幣の統一」という項目が並べられ、秦による統一が商品・貨幣経済の発達の帰結である事が示唆されている。そしてここでの中国の国家的統一が、中国における商品流通の一層の発展を促した事の象徴として、「シルクロード」を通じた東西貿易の進展をあげるのが普通である。

　　注:なお、秦による中央集権的国家制度の導入は、中国の社会経済の発展を先取りしたものであったため、氏族的結合にも依拠していた旧勢力の反発を呼

び、このため秦は僅かの年月で滅び、かわって中国を統一した漢王朝は、氏族的結合を基礎とした「封建制度」と、国のレベルを超えた商品・貨幣経済の発展に対応した中央集権的国家の制度である郡・県制度の折衷という形で国家統一をなしとげた。つまり漢による統一は、商品・貨幣経済による氏族社会の分解の途中段階での成立であることは、多くの教科書にも記されていない。

しかし、この教科書では、「郡・県制、ます、ものさし、貨幣の統一」については記述されているが、結果としても商品流通の拡大の象徴である東西貿易の問題にはまったくふれず、かわりに、秦と漢における国家統治思想の問題に多くのページを割いている（p 27）。

紀元前221年、秦の始皇帝が初めて中国を統一した。始皇帝がいちばん参考にしたのは孔子ではなく、韓非子が代表する法家の思想だった。人間の性質はもともと悪であるから、強い刑罰をもって秩序を守らなければならないとした彼の思想に基づいて、始皇帝は厳しい政治を行った。……（中略）…… 紀元前202年に中国統一を受けついだ漢は、それから約400年も続く大帝国を築いた。漢は見事に整備された官僚国家で、約5000万の人民を、約15万人の官僚が統制した。表向きは孔子の徳治思想をかかげ、現実には韓非子の刑罰思想で統治するという、理想と現実を使い分ける発達した政治意識がみられた。

たしかに統治思想の違いという面で記述すればこのとおりである。そしてこの違いは重要だ。しかしこの記述には、なぜ漢帝国が表向きの徳治思想と現実の刑罰思想という二つの顔を使い分けたかを、当時の社会経済政治状況との関係で理解する手がかりは、まったくない。

秦の始皇帝の支配に抵抗した氏族的結合に依拠した諸侯たちの力なくして漢による統一はありえなかったため、これらの封建諸侯層をもかかえこんでいくための統治思想の2重化であり、統治システムとしての郡・県制と、統一の功臣を王として報じた国の併存であったのだ。この社会経済政治上の背景を押さ

えないで、統治システムにおける原理の2重化を詳述すれば、それは本音と建前の使い分け的な、恣意的なレベルに問題が矮小化されてしまう危険がある。

　この教科書の著者たちが、社会経済史と政治史・文化史とを統一的にとらえようとする視点が全く欠けていることの最初のあらわれが、日本の古代国家の形成に大きな影響を与えた、古代中国文明の記述の個所で、見事に暴露されてしまっている。彼らの政治主義が、歴史をかたよった視点からしか見られなくしている好例でもある。

> 注：05年8月の新版では、この項目からも旧版の特徴はなくなっている（p 23）。すなわち旧版では政治思想史的な記述が多かったのだが、それは全面的に削除され、単に事実を項目的にあげるという、従来の教科書と同じ内容となっている。旧版の内容は政治史に偏っていたとはいえ、歴史を評価する姿勢の現われであった。これを全面削除してしまっては、「つくる会」が主張する歴史の学びかた、つまり「単に事実を確認するのではなく、過去の人がどう考え、どう悩み、どう問題を乗り越えてきたのか」を実践することができなくなる。ここが外国の歴史だからそれでもよいということか。

> 注：この頃は、日本大百科全書の各項の記述などを参考にした。

3　100万人以上の渡来人
──大陸からの大量の人の渡来を無視した「弥生文化」論

　稲作と弥生文化の始まりについては、「つくる会」教科書はやや詳しく説明をしている（p 28）。

　縄文時代の食料は、おもに狩りや漁や採集によっていたが、簡単な畑作も行われていた。今から約6000年前には、米づくりも部分的ながらも始まっ

ていたと考えられている。稲は、日本にもともと自生していた植物ではない。大陸からはるか遠いむかしにもち込まれていたのである。

　ただし、約2400年前の縄文時代の末ごろになると、灌漑用の水路をともなう水田による稲作が、九州北部にあらわれ、その後、西日本から東日本へとだんだん広がっていった。

　長江（揚子江）流域の江南を源流として、水田稲作は伝えられたと考えられている。渡来のルートは、長江下流から北九州へ直接渡ってきたか、または山東半島から朝鮮をへて南下して渡って来たか、そのいずれか、あるいは両方の可能性が高い。

　この教科書には、陸稲の栽培が縄文時代から行われていたことや、それも大陸からの渡来によること、そして弥生時代の文化として知られる稲作は、灌漑用の水路をともなう水田稲作として最初から伝えられていたこと。さらにその源流は揚子江下流域にあることと、その渡来のルートが朝鮮を経由したものと、揚子江下流から直接のものと、2系統あることが詳細に記述されている。

　ここまでの記述はとても正しい。

　だがこの記述は、弥生時代・水田稲作の普及の歴史に関する重大な事実を、完全に捨象しているのである。

(1) 大陸・稲作農耕民の大量の渡来を無視

　それは何か。それは大陸からの（揚子江下流から直接・もしくは朝鮮からまたはその北東のアジアからの）水田稲作文化をもった人が、大量に渡来して、日本における水田稲作は広がっていったという、事実である。

　弥生文化の開始に、数の多寡についてはまだ諸説あるものの、多くの人が、朝鮮からまたは中国から渡来しているということは、学会の共通した認識である。例えば小学館の日本大百科全書は、「新来的、伝統的両要素が、最古の弥生文化以来、ともに存在する事実は、大陸の某文化を担った人々が日本に渡来して弥生文化を形成したものではけっしてなく、外来文化を担って到来した人々が、在地の縄紋人と合体して形成した新文化が弥生文化であることを雄弁

に物語っている」と述べ、弥生人についての説明では「弥生人には、渡来系の人々、彼らと縄紋人が混血した人々、その子孫たちなどの弥生人（渡来系）と、縄紋人が弥生文化を受け入れることによって弥生人となった人々（縄紋系）とが区別できる」と説明している。そして渡来系の弥生人は「北部九州から山口県、鳥取県の海岸部、瀬戸内海沿岸から近畿地方にまで及んだらしい。弥生時代Ⅰ期の土器（遠賀川式土器）の分布する名古屋にまで達した可能性がある。それどころか、彼らの少数が一部、日本海沿いに青森県下まで達した可能性もいまや考えねばならない」と説明し、大陸からの渡来人とその子孫が北部九州を中心に、北は青森県まで広がっていたとしているのである。そして渡来系の人々の故郷は朝鮮半島南部であると考えられているが、さらに北東アジアの人々も含まれるととなえる人類学者がいることも紹介されている。

そして縄文系弥生人については、「しかし、北西九州、南九州、四国の一部、東日本の大部分においては、蒙古人種としては古い形質を備え、顔の彫り深くやや背の低い縄紋人たちが、新文化を摂取して弥生人に衣替えした」と説明している。

つまり弥生人は地域によってその人類学的形質が違い、渡来系の人々と、在来の縄文系の人々と、そしてその混血の人々とが、地域ごとに異なる組み合せで成り立っていることが、今日の学会の常識であろう。

しかるに新しい歴史教科書は、この大量の人の移動・渡来の事実にはまったく触れていない。

それはなぜであろうか。この疑問は、この項の最後の、以下の記述によって氷解する（p 29）。

　しかし、縄文の文化が突然変化し、弥生の文化に切りかわったのではない。ちょうど明治時代の日本人が和服から洋服にだんだん変わったように、外から入ってきた人々の伝えた新しい技術や知識が、西日本から東日本へとしだいに伝わり、もともと日本列島に住んでいた人々の生活を変えていったのである。

ここで始めて渡来した人があったことが語られる。

しかし、そのあとの例として明治時代の西洋文化の普及を例にあげていることからもわかるように、この本の著者たちは、この大陸からの渡来の人々の数は少なく、全体としてみれば、在来の日本人（おそらく縄文人）が渡来文化である水田稲作などを学んでいった結果として、日本列島各地で徐々に縄文文化から弥生文化への転換が行われたと考えているのであろう。

（2）渡来人が弥生人の多数を占める事実

　しかし水田稲作をもって渡来した人々は、ほんとうにほんの少数だったのであろうか。
　さきほどの日本大百科全書の記述を思い出して欲しい。渡来系の弥生人が分布している地域は、「北部九州・中国・北四国・近畿地方」のほとんどを占め、さらに近年の水田遺構の発掘により、彼らの一部は日本海沿いに北上し、秋田県や青森県にまで到達し、さらに太平洋側の青森県や岩手県にまで広がっている。これがほんの一部であろうか。日本列島の半分近くの地域を占めているのである。けっして極少数者の渡来ときめつけることは出来ない。
　さらに弥生文化の内容を考えてみよう。
　灌漑用の水路をともなう水田稲作ということは、自然の湿地帯などを利用した原始的農耕ではないことを示している。小河川や湧水を利用し、場合によっては川に小規模なダムを築いて水を堰きとめ、それを水路を使って水田に導くという形が初期のころから普及していた。
　ということは、この水田稲作の形式は、それが成立するためには大規模な労働力の組織化が必要であり、そのためには小規模ながら国家というべき組織の存在を前提としている。そのことは弥生文化の初期のころから青銅製の武器や鏡が存在し、王墓と目される比較的大きな墓が存在することが示してもいる。
　そうであるならば、この渡来は国をあげた渡来、数百人から数千人におよぶ、しかも何次にもわたって行われた渡来に違いない。
　今から2400年前のころといえば、中国でいえば戦国時代の末期であり、朝鮮半島では三韓とよばれる、辰韓・馬韓・弁韓の諸国が分立していた時代である。どちらも戦乱が続いた時代であり、その中で戦火を避けてより安全で豊かな土

地を求めて移民を大量に送った国があったとしてもおかしくはないであろう。

では、渡来人の数はどれくらいであったのか。

埴原和郎は、岩波日本通史の第1巻の「日本人の形成」という論文で、人骨の研究から渡来人と在来の縄文人との混血はほとんどなく、両者は各地で住み分けていたのではないかとの仮説を提示したあとで、次のように述べている。

「紀元前3世紀から7世紀までの1000年間にやってきた渡来人の数を、縄文時代から初期歴史時代までの人口増加率と縄文末期から古墳末期にいたる頭骨の時代的変化を指標として推定してみた。（その結果は）7世紀までに渡来人の人口は日本人全体の70％から90％にたっし、とくにその割合は近畿を中心とする西日本に高かったと思われる。そうするとこの1000年間に数十万人から100万人以上が渡来したことになり、渡来人の総数は想像以上に多かったということになる」と。

1000年間という長い時代をとっていて、600年以上にわたる弥生時代とそのあとの古墳時代・飛鳥時代を含めた数字だが、人口の90％とはすごい数である。著者の埴原和郎は、100万という数字に意味があるのではなく、渡来人の数は無視できないほど多数にわたるということを言いたかったと述べているが、この指摘は大事だ。

つまり古代における日本人の形成は、中国や朝鮮半島、そして北東アジアからの大量の人々の渡来によってなされたということであり、日本人という民族は、中国・朝鮮・北東アジアの国々の人々と在来の縄文系の人々の混合によってできたが、前者の渡来系の人々が圧倒的多数を占めていたということである。

注：埴原和郎はこの大陸からの大量の渡来を、文献史学の従来説に則って、朝鮮半島経由の北東アジアからの渡来と説明している。しかし近年、中国江南地方や中国山東地方、そして朝鮮南部の同時代の古人骨との比較研究が深化し、これらと渡来系弥生人とがほぼ同じ人類学的形質を持っているという事実が、松下孝幸や百々幸雄らによって明らかとなっている（地図2「稲作の伝来ルート」）。この研究結果は、朝鮮半島南部が中国の歴史書によって「倭

地」と記されていることや、この地域の稲作遺構と北九州の稲作遺構の同一性、両地域に支石墓や甕棺、さらには木棺直葬式円墳・前方後円墳などが共通するなどの考古学的知見とも一致する。すなわち、朝鮮半島南部（弁韓と呼ばれ、後の加羅・伽耶(かや)などと呼ばれた地方）と北九州の水田式稲作耕作民は同一の起源を持った人々であり、両地域は長く「倭」として一つの国と認識されていたことを人類学のほうから確認することとなる。

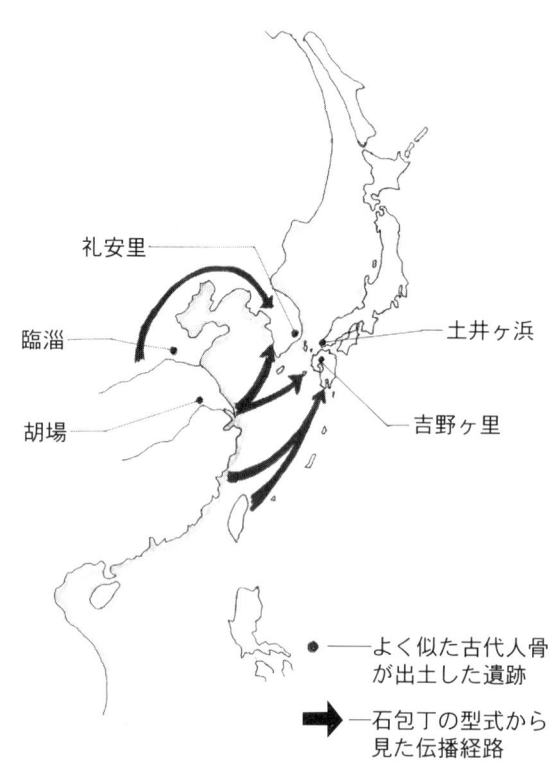

このように渡来系の人々のことを考察して行くと、なぜ新しい歴史教科書の著者たちが、弥生文化形成期における、中国や朝鮮からの大量の人の渡来という事実を過小評価しほとんど記述しなかったかが、わかってくる。

この教科書は、後の近代の部分で顕著になってくるが、隣国である中国・朝鮮の人々をばかにする傾向がとても強い。その人々と日本人が同祖であり、日本人は、中国・朝鮮からの渡来系の人々が多数を占める中で形成されたということを認める

礼安里
臨淄
胡場
土井ヶ浜
吉野ヶ里

●——よく似た古代人骨が出土した遺跡
➡——石包丁の型式から見た伝播経路

地図2　稲作の文化伝来ルート

のは、この本の著者たちの偏狭な民族主義、「誇り高き日本人」としてのプライドが許さなかったのであろう。

しかし歴史的事実を意図的に改変しての民族の誇りとは何であろうか。

彼らの民族主義の危うい側面が、ここ日本人の形成に関わる部分でも如実に示されている。

注：05年8月の新版は、旧版以上に稲作文化を持った人々が日本列島に渡来した事実を完全に無視するという、改悪された記述になっている（p 24・25）。すなわち旧版でなされていた弥生文化の広がりについての説明は削除され、図版のみとなる。そして本文でもあげた「縄文文化から弥生文化への移行」の問題についての記述は全面削除となっている。その代わりに「水田稲作の伝来ルート」という図が掲載され、中国江南直接か、江南⇒南部朝鮮⇒九州北部または江南⇒山東半島⇒南部朝鮮⇒九州北部の伝来ルートが図示されている。これは、近年人類学の骨分析によって明らかとなった、渡来系弥生人と中国江南・山東地方や南部朝鮮の古人骨との親近性に基づく、前記の新しい知見に基づくものである。しかし本文中には、水田稲作とともにこれをもたらした大量の渡来人が弥生人の基本となったことは一言も触れられていない。また、九州の吉野ヶ里遺跡の復元図が掲載され、この時代がある程度統一された国家の段階にあったことが記述されている。

「角のある」記述が削除されて普通の教科書の記述になったことでかえって、弥生文化と日本人の形成に朝鮮（中国）から渡来した人々が占めていた大きな役割を完全に無視するという、最悪の記述になっているのである。

注：この項は、前掲隈元浩彦著「私たちはどこから来たのか：日本人を科学する」、埴原和郎著「日本人の形成」（岩波書店1993年刊「岩波日本通史第1巻：日本列島と人類社会」所収）、松下孝幸著「日本人と弥生人―その謎の関係を形質人類学が明かす」（1994年祥伝社刊）、百々幸雄編「モンゴロイドの地球3・日本人のなりたち」（1995年東京大学出版会）などを参照した。

4 「日本語」「日本神話」の起源論は日本人が渡来人であることを示している

「つくる会」教科書では、「日本語の起源と神話の発生」と題して、コラムという形ではあるが、一節を設けて説明している。日本・日本人・日本国というものを重視したこの教科書の性格からすれば当然であり、また日本語や日本神話の起源を考えることは大切である。

(1) 日本人渡来説を補強する、日本語起源論

日本語の起源の所では、文字を借用した中国語と日本語との関係は、「遠い親戚ですらない」事実を指摘したあと、「大陸のどこにも日本語の祖語（共通の祖先にあたる言語）はまだ発見されていない」と述べ、さらに日本語の起源について、以下のように述べる（p 30）。

> 英語やフランス語やドイツ語などの西洋語と、インドの古い言語は、一つの祖語から枝分かれして、インド・ヨーロッパ語族という大きな系譜図をつくっている。同じように大陸にはセム語族、ウラル語族、ドラヴィダ語族、シナ・チベット語族などがある。日本語はそのどれにも属していない。言語学的には、系統関係が定かではない言語として朝鮮語、アイヌ語、ギリアーク語などがあるが、日本語もまた、そのような系統不明の孤立言語の一つである。
> けれども、日本語は現在、地球上で話されている人口数で、七番目の大きな位置を占める言語である。起源は謎だが、基礎的な単語の音や用法が日本語に類似している例として、学者たちはビルマ系、カンボジア系、インドネシア系、オーストロネシア（マレー・ポリネシア語族など）系の言語をあげており、インド南部のタミル語との近似性を指摘する学者もいる。

これは近年の新しい研究成果に基づいた優れた記述である。

①新たな日本語起源論
　長い間日本語の起源は明かではなく、「アルタイ語族」と一括されてはいるが、その系統や相互関係が明らかではない言語、すなわちトルコ語、ツングース語、満州語、モンゴル語、そして朝鮮語などと同じ系統に分類されて、かつては、朝鮮語との親近性が主張された時期もあった。しかし近年、比較言語学の研究が深化するとともに、少しずつ、日本語の系統性があきらかになっている。「つくる会」教科書のこの記述は、このあたらしい研究結果に基づいて記述されており、日本人の起源を考える上で参考となるよい記述である。
　そして新たな研究結果は、日本語と南方諸言語との親近性を明らかにし、日本人が南方から渡来した人々から成り立っていた可能性を示唆している。たとえば、崎山理の説は、上代日本語の語彙の大部分が、オーストロネシア語族（西はマダガスカル島から東はイースター島、北は台湾からハワイ、南はニュージーランドにおよぶ広い地帯に分布する 800 から 1000 にも及ぶ諸言語からなる）の言語の影響を受けているとする。つまり日本人南方渡来説を補強する見解である。
　しかし崎山の説は単純にそうは言い切れない。上代日本語の文法や語法はツングース語だという。つまりシベリア東部に住むツングースと日本語は文法や語法を共通しており、先の語彙の多くがオーストロネシア語族の影響を受けていることと併せると、日本人は、先住のツングース系の民族にあとから来た南方系のオーストロネシア語族に属する言語を持つ民族が混血して成り立ったのではないかという仮説が成り立つ。そして二つの言語が交じり合ったのは、5000 年ほど前、縄文時代の中期以後のことではないかという。
　たしかに縄文文化は前期以前と前期・中期以後とでは大きく変化する。すなわち集落が大規模化し、畑作農耕の大規模な展開が予想される遺構がたくさん見つかっている。しかし前期と中期の間で民族的交代があったとは、残された人骨の分析などからは言えないので、考古学的知見と新たな言語学的知見とは符合せず、このままでは、新たな日本語起源論が日本人南方渡来説を補強するとはいえ、日本人が縄文人からなるという説を補強するものとは言えない。

②弥生人朝鮮渡来説とも親和する

　では、この言語学的知見は、従来唱えられていた弥生人朝鮮渡来説を否定するのだろうか。
　そうではない。
　そもそも縄文人が南方から渡来したという証拠は存在しない。縄文人が南方から渡来したという説は、弥生人が朝鮮から渡来した説に対応して、日本文化に南方系の要素が多いことを基礎として唱えられたにすぎない。たしかに縄文人が栽培していたイモやヒョウタンなどは南方起源の作物である。しかし北方のツングース系といっても同じモンゴロイドであり、モンゴロイドは全て南方に起源を持ち、何次にも亙って北に移動したことがわかっているから、縄文人が北方ツングース系であるという仮説も成り立つ。
　また先に弥生時代のところで触れたように、近年の人類学的研究の知見は、中国江南地方・中国山東地方・朝鮮南部・北九州の渡来系弥生人がほぼ同じ人類学的形質を持っているとしている。つまり、朝鮮南部の水田式稲作を行う人々と北九州北部の水田式稲作を行う人々が同じ人類学的形質を持っていることを明らかにしており、これ自身は、朝鮮と九州の前後関係を明かにはしないが、朝鮮南部のほうが北九州よりも早い時期から水田式稲作を行っていたという従来の考古学的知見を併せて考えてみれば、中国江南地方か中国山東地方から朝鮮南部に水田式稲作を伝えた人々が、さらに九州北部に移動し、そして列島全体に広がっていったという、弥生人の多くが朝鮮からの渡来人であったという従来説を、新しい人類学的学説は補強しているのだ。
　ということは、北方の朝鮮から来た弥生人はその淵源を辿れば中国江南地方という南方に起源があることとなり、日本文化に存在する南方系要素は、弥生人がもたらしたと考えることもできる。
　さらに、近年日本における弥生文化の始まりの時期が土器に含まれている炭化物の放射性同位元素の分析から、紀元前3世紀であったものからかなり遡り、紀元前10世紀ごろとの説も現われている。崎山の比較言語学の知見による北方系に南方系が重なって日本語が形成された時期が5000年前以後という説は、「5000年前＝縄文中期以後」であって「5000年前＝縄文中期」ではないこととも考え合わせると、新たな日本語起源説での北方系は縄文人で、南方

系は弥生人と考えることも可能であり、弥生人朝鮮渡来説を否定するものではなく、むしろ補強する可能性すらある。

「つくる会」教科書が、日本語の起源に関する南方起源説ともいうべき新しい言語学的知見を紹介したのは、この教科書が極力朝鮮からの影響を排除している傾向の中で、縄文人の南方起源説を強調し、さらには弥生人の形成において大量の渡来人の存在を無視したことを言語学的な新たな知見が補強するかのように見えたからであろう。しかし人類学における中国江南・山東地方と朝鮮南部そして北九州の渡来系弥生人がほぼ同じ人類学的形質を持っており水田式稲作もこの地域を通じて北九州にもたらされた可能性が高いという知見を併せて考えてみると、言語学の新しい知見も、日本人の形成に東北アジア（中国・朝鮮）からの渡来人が大きく関わっていたという説を補強するものである。

(2) 日本人渡来説を補強する、「日本神話」起源論

日本神話の起源や系統関係についての記述も、日本人の起源を考える上で重要なものであり、これを教科書に載せたことは優れたことであるが、ここには一部歪められたところがある。

この教科書は多様な要素をもった日本神話から、オオゲツヒメの死体から食物が生まれたという「死体化生神話」だけをとりあげ、この種類の神話の系統を、以下のように説明している（p 31）。

> オオゲツヒメという食物の女神は、口や鼻の穴や尻の穴からご馳走を出す。スサノオの命が怒って女神を殺害すると、死体の頭から蚕が、目から稲が、耳から粟が、鼻から小豆が、性器から麦が、尻から大豆が発生した。これにより農業が始まったとされる。
> 　解体された死体から食べ物が得られるこのような神話は、ニューギニアやメラネシアにかけて多く見いだされる。縄文時代に南から新しい文化の渡来があったのではないかともいわれている。切り刻んで、土の中に埋めて増殖

をはかるイモの栽培と関係があるとも考えられている。女性をかたどった縄文土偶は、しばしば、ばらばらに壊され、分散して出土する。これも収穫への祈りと関係があるらしい。

たしかにそうなのである。だがここには事実の一部捨象がある。

この手の神話が広がっているのは、前記の地域とともに、東南アジア各地と中国南部。なぜここでも中国南部の地域の神話との親近性が削除されねばならないのか。

また、さらに付言すれば、有名な国生み神話は、東南アジアから中国南部の神話の「洪水神話」との親近性が高いそうである。つまり洪水を生き残った兄妹が結婚して人類の祖先となったという神話であるが、その一つの流れとして、洪水のことは説かずに、原初の島に天から兄と妹が降りてきて結婚するというかたちの神話が東南アジア島嶼部に点在するそうであり、中国南部にもその痕跡はあるという。つまり日本神話の基本的な構造は、東南アジアから中国南部にいたる広い地域との親近性を示しており、日本人が南方から渡来した人々からなっていることを示し、先の言語学的や知見や人類学的知見とも矛盾しない。

しかし「つくる会」教科書の神話論は、日本神話の南方起源説だけを強調し、それも縄文文化との関係だけを強調するという歪みをもっている。これは先に縄文文化のところで縄文人南方起源説を強調し、弥生文化の所で縄文人が水田稲作文化を学んで弥生文化をつくりあげたという渡来系弥生人の決定的位置を無視したところとも共通する。つまり日本神話起源論においては、中国や、そして朝鮮などの東北アジアとの親近性が削除され、南方系との親近性のみが強調されているのである。

これは間違った姿勢であろう。神話からわかることは、東南アジア・ミクロネシア・メラネシアそして中国南部と日本の神話がかなり共通した性格をもっていることだ。そしてさらに、「始祖が天から降って来る」という形の神話に注目すれば、朝鮮古代諸国の建国神話も同様な性格をもっており、朝鮮神話の一部にも南方系の要素が見うけられる。

新しい歴史教科書の記述は、言語学や神話学の知見を紹介することで日本人の起源という大きな問題を考える基礎となる事実を提示しているという点で、

他の多くの教科書よりも優れている。しかし、この教科書の持つ、中国・朝鮮の日本への影響の過小評価の性格ゆえに、事物の複雑な側面を偏らずに述べるのではなく、その一部のみを強調するという、きわめて恣意的な記述が所々に見られるのは、とても残念なことである。

> 注：05年8月の新版では、この項は完全に削除されている。問題があるとはいえ日本文化論として興味深い記述であったのだが、「主張」とみなされて削除されたのであろう。普通の教科書にならうことで、かえってこの教科書の先進性＝問題提起が損なわれた良い例である。

> 注：この項は、前掲隈元浩彦著「私たちはどこから来たのか」、崎山理ら著「日本語の系統と歴史」(1978年岩波書店刊「岩波講座日本語15」)、大林太良著「神話論」(1993年岩波書店刊「岩波講座日本通史1：日本列島と人類社会」所収)、日本大百科全書（小学館刊）の各該当項目の記述などによる。

5　日本列島の王者は九州倭王朝であった
── 元祖「歴史改変」としての「邪馬台国」論

　古代の第2節、「古代国家の形成」の最初の項は、「東アジアの中の日本」と題して、紀元前後から紀元後3世紀頃の日本の様子を述べている。この部分は、他の教科書よりは、むしろ詳しく記述されている。例えば、中国が周辺諸国につける名は、まわりの国々を見下す観点から、用いる文字も「卑字」が用いられている例として、「東夷」の言葉を挙げていることや、「邪馬台国」の場所が確定せず、未だ論争中であることなど、他の教科書より詳しい。

　また、日本の古代国家の成立を、日本一国の視点ではなく、中国を中心とする東アジアの歴史の流れの中に位置付けていることは、日本の歴史を見る上で大切な視点である（卑字の指摘などは、中国の中華思想が昔からのものであり、

後にその蒙昧性を批判する上で必要な記述であった可能性は高いが……）。

しかしこの部分の記述にも問題はある。そして、この問題は、新しい歴史教科書のみの問題なのではなく、全ての教科書に共通した問題であり、これが新しい歴史教科書の意図的な歴史改変の前例であり、それを生み出した揺りかごだからである。
それは何か。
それは日本の中心は、大和地方（奈良県および近畿地方）という固定観念である。そして、戦後の全ての教科書が（いや、日本古代史の研究者のほとんどが）、現天皇家（いうならば「大和天皇家」）が先祖代々、日本列島の王者の中心であったという考え方（＝皇国史観）にいまだに毒されて、資料すらまともにあつかえないで、歴史を改変してきたということである。

(1)「倭奴国」を倭の一小国に切り縮める意図は？

「つくる会」教科書の部分でいうと、一つは「志賀島の金印」の問題である。この教科書には、次のように記述してある（p32）。

> 『後漢書』の「東夷伝」には、1世紀中ごろ、「倭の奴国」が漢に使いを送ってきたので、皇帝が印を授けたと記されている。（中略）このとき授けられたと思われる金印が、江戸時代に志賀島（福岡県）で発見されたので、中国皇帝と日本列島の使者との交渉はあったと考えられている。

そしてページの上部には金印の朱印が印刷されており、そばに置かれた地図には、日本列島に「倭」と記し、その一部の九州の博多付近に「奴」と書き、この金印をもらった国が、北九州の小国であったと明示している。
この金印に記された国を「倭の奴の国」と読むようになったのは明治時代になってからであり、この奴の国を後述する魏志倭人伝中の第3の大国奴国に比定し、邪馬台国を近畿地方の大和に比定する論を立てるために出された読みかたである。それまでは「倭奴＝いと＝伊都」と読み、同じく魏志倭人伝の伊

都国（福岡県の糸島半島付近）に比定するものであった。

　なぜ読みを変えたかというと、魏志倭人伝の魏の使いの行程記録にある奴国を那珂川の河口付近に比定すれば、その前の国である伊都国からの方角が北東となり、倭人伝の「東南」と矛盾し、「倭人伝の方角記述は信用できない」という論理の根拠となり、邪馬台国を倭人伝の行程記事から切り離して、かってに大和にまで持ってくることが可能になるからである。つまりこの「倭の奴の国」という読みかたの成立の背景には、「倭人伝の記事をその話法の解析からはじめて正確に読み取る」という資料批判の正道に従わず、その地名を勝手に現実のある場所に比定してから、その上で「資料の記述の誤り」を指摘するという、本末転倒の資料操作があった。いいかえれば、結論が先にあって、その上で原典資料を改作するという手口が、すでに明治時代に行われていたのである。

　何のためか。邪馬台国を近畿大和地方に比定するためである。

　だがこの歴史改変は、その結果かえって齟齬を生じることとなった。それが金印の文面「漢倭奴国王」の読みである。

　中国の皇帝が服属する諸民族の王に印を贈る場合、金印は一民族の代表者を意味する統一権力に贈っていた。そして印を贈る主体であり、上位者である皇帝の国号（この場合は漢）のすぐ下にくる文字は、皇帝に服属する夷蛮の国号を載せる。したがって「漢倭奴国王」は「漢の倭奴国王」と読むのが正しい。

　これを無理して博多湾岸の奴国にあてたために、中国の印の読みの通例から外れた、無理な読みをしたのである。

　倭奴は、漢を北方から脅かしていた匈奴に対する語であり、匈奴の「おじけづいて騒がしい」蛮族に対する、「おだやかに従う」蛮族という意味で、倭奴という字を用いたものであろう。そしてこの倭奴は倭と同義であり、金印をもらったのは倭の国王なのだ。

　要するに金印が出た博多湾の志賀島こそが倭国の王家の谷であり、その対岸の博多が倭国の中心であった（この点、古田武彦の説に従う）。しかし、この古田の説を、日本の古代史家の多くは認めない。理由は、彼らの多くがいまだに抱いている大和中心史観に、この説が抵触するからである。

　弥生時代の金属器の出土の中心は北九州博多付近。同じく弥生時代の絹の出

土の中心も北九州博多付近。そして三種の神器をともなう弥生の王墓の集中地域も北九州の博多付近。これらの考古学遺物の指し示す事実を見ようともせず、いまだに日本列島の中心は昔から大和であるという固定観念に縛られた結果、金印の示す意味すら読み取れないのが、現在の日本古代史学会なのである。

新しい歴史教科書の著者たちの古代史改変は、この日本古代史学会の「大和天皇家中心史観」に依拠したにすぎない。

(2)「邪馬台国」は存在しない

同じことが、次の「邪馬台国と卑弥呼」のところでもいえる。

この教科書では邪馬台国のことを魏志倭人伝に依拠して説明しながら、いまだにその位置がはっきりしないことを次のように記述している（p 33）。

> しかし、魏志倭人伝を書いた歴史家は、日本列島に来ていない。それより約40年前に日本を訪れた使者が聞いたことを、歴史家が記していると想像されているにすぎない。また、その使者にしても、列島の玄関口にあたる福岡県のある地点にとどまり、邪馬台国を訪れてもいないし、日本列島を旅してもいない。記事はかならずしも正確とはいえず、邪馬台国が日本のどこにあったのかはっきりしていない。
>
> 大和（奈良県）説、九州説など、いまだに論争が続いている。

この記述は多くの教科書の中では詳しいほうである。中には邪馬台国論争の存在すら示していない教科書もあるくらいだ。

だがこの記述には大いなる嘘がある。それもこの教科書の著者たちだけの嘘ではなく、日本古代史学会の公認の嘘が。

それは何か。その一つは魏志倭人伝の記事が正しくないということ。これは前述のように、邪馬台国などの国の場所をあらかじめ論者の好きな場所に比定しておいて、自分の説にあわないから「資料が正しくない」という論から生まれたもの。魏の使者が邪馬台国に行っていないというのも古代史家の勝手な解

釈。倭国王に会いに行った使者が国王に会わないはずがない。第一それでは倭女王の生活についての詳しい記述や、女王の風貌についての詳しい記述もできるわけはない。魏使は20年にわたって倭の地にとどまり、女王が魏の皇帝の冊封を受けた倭王であることを倭国の人々に知らせつつ、女王国に敵対する狗奴国などとの闘いの先頭にも立ったのである（これこそ卑弥呼が魏に朝貢した理由に他ならない）。

　ではなぜ使者が福岡県のある地点にとどまり、邪馬台国に行っていないという説が生まれたのか。それは魏志倭人伝にすなおに従うかぎり、魏の使いは九州から出ていないからである。つまり邪馬台国は九州の中心の福岡にあるからであり、それでは、近畿大和説が根本的に成り立たないからだ。

　ここも自説が最初にあり、それにあわないからといって原典資料を間違いだとする、歴史を改変する姿勢の現われである。

　また第2に、この記述では邪馬台国の場所がはっきりしないのは、魏志倭人伝が不正確だからと読めてしまう。

　事実は逆である。今までの多くの学者は、近畿大和説にしても九州山門（やまと）説にしても、邪馬台国の場所を最初から決めてかかり、原典資料である魏志倭人伝をかってに作り変えてしまうという歴史改変をやってきた。そのため、邪馬台国の所在は、論者の数だけ存在してしまったのであり、資料が不正確だったからではない。

　資料が不正確なら、そんな資料をつかって古代を論じること自体がおかしいではないか。

　最後に一点付記しておこう。それは邪馬台国の国号問題である。

　結論を先に言おう。魏志倭人伝では邪馬台国とも書いていないし、その旧字体である「邪馬臺国」でさえない。あたりまえである。「臺」の字は「中央権力の中心の役所」を指す文字であり、魏志倭人伝が書かれた時代では、天子の居所＝宮殿を示す言葉である。天子といえばこの時代は、中国の皇帝以外のなにものでもない。中国皇帝の家来である「蛮族」の王の居所に「臺」の字は使えないのである。

　ではなんと書いてあったか。「邪馬壹国」である。呉音で読めば「やまいち

こく」。漢音で読めば「やまいつこく」または「やまいこく」。
　「やまい」と読むのがよいのではないか。字は「邪馬倭国」または「山倭国」。つまり倭国のなかの「やま」とよばれる国。それが女王の都する国であった。邪馬の字は「やま」の音を卑字で表したもの。壹は「い」の音を表してはいるが、「もっぱら」とか「専心する」という「佳字」を用い、漢王朝に敵対せず、もっぱら恭順の意を示している国という意味で、前述の「倭奴」と同じような使用のしかたであろう。
　「邪馬壹国」では、どうやっても近畿大和に比定することはできない。そこで「壹」の字に字形が似ている「臺」の字をあて、それを強引に「やまと」と呼ぼうとした。それが邪馬台国の国号の由来である。この国号自体が歴史改変の結果なのである。

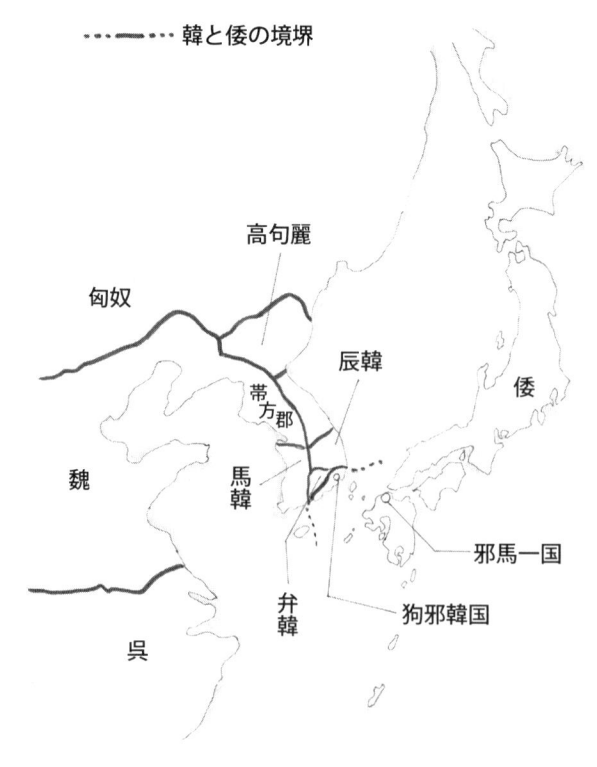

　ただ「邪馬臺国」には根拠がある。後漢書は「大倭王は邪馬臺国に居するなり」と記している。これは「やまだいこく」であり、字を変えれば「邪馬大倭国」または「山大倭国」。
　後漢書の列伝を書いた范曄（はんよう）は5世紀の人であり、このころには中国は分裂し大勢の天子がいた。つまり複数の「臺」が存在したわけだ。したがって范曄が倭国の都を記述するとき、「だい」を「臺」と記述したのかもしれないし、倭国の王自身

地図3　3世紀の東アジア

が、天子を標榜し「山臺」と名乗ったのかもしれない。またこれは「山大倭」の意味でもあるかもしれない。

　いずれにしてもこの字を使うには5世紀というのちの時代の状況があってのことであり、それでも「臺」を「と」と呼ぶことはできない。

　邪馬台国という国号の使い方。このこと自身に、日本の歴史を大和天皇家中心史観をつかって改変しようとする日本古代史家の傾向が要約されているのであり、それをそのまま無批判に使っていることは、新しい歴史教科書の著者たらが、日本古代史学会の忠実な弟子であることの自己表明でもあるのだ。この2～3世紀の日本と東アジアの地図は、古田説に従えば地図3『3世紀の東アジア』のようになる。

　　注：05年8月の新版の記述は、ほぼ旧版と同じである（p26・27）。異なるのは三つ。一つは、「倭人伝」の記事が不正確だとする理由を旧版ではくわしく述べていたのが全面削除され、ただ「倭人伝の記述には不正確な内容も多く」とされたこと。これではどうして不正確と判断されてきたかがわからず、魏志倭人伝の倭についても詳しい記述と合わせて本当に不正確なのか考えることができなくなっている。この不正確な理由が削除されたかわりに、「中国を中心とした国際関係」という一文が挿入されている（p27）。これは旧版で「大和朝廷の外交政策」の項に載せられていた「中華秩序と朝貢」の記述を拡大し、この項の内容にあわせて記述したもの。倭の国の最初の朝貢の所に入れたのは、事実の理解に大いに役立つ。そして三つ目は志賀島の金印と並べて、中国が南方の民族に与えた金印と西方の民族に与えた銅印の写真をのせたこと。これは古田武彦が中国皇帝が諸民族の王に与えた金印や銅印の印文を比較して志賀島金印の意味をといた事に対応するものであろう。しかし印にひもをつける部分の形しか説明せず、印文の読みのルールと金・銀・銅印の意味のちがいという大事な所の説明を欠き、ほとんど意味のない資料となっている。

　　注：この項は、古田武彦著「邪馬台国はなかった：解読された倭人伝の謎」（朝日新聞社1971年刊）、「失われた九州王朝―天皇家以前の古代史」（朝日新

聞社 1973 年刊)、「ここに古代王朝ありき：邪馬一国の考古学」(朝日新聞社 1979 年刊)、「倭人伝を徹底して読む」(大坂書籍 1987 年刊・朝日カルチャーブックス 76)、和田清・石原道博編訳「魏志倭人伝・後漢書倭伝・宋書倭国伝・隋書倭国伝」(岩波文庫 1971 年刊) などを参照した。

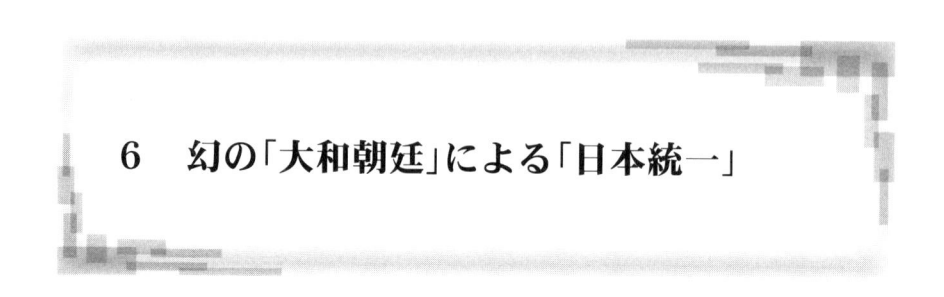

6　幻の「大和朝廷」による「日本統一」

(1) 幻の「大和朝廷」

　古代史の次の節は、「古墳の広まりと大和朝廷」と題し、のちの大和天皇家のもとで日本の統一が進められたということを記述する節である。
　この部分の記述も、新しい歴史教科書と他の教科書との間には、記述には大差がない。その分、問題がないように見えるが、実はこの部分にも日本古代史学会公認の歴史改変がなされている。
　いわく、「4 世紀から 5 世紀にかけて、大和の諸豪族が大王家 (後の天皇家) を戴いて立ち上げた統一権力 (大和朝廷) が、日本の大部分を統一した」と。
　この仮説は、日本古代史学会公認の「定説」として一般に流布している。
　しかしこの仮説の根拠はとても脆弱である。
　「つくる会」教科書の記述を見よう (p 34)。

　古代国家は、どこでもたいてい王の巨大な墳墓を残す。日本列島でも 3 世紀以降、最初は近畿地方や瀬戸内海沿岸に、やがて広い地域に、まるで小山のように盛り上がった、方形と円形を組み合せた古墳が数多くつくられた。これを前方後円墳という。(中略) ほうむられているのは、おもに地域の支配者であった豪族たちである。大和 (奈良県) や河内 (大阪府) には、ひと

きわ巨大な古墳が多かった。この地の豪族たちが連合して統一権力を立ち上げたためと考えられ、これは大和朝廷とよばれている。
　地方の豪族たちの上に立つ大王の古墳は、ひときわ巨大であった。わけても、日本最大の大仙古墳（仁徳天皇陵）の底辺部は、エジプトでも最大のクフ王のピラミッドや秦の始皇帝の墳墓の底辺部よりも大きかった。古墳は3世紀ごろに造営が始まり、7世紀ごろまでつくられた。
　いったいこれほど大きな権力はいつ始まり、いつ大きくなったのだろう。
　いつ始まったかは深い謎につつまれているが、いつ大きくなったかはだいたい分かっている。4世紀である。これは古墳の普及のようすから判断できる。(下線は筆者がつけた)

　まずこの教科書の記述の誤りから指摘しておこう。
　それは、この教科書では「古墳」と「前方後円墳」とが、ほぼ同義にあつかわれていることである。
　上の文の下線の部分は、大和朝廷による統一の根拠を述べたものであるが、ここでいう「古墳」とは、正しくは「前方後円墳」のことである。
　古墳は、巨大な墳丘をもった首長の墓であり、それ以前の弥生時代の首長の墓と区別して「古墳」と呼ばれる。古墳にはいろいろな形があり、もっとも多いのは平面形が円形の円墳で、小は直径10 mぐらいから大は直径100 mぐらいまである。これが一般的な王墓（首長墓）であるが、地域によってこれ以外にさまざまな形の違いがある。
　たとえば島根県などの昔の出雲地方の王墓は、長い間、平面が方形の方墳であったし、関東地方南部でも方墳であった。中には最大一辺が100 mにもなるものがある。また東北から九州まで分布する一つの形として、方墳の前に方形の祭壇がついた形の前方後方墳というものもあり、最大のものは全長150 mを越える。
　前方後円墳というのは、これらの多くの古墳の中の一つの形であり、その初源のころの分布範囲が、瀬戸内海周辺から近畿地方（正しくは奈良県）のみに限られた特殊な墳形をした古墳である。そしてこの中でも最も古い形を持ったものと考えられる古墳が奈良県の三輪山周辺にあり、この特異な形をした古墳

が、その後全国に広がっていることと、その最大級のものが近畿地方（正しくは、大阪府＝河内の国と奈良県＝大和の国）に集中しており、それらが大和天皇家の祖先の墳墓との伝承があることから、この古墳の発生と広がりとが、大和の権力の広がりの根拠と考えられたのである。

　しかし、この古墳の広がりが大和の権力の広がりと断定する根拠は乏しい。
　その理由の一つは、古墳は築造された年代がわからないということである。そんなことはない。「○○世紀前半に作られた古墳」などとよく言うではないかと思うだろうが、そこが味噌である。この○○世紀前半という年代は、前方後円墳という形の変化の激しくかつ統一的な規格の古墳の分布をもとに考えられた年代で、その前提は、「最も古い形の前方後円墳は大和盆地にある箸墓などの古墳であり、これらの古墳が3世紀後半のもの」と考えられ、それを基準に作られた年代である。したがってこの年代自体が仮説なのだ。
　その理由の二つは、最も古い前方後円墳の年代が3世紀後半と比定された理由が、全くの臆説に根拠を置いているということ。それは、これらの古墳から「三角縁神獣鏡」と呼ばれる「古鏡」が大量に出土し、その中には、あの邪馬台国の女王卑弥呼が魏の皇帝から鏡を下賜されたとされる年代の「景初」の年号をもったものもあるので、この三角縁神獣鏡が「卑弥呼の鏡」と考えられたからである。そして卑弥呼が死んだのは250年ごろであるから、その子孫の王に代々伝承されたあと墓に埋められたとすれば3世紀の後半だというわけだ。さらに、この鏡は全国の多くの前方後円墳から出土しているので、大和朝廷がそれに服属した各地の王たちに、このかたちの墓をつくることを許すと共に、権威の象徴である鏡を下賜したと考えられたのである。
　しかしこの三角縁神獣鏡は中国ではまったく出土せず、日本のみの鏡である。そして文字が鋳込まれているものでも、文字の形に間違いが多く、とても中国で作られたものとは思われないこと。そして卑弥呼が下賜された鏡は100枚と魏志倭人伝などに記されているのに、出土した三角縁神獣鏡は3000枚を越えていること。さらに卑弥呼が魏に朝貢したのは景初ではなく、次の年号の正始年間であることから、「卑弥呼の鏡に景初の年号が入っているのはおかしい」ことと、その「景初年号」の三角縁神獣鏡の年号をよく見ると、「初」の部分ははっ

きりせず、100年ほど後の年号にも読めることなどから、近年ではこの鏡が中国の鏡であることに疑問が持たれている。

　研究史をたどってみるとわかることだが、これを「景初」と読んだこと自体、はじめから「卑弥呼の鏡」との思いこみがあったのであり、「邪馬台国は大和だ」との前提があって研究されたことなのである。証明すべきことを前提にして資料を解釈する。ここにも邪馬台国論争と同質の、歴史の改変ともいえるものがあったのだ。

　こうして三角縁神獣鏡が卑弥呼の鏡であるという前提がくずれれば、初期の前方後円墳が3世紀後半という根拠は全くなくなるのであり、その権威の象徴として鏡を全国の王に下賜したという仮説も幻に終わる。

　また理由の三つとして、前方後円墳の発生そのものが最近解明されつつあるということをあげよう。前方後円の形をもった墳墓の中でもっとも古いものは岡山県に広がる弥生時代の墳墓である。

　弥生時代の王墓の形は基本的に平面形が歪んだ長方形である。方形の山を築き、その頂に王の遺骸を埋めるのが通例で、その変形として、その山のまわりを堀で囲むという形がある。また数は少ないが歪んだ円形の平面形をもつものもある。それが岡山では弥生時代に、方形または円形の墳墓の前面に低い方形（正確には三味線の撥のような末広がりの形）の祭壇を作りつけ、その墳丘の頂や裾野に円筒形の土器を立てるという形が行われていた。まさに前方後方墳・前方後円墳であり円筒埴輪である。

　この岡山の弥生の王墓に、王の遺骸を入れるものとして高野槙をくりぬいた棺を入れ、内部に鏡と玉と剣という三種の神器（これは北九州の弥生の王墓で見られる副葬品の形である）を入れれば、初期の前方後方墳や前方後円墳そのものとなる。

　つまり前方後円墳は弥生時代の岡山の王墓の形に、弥生時代の北九州の王の墓の副葬品を加えた形をもっているのである。二つの地域の文化を背景としてつくられた王墓の特殊な形なのだ。

　いいかえれば、前方後円墳として最も古いものの一つとしてこの教科書でも取り上げている奈良県の箸墓は、「巨大な王墓」としての前方後円墳の始まりの一つなのであって、前方後円という形の王墓としては最古の物ではないとい

うことであり、前方後円墳が「大和ではじまった」といわれる通説は、まったく根拠がないのである。

　年代が限定できず、その根拠であった卑弥呼の鏡が幻となり、その古墳の始まりが大和ではないとすれば、大和朝廷の全国統一なるものも、完全な幻になってしまう。

　なぜこんなことになったのか。理由は簡単である。日本古代史の基本文献の一つである「古事記」では、神武以来「天皇」と贈り名し、まるで神武の子孫が代々日本の王であったかのように見せかけている。さすがに戦後はこの神話をそのまま信じるのは憚られた。そして、古事記で「ハツクニシラシスメラミコト」と書かれた崇神天皇の墓と伝承されているのは奈良県三輪山山麓の前方後円墳であり、その周辺には古い形の前方後円墳がたくさんあった。そこで、「ハツクニシラシ」という言葉を「日本統一」と読み替えて、その考古学的根拠として、前方後円墳の発生と広がりと、三角縁神獣鏡の広がりをあげたのである。

　ここでも結論が先にあって、それを理由付けるために、考古資料という原典資料を恣意的に操作するという、意図的ともいえる歴史改変手法がとられていたのである。

　4世紀から5世紀における大和朝廷による日本統一は、完全な幻である。

　さらに「つくる会」教科書の古墳についての記述には、思いこみによるまちがいが存在する。

　新しい歴史教科書は、大阪の伝仁徳天皇陵をエジプトのクフ王や秦の始皇帝の墓と大きさを比較し、「それらよりも底辺の大きさが大きい」ことをもって、この墓をつくった権力の大きさをはかっている。

　だが古代国家はいつでもどこでも大きな王の墓をつくったのだろうか。

　ピラミッドは最近の研究によって王の墓ではなく、王権の正統性をしめすための一大記念碑であり大規模な儀式の装置だったのではないかと考えられている。つまり王の再生の儀式の。そしてピラミッドという巨大な建造物が作られたのはエジプト古王国の歴史の中のわずか100年ほどである。また、秦の始皇帝の墓も、墓であるとともに巨大な記念碑であることは、地下から発見され

た兵馬俑の巨大さからも想像できるであろう。やはり数百年ぶりに中国を統一したということを示すものであろうか。

　ではなぜ、近畿地方の前方後円墳、とりわけ大王の墓とされたそれは巨大なのか。通説ではそれは権力の巨大さ、日本の統一権力としての記念碑と説明されている。しかしこの説明には根拠がない。大和朝廷という統一権力があったということを前提として、この説明は成り立っているのであり、その前提が崩壊してしまえば、この地の王墓の異常な大きさ（通常はせいぜい全長200 m。大仙古墳は480 m。異常な大きさである）を説明することができない。

　ここで、この王墓の異常なまでの大きさを、統一権力としての大和朝廷を前提としないで説明した唯一の説である、古田武彦の説明をあげておこう。

　古田は巨大な前方後円墳の出現を、神武（もちろん天皇ではない。倭の伊波礼地方の王としてのカムヤマトイワレヒコノミコトである）以来、銅鐸文明圏に武装侵略を試みた集団が、ついに10代の後になってその銅鐸勢力の中心地を陥落させ、九州の倭王の分王朝として成立したという一大モニュメントと解釈する。その始まりが崇神などの大和盆地の巨大古墳である。そして14代の応神の時代に至ってその勢力は銅鐸文明圏をほぼ席巻し、母なる国・九州の倭王朝と闘えるようになった（仲哀が熊襲＝九州王朝との闘いに敗れて死んだあと、応神を身ごもった神功は敗軍を率いて、仲哀のあとを継いだ息子たちを倒し、息子の応神にあとを継がせた）。このことを誇る記念碑として建てられたのが大阪府羽曳野市の誉田御廟山古墳（伝応神天皇陵）であり、難波津に入る船に見えるように建てられたのが大仙古墳（伝仁徳天皇陵）であると。そしてあの三角縁神獣鏡の大規模な鋳造は、母なる祖国・倭王朝の鏡の文明の流れをくむことの誇りと崇拝が、それを生み出したもとであろうと。

(2)「王国」の分立の時代へ

　大和や河内の前方後円墳が異常に巨大であることを以上のようにとらえると、そこから新たな問題が立ち現れてくる。

　それは、「大和朝廷による日本統一」ではなく、「王国の分立と戦乱の時代の出現」である。

この時代のことを、新しい歴史教科書はつぎのように記述している（p35）。

> ちょうどこのころ、中国は内乱で勢力が弱まっていた。その間に、朝鮮半島の北部では高句麗（こうくり）が強国となり、南部では百済（くだら）や新羅（しらぎ）が台頭した。
> 一方、中国の歴史書で「倭」とよばれていた当時の日本は、3世紀後半から5世紀のはじめまで、中国の文字記録からまったく姿を消す。日本列島でも、中国の影響力が弱まったこの時期に、こうした周辺諸国の動きに合わせるかのように、大和朝廷による国内の統一が進められたのである。

おかしな記述である。中国では内乱がおこり、南北朝時代という長い戦乱の時代に入り、王朝がいくつも乱立し、天子が多数並立するという内乱の時代に入った。そしてこれと歩調をあわせて、朝鮮半島でも高句麗・百済・新羅、そして倭による戦乱の時代がはじまった。つまり中国が内乱状態になるとその影響力は弱まり、周辺の諸国でも権力が分立し、内乱状態となるということである。これは東アジアの歴史の流れであり、何度となく繰り返されたことである。
　しかしこの4～5世紀は違っていた。日本では周辺諸国の動きに反して、「統一」が進んだのである。そう。「周辺諸国の動きに反して」と記述すべきであったのである。
　4～5世紀に大和朝廷による日本統一が進んだと考えると、周辺諸国の状況と違う事態が生まれたことになる。だが、古田のように記紀の仲哀による熊襲征伐を九州王朝の本拠地の筑紫に攻め入った仲哀が、九州王朝軍とそれを支援する百済軍との闘いに敗れて敗死したと捉えるなら、これは日本における「王国の分立と対立の時代」が始まったことを意味している。
　つまり紀元前の漢王朝の時代から倭の正統王朝として認められてきた北九州の王朝に対して、その分王朝である大和王権が敵対し激しく戦ったわけである。しかしこのような事態は何もこれが始めてではない。邪馬台国の女王卑弥呼が魏に朝貢したのも、その分王国である狗奴国の反乱と対立に対処するためであった。つまり中国における漢王朝の滅亡・三国の対立の始まりは、日本にも影響し、複数の王国が対立する時代の幕を開けたのである。これが3世紀

の中ごろのことである。そして仲哀と熊襲のたたかい。これは4世紀終わりから5世紀はじめ。まさに日本列島も王国の分立と対立の時代に入っていたのである。

この観点から見るとき、河内の300 mを越す前方後円墳群と対をなすようにしてそびえる300 m級の前方後円墳が瀬戸内海の吉備地方（岡山）に存在している意味も、自ずから明らかであろう。5世紀は、少なくとも、九州王朝（倭王権）・吉備王権・大和王権の三つの王国の対立と抗争の時代であったのである。そしてこの対立は東国にも波及していたであろう。

だからこの時期に全国で多くの巨大な前方後円墳が造られたと解釈できないだろうか。

そしてこの闘いはさらに続く。それは西では527年の大和の王・継体（けいたい）が九州筑紫に攻めこみ、九州王朝の王者・筑紫の君磐井（いわい）を倒し、その子の葛子（くずし）の軍と激しく戦うという事態にまでいたり、東では534年の武蔵国造（むさしくにのみやつこ）の内紛に、北の大国毛の国の大軍と、西の朝廷（日本書紀は大和を指しているように書かれているが、この時代「朝廷」といえば、九州筑紫以外にない）の大軍が介入し、朝廷側が勝利するという事態にまで発展する。

従来の日本古代史学会の定説では、このような統一的なとらえかたはしていない。だがしかし、前方後円墳の発生と普及の事実と、神話や古記録における記事とを統一的に把握すると、従来の定説とはまったくちがった位相の歴史が出現するのである。

そしてこの「3世紀から5・6世紀まで日本は王国の分立と対立の状態が続いた」との新しい理解は、中国・朝鮮など周辺諸国の動きとも完全に一致しており、日本国内の動きと国際情勢とを、一体のものとして理解できるのだ。

日本古代史学会は、考古学的事実と、神話や古記録とを、それぞれバラバラに解釈して、それを大和朝廷による日本統一という、すぐれて皇国史観にたつ政治イデオロギーで粉飾してしまったため、まったく特異な歴史を作り上げてしまったのである。

新しい歴史教科書の皇国史観に立つ歴史改変の源は、ここにあった。

注：05年8月の新版の記述は、旧版とほぼ同じであるが、一点完全な嘘といえ

る記述が挿入されている（p 28・29）。それは当時の東アジアの動きについてだが、中国が分裂して対外的な影響力が弱まったと記述したあと、「朝鮮半島では、北部で高句麗が強国となり、南部では百済や新羅が台頭して、<u>統一国家への動きがつよまった</u>」（p 28）と述べた部分である。この記述の下線部分が完全な嘘である。この高句麗・百済・新羅の台頭は、朝鮮半島内のそれぞれの地域の統一行動ではあるが、半島全体の統一国家への動きではまだない。正しくは半島内に複数の王朝が成立して、分裂抗争している時代である。これを統一国家への動きと強弁した理由は、そのすぐあとで、「こうした周辺国家の動きに合わせるかのように、日本列島でも、小国を合わせて統一国家をつくる動きが生まれた。その中心が大和を基盤にした大和朝廷とよばれる政権だった」と述べることの理由づけだったのである。

　すなわち私も指摘した「東アジア規模での流動」に反して日本だけが統一国家の成立という矛盾を矛盾ではなくするために、朝鮮半島における動きを統一国家への動きと強弁して歴史を改変しようとしたのである。これは汚い歴史の改作である。

　もうひとつ旧版と異なるのは、項の記述の最後に「大和の氏姓制度」についての記述を挿入したことである（p 29）。これは旧版では、「大和朝廷の外交政策」の中にあった「技術の伝来と氏姓制度」の記述を前にもってきただけである。統一国家の仕組みを示しておきたいという意図であろう。しかしこの記述も「氏ごとに決まった仕事を受け持った」と書くだけなので、実は大和朝廷は有力な氏の連合体に過ぎないという実態が見えない記述になっている。

注：この項は、森浩一編著「シンポジウム古墳時代の考古学」（学生社 1970 年刊）、古田武彦著「失われた九州王朝：天皇家以前の古代史」（朝日新聞社 1973 年刊）、近藤義郎著「前方後円墳の誕生」（1986 年岩波書店刊：岩波講座　日本考古学 6「変化と画期」所収）などを参照した。

7 「神武東征」は倭王朝の東方武装植民だった
―――「改作された伝承」を無批判につかった「神武天皇の東征伝承」

　「大和朝廷による日本統一」を語ったあと、新しい歴史教科書は、その大和朝廷の淵源の伝承を紹介する。それが「神武天皇の東征伝承」である。ここは、「神話を事実であるかのように使った」と問題になっている個所だが、神話を取り扱うことに問題があるのではなく、その取り扱いかたに問題がある。

　だがそれは、「神話を事実のようにとりあつかった」ことではない。「神武東征」は史実である。ただし「天皇」としてではなく、九州王朝旗下の一豪族の武装植民行動としてなのだ。

　この教科書での神話のあつかいの問題点は、神話はそれ自体がある権力の正統性を証明するために必ず改作を経ているという古今東西に共通した命題を無視し、「大和朝廷が悠久の昔から日本を統治していた」という政治的仮構を証明するために改作された神話を無批判につかって、「大和朝廷が悠久の昔から日本を統治していた」かのように、歴史を記述していることである。

　ここでは冒頭に、以下のように述べている（p 36）。

　　一つの政治的なまとまりが、大きな力を備えた統一政権になるには、通常、長い時間を必要とする。大和朝廷がいつ、どこで始まったかを記す同時代の記録は、日本にも中国にもない。しかし「古事記」や「日本書紀」には、次のような伝承が残っている。

　この続きの部分に神武東征の伝承を載せてあるのだが、その記述のしかたを見ると、古事記と日本書紀という、性格の異なる、内容も異なる伝承を、まるで両者に矛盾がないかのようにして載せ、しかも記述されたものとしては日本書紀の神武東征説話を使っている。

(1) 神武は天照の子孫ではあるが「直系」ではない！

「つくる会」教科書は伝承の冒頭に「天照大神の直系である神日本磐余彦命(かむやまといわれびこのみこと)は……」と書いている。

たしかにその通りなのだが、古事記も日本書紀でもここに一つのしかけがある。どういうしかけかというと、神武に始まる大和朝廷が天照大神の子孫の「本流」＝「直系」であるかのような記述をしていることである。

たとえば古事記の記述によれば、天照の直系の後継ぎは「正勝吾勝勝速日天の忍穂耳の命(マサカアカツカチハヤビアメノオシホミミノミコト)である。古事記には「太子(ひつぎのみこ)」と書かれている。この忍穂耳の命の子は2人おり、「天の火明の命(アメノホアカリノミコト)」と「天つ日高日子番の邇邇芸命(アマツヒダカヒコホノニニギノミコト)」である。この邇邇芸命が大軍を率いて「筑紫の日向(ひむか)の高千穂のくじふるだけ」に宮を築き、筑紫の支配を始めた。

この邇邇芸命の名前をよく見てみよう。「あまつひだかひこ＝天津比田勝彦」なのである。つまり天国(あまぐに)(＝壱岐・対馬を中心とした海洋王国)の比田勝津＝港の長官という名前。では天国の王位継承者はだれか。当然、天の火明の命である。この天の火明命の名前を日本書紀で見ると、「天照国照彦火明の命(アマテラスクニテラスヒコホアカリノミコト)」とある。天国だけではなく陸の国も治めるという名前になっていることがわかるであろう。本流はこちらなのだ。

古事記も日本書紀もこの「王」の事跡を書かないことで、まるで邇邇芸命が天照大神の直系であるような書きかたをしている。正しくは傍系なのである。

この邇邇芸命には3人の子があった。ひとりは「火照りの命(ホデリノミコト)」。もうひとりは「火須勢理の命(ホスセリノミコト)」。3番目が「火遠理の命(ホオリノミコト)」。

この3番目の子が神武の祖父(？)の「天つ日高日子穂穂出見の命(アマツヒダカヒコホホデミノミコト)」だ。

この名前を検討してみると、天国のひだか(＝比田勝)の長官であるホホデミの命という名になり、父の邇邇芸命と同じ官職名である。そして長兄の火照りの命の名を見れば、邇邇芸命の兄の火明の命のまたの名である天照国照彦火明の命の名と同じく「照らす」という語が使われていることから、「火の国(＝肥の国)を治める王者という意味ではないだろうか。

だとすれば、神武の祖父（？）である穂穂出見の命は、その名のとおりの天国の一地方の港を治める長官にすぎず、倭国をおさめる王者ではないことになり、この部分の神話である「山幸彦・海幸彦」の説話は、あたかも弟の穂穂出見の命が倭の王者であった兄の火照りの命にとってかわったかのような記述なので、古事記ですでにこの部分において、神話の改作が行われていると見て間違いはない。

　神武の祖父（？）穂穂出見の命は、天照の子孫のひとりではあるが、その直系ではなく、傍系のそのまた傍系なのだ。

　同じことは神武の父（？）の「天津日高日子波限建鵜葺草葺不合命（アマツヒダカヒコナギサタケルウガヤフキアエズノミコト）」にもいえる。意味は比田勝の津の長官で海岸線（＝波限・なぎさ）の防備隊長（＝建・たける）のウガヤフキアエズの命ということであり、一水軍の長のイメージである。そして彼が住み一生を送ったのは、筑紫の日向の高千穂の宮。倭国の中心の筑紫郡の西にある糸島郡の東のはずれの山すそで、糸島水道をへて唐津湾・博多湾をつなぐ防衛上の拠点にある宮。首都を防衛する西の拠点。

　そして神武は、この天津日高日子波限建鵜葺草葺不合命（アマツヒダカヒコナギサタケルウガヤフキアエズノミコト）の4男。そもそもの名前は若御毛沼の命（ワカミケヌノミコト）。

　神武は天照の子孫のひとりではあるが、その直系ではなく傍系の傍系である。しかし本来の直系や傍系の主流の人々の事跡を詳しく記さないことで、古事記も日本書紀も、まるで神武が天照の直系であるかのごとき書きかたをしている。ここに二つの書が、日本の歴史を大和中心に読み替えようとする意図が表れている。

(2) 東への武装集団の長は神武ではない

　この教科書は東へ向かった武装集団の長が神武であるかのごとき書き方をしている（p 36）。

　　天照大神の直系である神日本磐余彦尊は、45歳のとき、日向（宮崎県）の高千穂からまつりごとの舞台を東方に移す決心をし、水軍を率いて瀬戸内海を東へ進んだ。大阪湾から上陸を志すが、長髄彦（ながすねひこ）の強い

抵抗を受け、…………

たしかに日本書記ではこう書いてある。だが、古事記ではそうなっていない。

古事記では、高千穂の宮にて「東に行く」ことを決定したのは、兄の五瀬命（イツセノミコト）と弟の神武の２人であり、軍を率いているのも五瀬命である。河内の日下（くさか）で登美（とみ）のナガスネ彦の軍に行く手を阻まれ、東に向かうことを諦め南に軍をうつすことを決定したのも五瀬命である。そしてこのときの戦で傷を負った五瀬命が、紀の国の男之水門（おとのみずと）で死んだので、ここで全軍の指揮が神武の手に移ったのだ。

最初から神武が指揮をとっていたかのように神話を改作したのは、日本書記の編者であり、あくまでも大和朝廷の祖先である神武が指揮官でなければいけないとの大義名分論で書かれていたのである。

（3）神武の出発点は日向（ひゅうが）ではない

さらに、神武たちが東に向けて軍を発したのは、日向（宮崎県）ではない。たしかに日本書紀はそう書いている。だが、古事記では「日向（ひむか）から筑紫へ」と書いてあり、この日向は「筑紫の日向の高千穂の峰」の日向であり、筑紫の国の中の日向である。そして神武らが向かった筑紫とは、筑紫の国ではなく、その中心である「筑紫郡」、倭国の都のあるところへ向かったのだ。

8世紀になって、大和天皇家が日本の王になってから書かれた日本書紀は、古事記に伝えられた古い言い伝えを改変し、邇邇芸命が天下ったのも宮崎県の日向の高千穂の峰で、神武が東方への移住を決めたのも日向の国の高千穂の宮というように、二つの伝承の場所が筑紫であったことを隠している。それは何のためか。筑紫が長い間、日本の中心であったという事実を歴史から消し去り、大和天皇家が九州の筑紫天皇家を滅ぼして日本の王位を奪ったという事実を消すためである。

神話は、それ自身が権力の正統性をしめすための虚構であり、その元の形そのままではないという原則を忘れないならば、日本書紀が歴史を改変していることは明らかであろう。

(4) 東征は、都を東に移すことではない

　次にこの教科書の書きかたでは、「都を東にうつす」ようになっていることも問題である。たしかにここでも日本書紀はそういう書きかたをしている。「東に良い土地があり、青い山が取り巻いている。(中略) 思うにその土地は、大業を広め天下を治めるのによいであろう。きっとこの国の中心だろう。(中略) そこにいって都をつくるにかぎる」と。
　だが古事記はそうではない。単に「どこに行けば、一国を治められよう。もっと東に行こうと思う」と述べているだけである。

　従来はこの古事記の記述の「天の下の政」という言葉を、「天下を治めること」と解してきたが、この「天」とは「天国＝あまぐに」のことであり、天国の支配の下で、政治を行うこと、つまり一国を治めることという、当時としてはきわめてリアルな言葉なのであり、天国の統治下という大義名分を含んだ言葉で、けして全国を治めるという意味の言葉ではない。
　それが証拠に、「天の下を治めた」という神武の名前は、「神日本磐余彦の尊」である。古事記なら「神倭伊波礼毘古の命」である。どちらも「神」は「おおいなる」とか「うつくしい」とかいう美称。「日本」「倭」は、日本列島全体をさす言葉か、もしくは日本列島を治める大義名分をもった国の名。おそらく後者であろう。古事記が撰述され稗田阿礼が暗誦したときは「九州王朝」中心の「倭」の時代。日本書紀が書かれた時期は、「大和」中心の「日本」の時代だからである。そして最後の「磐余彦」と「伊波礼毘古」とは、「イワレ地方を治める長官」の意味。
　神武天皇と後世になって贈り名されているが、彼は決して日本全体の天皇ではなく、「倭国」の一「地方長官」であると名乗っているのだ。天の下を治めるとは、天国の統治する倭国の下で政治を行うという意味でしかないのである。
　古事記と日本書紀の記述のどちらが古態を示しているのか。当然古事記である。日本書紀は大和中心に歴史を改変している。

（5）「倭国」の国々の援助の下で行われた東への武装植民

この神武東征説話には、まだまだ神話改作のあとが見られる。
「つくる会」教科書は、神武がまっすぐに水軍を率いて瀬戸内海を東へ進んだかのような書きかたをしている。これは古事記とも日本書記とも違っている。
二つの史書では、神武たちはまっすぐには瀬戸内海を東に進んでいない。途中で何ヶ所かに立ちより、そこで何年も過ごしている。

古事記によれば、以下のようである。

  （a）豊国（大分県）の宇佐
  （b）筑紫（福岡県）の岡田の宮……………………1年
  （c）安芸の国（広島県）のタケリの宮…………7年
  （d）吉備（岡山県）の高島の宮………………8年

日本書記ではこの年数が半分以下におさえられているが、相当の年数、途中にいたことは明らかである。軍団だけではなく、女子供を伴った旅である。この長期にわたる滞在をどう理解したらよいのか。
食料を補給し武装を整えるだけならあまりに長期に過ぎる。やはりその地に植民し、あらたな国を作ろうというのではなかろうか。しかしそれもかなわぬまま（そこには倭国と同じ「矛」の文化を持った国があったので）、その地の王たちの援助を得て、さらに東へと歩を進めたのではないか。
この意味で、神武たちの子孫の王の墓が、吉備の国発祥の前方後円墳の形と円筒埴輪を持ち、墓の内部の副葬品としては、九州筑紫の弥生墓と同じく鏡と矛と玉であることは、神武たちの東征の経過を追ってみると、それと見事に符合しているのである。

(6) 神武は大和の国を平定していない

そして最後にこの説話が神話を大きく改作している部分がある。それは以下のところである。教科書の記述を見よう（p 36）。

　神日本磐余彦尊は、抵抗する各地の豪族をうちほろぼし、服従させて目的地に迫る。再び長髄彦がはげしく進路をはばむ。冷雨が降り、戦いが困難をきわめたちょうどそのとき、どこからか金色に輝く一羽のトビが飛んできて、尊の弓にとまった。トビは稲光のように光って、敵軍の目をくらました。こうして尊は大和の国を平定して、畝傍山の東南にある橿原の地で、初代天皇の位についた。

たしかに日本書紀ではこのように書かれている。最後に長髄彦を討とうとして負けそうになったとき金色のトビの力で敵軍を混乱に陥れたという話しは、日本書紀だけにあって、古事記にはない話しである。そして日本書紀は続けて長髄彦のもとにあった天の邇芸速日の命（アメノニギハヤヒノミコト）が長髄彦を裏切って殺し、自分の軍を率いて神武の下に投降したと記述する。まるで大和の国を平定したかのような書きかたである。

しかし古事記はまったく違う。大和盆地に入った神武は各地の王たちを倒したり従えたりしたが、ついに長髄彦（古事記では「登美の那賀須泥毘古」である）を倒すことは出来なかった。そして最後に天の邇芸速日の命が長髄彦から分かれて投降し、ここに神武の戦は終わっている。

長髄彦の拠点の登美とはどこか。奈良盆地の中央を流れる大和川に北から合流する川に「富雄川」がある。その上流部で生駒山をはさんで、長髄彦と神武らが戦った河内の国の日下をひかえた大和盆地北西部の盆地群。ここが長髄彦の拠点ではなかったか。

では神武が置いた拠点はどこか。その大和川の南側、大和盆地の東南の隅の盆地である橿原（かしはら）の地。神武はついに長髄彦を倒せなかったのが史実であろう。つまり神武は大和の国を平定できなかったのである。それは彼の子孫

に託された。神武が大和を平定し、橿原の地で初代天皇として即位した。これは大和中心史観で神話を改作しようとした日本書紀のみに存在する幻である。新しい歴史教科書の著者たちは、この日本書紀という造作された史書を無批判に採用し、大和中心史観に自らも染まっていることを暴露したのである。

(7) 神武東征は史実である

以上のような修正を施せば、神武東征は史実である。詳しくは古田武彦の著作に譲るが、一つだけ証拠をあげれば、弥生時代後期にいたって、近畿地方を中心に広がっていた銅鐸文化が、大和盆地においては忽然と消えるのである。そして、その中心が大阪北部から京都南部にあった銅鐸文化が東西に分裂し、その中心は東海地方に移って行く。

従来は謎であったこのことも、銅矛圏からの武装植民集団としての神武らとその子孫が、大和盆地の南部からだんだんに銅鐸文化圏を侵食し、ついにはその中心地も陥落させたことの結果と考えれば、たちどころに氷解する。

しかしこれは、神武による日本の中心の征服、大和朝廷による日本征服（統一）の始まりではない。結果としてみれば、その約600年後に彼の子孫によって統一がなされるのだが、神武が大和に侵入した当時は、大和は日本の中心でもないし、銅鐸文化圏の中心でもない。

それをあたかも神武による日本の中心の征服の伝承のように作り変えたのは、8世紀に成立した大和朝廷の正史である日本書紀の造作であった。

新しい歴史教科書をつくる会の人々は、「神話を尊重する」として、その実は、大和中心史観によって改変された神話を無批判に採用しているだけなのだ。

神話はたしかに歴史的事実を反映している。ときには歴史的事実そのものでさえある。だがしかし、神話はそれを必要とした権力が、自己の権力の正統性を示すために、政治的に改作されているものなのだ。

神話がどのようになんのために改作されているのかを検討するという真に科学的な姿勢で神話を扱うことが、日本の歴史の真実を明らかにするためには必要である。神話を自分の歴史観に都合よく改作することも、神話を全く

の虚妄として捨て去ることも、どちらも真に歴史を明らかにすることではない。

注：05年8月の新版の神武東征説話のあつかいは、旧版とほとんど同じである（p 30）。違う個所は最後に、次のような文が挿入されたことである。すなわち、「大和朝廷がつくられるころに、すぐれた指導者がいたことは、たしかである。その人物像について、古代の日本人が理想をこめてえがきあげたのが、神武天皇の物語だったと考えられる。だから、それがそのまま歴史上の事実ではなかったとしても、古代の人々が国家や天皇についてもっていた思想を知る大切な手がかりになる」と。

これは旧版の記述が神話を事実のようにあつかったとの批判を受けて書かれたものに違いない。神話はたしかに「古代の人々の思想を知る大切な手がかり」である。だが神武神話を古代の日本人全体の理想をこめたものであるかのような記述の仕方は問題である。あくまでもこれは、後に九州の倭国を滅ぼして取って代わり日本の統一王権になった大和の天皇家と貴族たちにとっての理想・神話でしかない。この教科書の著者たちは、あいかわらず大和中心主義に立っているのである。

注：この項は、古田武彦著「盗まれた神話：記・紀の秘密」（朝日新聞社 1975 年刊）、武田祐吉訳注「古事記」（角川書店 1956 年刊）、宇治谷孟訳「全現代語訳 日本書紀」（講談社学術文庫 1988 年刊）などを参照した。

8 「倭」＝「大和朝廷」という虚妄

次の1節は、「大和朝廷の外交政策」と題して、4世紀から6世紀までの、朝鮮半島情勢を中心に、我が国と中国・朝鮮諸国との関係を述べている。この

節は、我が国と朝鮮諸国との関係を、統一中国なき動乱の時代としての3世紀から6世紀という、東アジア全体の動きのなかにおいて描いており、「東アジアの中の日本」という観点で歴史を叙述した点で、優れたものになっている。

ただここにおいて、中国や朝鮮諸国の資料に現れ、朝鮮の高句麗と戦を交えた「倭国」を、「大和朝廷」ととらえて叙述していることは、大いなる間違いであり、歴史の意図的な改変である（このことは、他の教科書におけるあつかいとも共通しており、日本古代史学会の公認の定説自体が持っている皇国史観という先入観を捉えかえすことをせずに、無批判に「日本書紀の大義名分論」＝「大和こそ日本古来の中心なり」を祖述してしまった結果でもある）。

「つくる会」教科書の記述を見よう。最初に4世紀から6世紀の東アジア情勢について、以下のように述べる（p 37）。

　　古代の朝鮮半島や日本列島の動向は、中国大陸の政治の動き一つで大きく左右された。220年に漢がほろびてから、589年に隋が中国を統一するまでの約370年間、中国は小国が並び立つ状態で、朝鮮半島におよぼす政治的影響力がいくらか弱まった。

正しい指摘である。ただ一つ付言しておけば、「朝鮮半島や日本列島の動向が、中国大陸の政治の動き一つで大きく左右された」のは決して古代だけではなく、中世も、近世も、近代も、そして現代もそうだということを忘れないでおこう。

そして次に、中国の影響力が減った中での朝鮮半島情勢を以下のように述べる（p 37）。

　　急速に強大になった高句麗は、313年に、このころ中国領土だった楽浪郡を攻めほろぼした。中国を中心とした東アジア諸民族の秩序にはゆるみが生じ、大和朝廷もこれに対応して、半島への活発な動きを示した。
　　高句麗は、半島南部の新羅や百済を圧迫していた。百済は大和朝廷に救援をあおいだ。日本列島の人々は、もともと鉄資源を求めて、朝鮮半島南部と交流を持っていた。そこで、4世紀後半、大和朝廷は海をわたって朝鮮に出兵した。大和朝廷は半島南部の任那（加羅）という地に拠点を築いたと考え

られる。

　おおむね正しい記述である。「大和朝廷」としたところを「倭国」という形に、当時の資料にあらわれた形に訂正すればのことであるが。
　そして教科書は、その後の情勢についてさらに詳しく記述する（p 38）。

　　高句麗は南下政策をとった。海を渡った大和朝廷の軍勢は、百済や新羅を助けて、高句麗とはげしく戦った。414年に建てられた高句麗の広開土王（好太王）の碑文に、4世紀末から5世紀はじめの出来事として、このことが記されている。
　　高句麗は、百済の首都漢城を攻め落とし、半島南部を席巻した。しかし、百済と任那を地盤とした日本軍の抵抗にあって、征服は果たせなかった。

おおむね正しい記事である。

(1)「倭国」と同盟したのは百済だけ

　だがここには倭国＝大和朝廷というすり替え以外に、もう一点気になる資料との食い違いがある。それは、倭国と同盟したのは百済だけだというのが広開土王の碑文などの資料の示すところであるが、この教科書は「百済と新羅」を助けてという書き方で、まるで倭国＝正義の味方という書き方をしているところだ。
　広開土王の碑文によれば、新羅は常に高句麗のほうについており、高句麗・新羅連合軍対百済・倭連合軍という形に闘いは進展している。そしてこの闘いは、倭が善意で百済を助けるという闘いではなく、この教科書も書いているように朝鮮南部（＝この教科書の記述の任那。正しくは加羅諸国）には豊富な鉄資源が存在しており、それを誰が支配するのかという問題なのである。そして一時的に同盟したのが倭と百済であった。
　また倭国と百済とは対等な関係であり、いやむしろ百済の方が上位に位置する関係であった。このことはこの時代に百済王世子が倭王旨に送った刀（奈良

県の石上神宮所蔵の七支刀）の銘文でも明らかである。

　おそらく倭にとっては自己の領地である金官加羅（＝任那、おそらくこの国は加羅諸国の一つであり、同時に倭国を構成する一国でもあり、韓名と和名の両者をもっていたのであろう）を守るために百済と同盟を結んだというのが本当のところであろう。

　ここをくわしく叙述しないと、文字どおり百済を助けて倭国が高句麗と闘ったということになり事実と大いに違ってくる。

(2)「任那」は「倭」の一部

　だがここを正確に記述するためには、「日本列島の人々は、もともと鉄資源を求めて、朝鮮半島南部と交流を持っていた」などというあいまいな書き方はできなくなる。正確には鉄資源を産する半島南部の地＝加羅諸国のうちの金官加羅は、昔から倭地であり、この時期に倭が朝鮮に出兵して築いた拠点などではないということである。

　あの魏志倭人伝には次のような記述がある。「郡より倭に到るには海岸に従って水行し、韓国をへて、その北岸、狗邪韓国にいたる。初めて一海を渡り、対海国に到る」と。

　郡とは中国領であった帯方郡（いまの平壌(ピョンヤン)付近）。倭とは倭国の首都で女王卑弥呼が都する邪馬台国。そして対海国とは今の対馬である。さすれば狗邪韓国が、今の韓国の釜山(プサン)付近にあたることは明白である。そしてここを「その北岸」と表現した。「その」とは「倭の」ということであり、狗邪韓国は倭国の一部なのである。

　このことは考古学的出土遺物が証明している。弥生時代の昔から古墳時代にいたっても、九州北岸と半島岸は同じ文化を持っていた。

　また広開土王の碑文には新羅王が広開土王に言った言葉として「倭人、その国境に満ち」というものがある。つまりその国境とは新羅と倭との国境ということであり、新羅と倭とは朝鮮半島内で国境を接していたのである。

　すなわち倭が高句麗と闘ったのは自国の一部である金官加羅＝任那（かつての狗邪韓国）を守るためであり、百済を助けるためではない。百済との同

盟はそのときの情勢のなせるわざ。そしてこのことは百済にとっても同様である。この教科書にも書いてあるが、のちに6世紀のことであるが、百済は新羅と手を組んで、加羅諸国を亡ぼし、百済と新羅とで分けてしまった。倭の同盟国であった百済が、倭の重要な鉄資源産地の加羅諸国を征服したのである。

(3)「倭」と百済は常に同盟国であったわけではない

またこの教科書では、先に指摘したことだが、百済と倭とがつねに同盟国であったかのような書き方をしている。これは間違いである。
「つくる会」教科書は上の文章に続いて、5世紀の情勢について以下のように記述する（p 38）。

> 5世紀中ごろ、中国では南に宋、北に北魏が建国し、いわゆる南北朝時代を迎えた。（中略）大和朝廷と百済は、中国の南朝に朝貢した。5世紀を通じて10回近く、「倭の五王」が宋に使者を送った。他方、高句麗は北魏に朝貢し、同盟関係にあった。大和朝廷と百済があえて宋の朝貢国になったのは、宋の力を借りて高句麗を牽制するためであった。

混乱していた中国に二大王朝が成立したことが、半島情勢に変化を与えた好例である。対立する高句麗と倭・百済はそれぞれ中国の力と権威を借りて、その支配を確固たるものにしようとした。この時代の東アジアを古田説に従って図示すれば地図4「5世紀の東アジア」のようになる。
しかしここでも、この教科書の記述は少し変である。「倭と百済は仲良く宋に朝貢した」と読めるからである。
事実は少し違った。ここに出てくる倭の五王が宋に要求した官位を見ていくと、そこには百済に対する支配権を要求していることがわかる。そしてこの要求に対して宋王朝は、一貫して百済に対する支配権だけは認めなかった。宋書倭国伝によれば、それは以下のようになる。

(1) 倭王珍…………「使持節都督、倭・百済・新羅・任那・秦韓・慕韓六国諸軍事・安東大将軍・倭国王」⇒「安東大将軍・倭国王」に叙す

(2) 倭王済…………「使持節都督、倭・新羅・任那・秦韓・慕韓六国諸軍事・安東大将軍・倭国王」に叙す

(3) 倭王武…………「使持節都督、倭・百済・新羅・任那・加羅・秦韓・慕韓七国諸軍事・安東大将軍・倭国王」と自称⇒「使持節都督、倭・新羅・任那・加羅・秦韓・慕韓六国諸軍事・安東大将軍・倭国王」に叙す

倭は常に朝鮮半島の高句麗の支配地域を除く全ての土地に対する支配権を要求していたのであり、宋王朝は百済に対する倭の支配権だけは認めなかった。それはあたりまえ。百済も昔から中国の王朝に朝貢してきた国であり、百済国王は中国皇帝によって百済国王に認められ、百済は中国にとって朝鮮南部を代表するその支配下にある国なのである。この点で中国に朝貢したことのない新羅や加羅諸国とは格が違う。

ともあれ、倭国と百済とはほぼ対等な

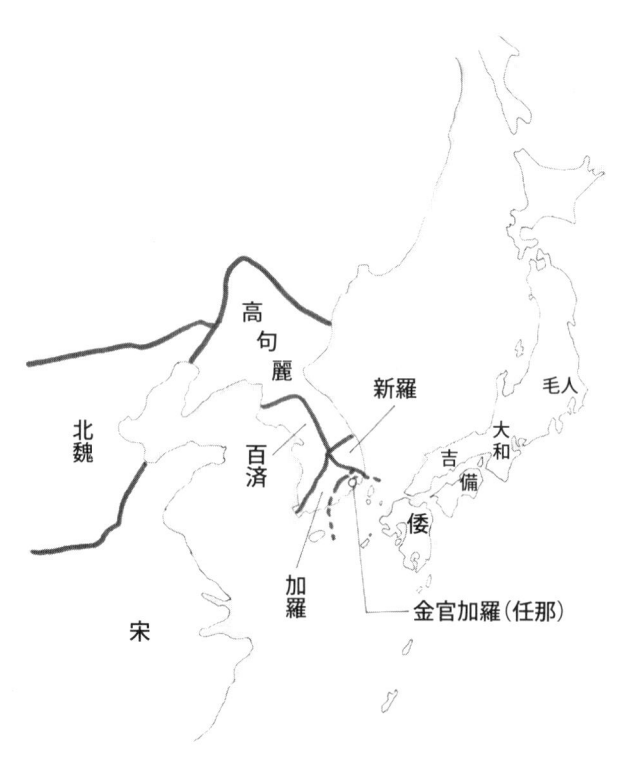

地図4　5世紀の東アジア

関係であり、互いに同盟したりぶつかったりしていたのである。

（4）「倭」は「大和朝廷」ではない

さてここで、中国や朝鮮の国々の史書に出てくる倭が大和朝廷ではないことを証明しておこう。

この教科書はなんの注釈もなく「倭の五王」を「大和朝廷の王」と叙述している。たとえばこのページの資料として埼玉県の稲荷山古墳出土の鉄剣をあげ、そこに出てくる「獲加多支鹵大王」を「わかたける」とルビをふり、「倭の五王の武で雄略天皇にあたると考えられている」と記している。

これは日本古代史学会公認の定説で、どの教科書にも記述してあるのだが、どう考えても無理である。

「獲加多支鹵大王」の「獲」の字は漢音では「カク」、呉音では「ワク」だから、「ワ」音をあてても間違いではない。また次の「加」も漢音で「カ」、呉音で「ケ」だから、まあよい。そして「多」は漢音でも呉音でも「タ」である。しかし、次の「支」は、漢音でも呉音でも「シ」であり、どうやっても「ケ」と読めない。最後の「鹵」は、漢音なら「ロ」、呉音なら「ル」である。

「ワカタケル」という読みは第１音を呉音、第２音を漢音、第３音はどちらでも可、第４音はまったく恣意的な読み。そして最後の第５音を呉音と、バラバラないいかげんな読みなのである。

ここは古田武彦のように第１音の「獲」を動詞として名前は「加多支鹵大王」とし、全てを漢音で読んで「カタシロ大王」としたほうが読みとしてはかなっている。「ワカタケル」という読みは、「日本の王といえば大和の王」という日本書紀の大義名文論を前提とした読みなのであり、これは成立しがたい。

またもっと確実な証拠として、この倭王武の上表文にある、武の父済の記事の「大挙して高句麗を攻めようとしたときに、父兄をともにうしなうこととなった」という記事など、雄略（天皇）の父である允恭(いんぎょう)（天皇）の古事記や日本書紀の記事にはまったくない記事であることなどは、この倭の五王が大和朝廷の王などではないことを明白に示している。

さらに古事記の記事には大和朝廷と高句麗とがしばしば闘いを交えたことな

どは全くなく、倭の五王に当たるとされる応神から雄略までの記事を見ても、大和朝廷内部での権力抗争ばかりが描かれており、外国と戦ったことなどない牧歌的時代として描かれていることも、付記しておく。

(5)「大和朝廷」は日本列島を統一してはいない

また、高句麗の広開土王の碑文の倭との闘いが頻出し、一方で東国の古墳に倭の五王の一人である武＝雄略（天皇）の名前が入った刀が出て来たことは、この4世紀から5世紀の時代に大和朝廷による日本列島統一がかなり進んでいたことを示す資料として、戦後の日本古代史学会に珍重されてきた。これが前記の前方後円墳の広がりと共に大和朝廷による日本統一の学問的根拠となってきたのである。

しかしこの認識も虚妄であった。

当時の大和朝廷は、まだ近畿地方をようやく支配下に置いたに過ぎず、それすらも安定したものではなく、内部抗争を続けていた時代であった。

> **注**：例外は応神の父の仲哀である。ここでは熊襲征伐にからんで、その后の神功皇后による新羅征伐が記述されている。古事記の熊襲とは北九州に都する倭国のことなので、高句麗との戦に明け暮れる倭国王が、その分家である大和にも援軍を頼み、援軍として倭国の都に入った仲哀が反逆したが、逆に倭国軍と同盟軍である百済軍に攻められて敗死し、新羅との親戚関係をもっていた神功皇后のつてで死地を脱して大和に帰ったということではないだろうか。（この点、古田武彦の説による）

(6)「任那」＝加羅諸国ではない

この節の最後は、「大和朝廷の自信」と題して、6世紀の東アジア情勢を詳しく述べている。「つくる会」教科書の記述は以下のようである（p 40）。

> 6世紀になると、半島の政治情勢に変化が生じた。あれほど武威をほこっ

ていた高句麗が衰退し始め、支援国の北魏も凋落に向かった。かわりに新羅と百済の国力は増大した。任那は両国から圧迫された。高句麗が強大であった時代には考えられない情勢の変化だった。任那は、新羅からは攻略され、百済からは領土の一部の割譲を求められた。

しかし、百済と大和朝廷の連携だけは続いた。新羅・高句麗が連合して、百済をおびやかしていた時代だったからである。538年に、百済の聖明王は、仏像と経典を日本に献上した。百済からは、助けを求める使者が列島にあいついでやってきた。しかし562年、任那はほろんで新羅領となった。

たしかにこのような変化が生じた。

だがここで一つ気になるところを指摘しておこう。それはこの教科書が「任那」＝加羅諸国という立場を一貫してとっていることである。

たしかに日本書紀ではそのような使い方をしている。しかしこれは史実ではない。「加羅諸国はすべて倭に従属したものである」という大義名分にそって書かれた、いわばイデオロギーの表明にすぎない。

事実は、すでに述べたように、加羅諸国は30数国にわかれ、その中の最大の国の一つが任那という和名をもった金官加羅国であった。そしてこの地は、あの魏志倭人伝の時代以前から倭の地であり、鉄の産地であった。加羅諸国全体が鉄の産地であったため、倭国は金官加羅が倭を構成する王国の一つであることをもって、加羅全体が自分の領域であることを主張していたのだ。

しかしこれは倭の立場にすぎない。加羅諸国には倭の影響下から脱しようという動きもあった。

加羅諸国のうち、金官加羅と並ぶ大国の一つに大伽耶(かや)という国がある。この国の王は、479年に南斉に朝貢し、輔国将軍・加羅国王に補されている。これはあの倭王武が宋に朝貢して「使持節都督、倭・新羅・任那・加羅・秦韓・慕韓六国諸軍事・安東大将軍・倭国王」に補された翌年であり、同じ地位を宋をついだ斉王朝に認められた年と同じである。つまり斉は、加羅をもふくむ南朝鮮地域の軍事司令官としての地位を倭国王に認めはしたが、百済を倭と対等の中国王朝に隷属する国と認めたのと同じように、加羅の大国である大伽耶をも、倭国と対等と認めたのである。

「つくる会」教科書が、「加羅諸国はすべて倭の主導権下にある」という倭国中心の考えかた（＝皇国史観）に立つ名称である任那＝加羅諸国という用語を無批判に使うということは、この教科書の著者たちが、皇国史観に立っていることを示す事実の一つである。

（7）まとめ：「大和朝廷の外交政策」の記述の問題点

　この節の記述は、東アジア情勢の中での日本と中国・韓国の関係をくわしく叙述するところに特徴がある。このことはとても正しい。
　しかしこの教科書の記述には上に指摘したように、いくつも問題がある。
　最後にその問題点を三つにまとめて提示して、この節の批判を終えよう。

①「倭」⇒「やまと」の読み替えに潜む皇国史観
　その一つは、この教科書は、4世紀から6世紀の東アジアを語るに必要な資料に頻繁にあらわれる倭国を、すべて大和朝廷と読み替えている。そしてその根拠は古事記や日本書紀で「倭」の字を「やまと」と読ませていることに根拠を置いている。
　しかし古事記でみると、「やまと」には、2種類の漢字が使用されている。すなわち「倭」と「夜麻登」である。そしてこの二つの字の使いかたを見ると、「夜麻登」の文字は、文字通り「大和の国」をあらわしており、これが大和を指す文字であることは明らかである。では「倭」は何を表しているのか。これはズバリ「日本列島全体」を指す言葉として用いられている。
　たとえば神武の名前である「神倭伊波礼毘古の命」の「倭」は、おおいなる偉大な「倭」国を指しており、その支配下にある「伊波礼」の長という意味になる。そして彼の子孫の王の名前に冠するときには、ほとんどが全て美称になってしまい、自らが倭の王朝の流れを汲むものという自己主張の一部になっていく。
　倭はここでも、日本列島を代表する王者である、北九州の王家を指す言葉であり、けっして「やまと」とよべるものではない。この字を「やまと」と読んだ事自体が、「日本列島の中心は昔から大和である」という大和中心史観の造語であり、それを歴史的事実として使用することは、これ自身が歴史の意図的

な改変といわざるをえない。

②「倭」は中国の属国である

二つ目の問題点は、この教科書の著者がくりかえし、「日本は中国に朝貢してきたが独立した立場をとった」と、何の資料的根拠も示さずに主張していることである。

教科書の記述を示そう（p 39）。

> 中華秩序と朝貢
>
> 　中華秩序とは、近代以前の中国中心の国際秩序のこと。中国の皇帝が周辺諸国の王に称号などを授け臣下とする。臣下とされた国は、定期的に使者や貢物を送り（朝貢）、臣従の礼をとる。
>
> 　日本は、古代においては朝貢などを行った時期はあるが、朝鮮やベトナムなどと比較して、独立した立場を貫いた。

この教科書の著者たちは、よほど日本が中国の風下に立つことが嫌いなようだ。日本は室町時代まで一貫して中国の属国である。たしかに途中で何度も長い間朝貢の礼をとらないことはあった。でもそれは日本が中国の属国という立場を捨てたことではなく、日本がベトナムや朝鮮と違って中国とは国境を接しておらず、間に海をはさんで地理的条件にあるために、自国の必要がないかぎり、中国に朝貢することを強要されないという位置にいたからである。

だが中国に統一国家が成立し中国と国交を結んだときには、日本国王は中国皇帝の臣下であり、日本は中国の属国なのであった。これはあの「委奴国」も「邪馬台国」もそうであり、「倭の五王」もそうである。そして後の唐王朝との関係もそうであり、明王朝と通交したときもそうであった（たしかに徐々に中国中心の華夷秩序への反発がうまれてはきていたが）。

日本が「独立した」かのように中国と無関係でいられたのは、その地理的条件のせいであり、けっして意図的にその立場をとった結果ではないのである。ベトナムや朝鮮は中国と国境を接しているために直接に中国の脅威を受けざるをえなかった。この地理的条件を無視して、「日本は中国と独立した立場をとっ

た」と宣言することは、事実を無視した単なる民族主義・国粋主義の発露でしかない。

> 注：例外は信長、秀吉、家康とつづく近世日本の統一政権。この各政権には、意図的に中国を中心とする華夷秩序をこわそうとする指向性があったことは近世の項で述べる。

③「中国文化の担い手」としての朝鮮渡来人という矮小化

　この教科書の記述の問題点の三つめは、4〜6世紀に朝鮮半島から大量にやってきた渡来人の果たした役割を過小評価し、それを「中国文化の担い手」という形に矮小化し、あまつさえ彼らを日本の王化に帰属した「帰化人」と記述しているところである。教科書の記述を示そう（p 39）。

> 　中国は、紀元前の段階ですでに、文字、哲学、法、官僚組織、高度な宗教などを十分に身につけた古代帝国時代を経過していた。文化は高きから低きに流れるのを常とする。朝鮮半島を通じて、中国の文化は日本に流入した。戦争などで百済との交流がさかんになるにつれ、人の往来もひんぱんになった。
> 　おもに5世紀以降、大陸や半島から技術をもった人々が一族や集団で移り住んだ。（中略）技術や文化を伝えたこれらの人々は、帰化人（渡来人）とよばれる。大和朝廷は、かれらをおもに近畿地方に住まわせ、政権につかえさせた。

　たしかに朝鮮半島からの渡来人がもたらした技術や文化の多くは中国に起源をもつものであった。中国と国境を接し、一時期には中国に征服されたこともある朝鮮半島の人々は、進んだ中国文化をうけいれざるを得なかった。
　だがそこで育まれた文化を中国文化とは呼ばない。それは朝鮮の風土に根ざした文化と融合し、朝鮮化されているからである。仏教文化しかり。中国の法制度しかり。そして文字さえも。
　朝鮮では速い時期から中国の文字の音を借りて朝鮮語を記述する試みがなさ

れていた。それが日本にもたらされて、日本で日本語を表記するために改変されたもの。それがのちの万葉仮名ではなかったか。この万葉仮名を朝鮮文化とは呼ばないし、中国文化とも呼ばない。

これと同様に朝鮮からの渡来人がもたらした文化も朝鮮文化なのである。そして彼らがもたらしたものの中には、中国起源ではない朝鮮独自の文化も入っている。高温で焼いた固い土器（須恵器）は、かつては「朝鮮土器」と呼ばれた。また古墳文化で土を盛り上げた封土の中に石でお棺を入れる区画をつくるのも朝鮮独自の文化である。そしてこれらの文化は当時においては、日本の文化より数段優れていたのであり、これらの朝鮮渡来人の文化を除いたら、日本文化など何もないほどのものであった。

この教科書の著者たちは、よほど朝鮮の風下に日本が立つことが嫌いなようである。

また彼ら渡来人のことを「帰化人」と呼ぶのも問題である。

帰化というのは優れてイデオロギー的な用語である。帰化とは「王化に服すること」、王化とは「王の徳によって人々を従わせること」を意味する言葉である。つまり「異国のものが帝王の徳をしたって服属する」という意味の言葉なのであり、この言葉は日本書紀ですら使っていない。

古事記ではこれらの人々がやってきたことをたんに「渡来」とのみ記す。つまり単に海を越えて日本にやって来たのである。

彼らは日本書紀によれば、170県の民とか17県の民とかというように単に一族ではなく多くの民を伴って移住してきている。いいかえれば、植民といってよいだろう。そして彼らは単に「朝廷」につかえる役人ではない。あの神功皇后の祖先が新羅の王子「天之日矛」とされているように、有力な諸王の一人でもあったのであり、大和の有力氏族にはその祖先が朝鮮や中国からの渡来人であると自称するものも多い。

当時の大和は「統一王権」などではない。九州とは違って多くの未開の地もあった。その地に朝鮮半島の戦乱を避け、大量の人々を伴って新天地を求めてやってきた人々。それが渡来人であった。そしてもう一つ大事なことは、彼らが渡来したのは、けっして5世紀以降に限られるものではない。5世紀以降とされたのは、古事記や日本書紀において、彼らの渡来の記事が書かれているの

が、応神（天皇）以後だからである。

彼らはのちには「今来人(いまきびと)」と呼ばれ、最近渡来した人ととらえられていた。つまりは、大和の国がある程度国として出来あがってきたあとで来た人々という意味であり、それより以前に渡来したことが確実な息長氏(おきながし)（神功皇后を出した一族）は渡来人の中に位置付けられていない。

前記の弥生人における渡来系の人々の数を試算した埴原和郎は、「7世紀には渡来系の人々の数は日本人の70％を超える」とすら述べている。つまりこの人々を除いて日本人はありえない状態であったと述べているわけである。

このような事実を無視して彼らを「帰化人」と呼ぶ、この教科書の著者たちの感覚。それが「日本の方が優れている」「日本のほうが強力である」というイデオロギーに毒されている証拠である。

注：05年8月の新版の記述は、おおむね旧版と同様であり、旧版と同様なあやまりをおかしたままである（p32・33）。訂正されたのは、「倭が新羅と百済とを高句麗の脅威から守り」とした記述から新羅を削除し、より史実に忠実な記述としたところだけである。あとは、全体として記述が簡略化されている。例えば、中国に南朝・北朝が成立した時、倭が南朝に朝貢したのは、「高句麗が北朝に朝貢して北魏をバックに勢力を伸ばそうとしていた」ことへの対抗措置であったとしたことなどである。最後にこの項の末尾に置かれていた中国・隋の登場がもたらした影響についての文は全面削除され、次の聖徳太子の政治の個所に統合された。

注：この項は、前掲古田武彦著「失われた九州王朝」、「関東に大王あり：稲荷山鉄剣の密室」（創世記1979年刊）などを参照した。

9 日本列島は「大和」の傘下にはないことを示す「倭建伝承」

4～7世紀の東アジア情勢と日本について述べたあとに、「つくる会」教科書はコラムとして「日本武尊と弟橘媛—国内統一に献身した勇者の物語」と題して、伝承を挿入している。位置付けとしては、「大和朝廷による国内の統一が進んだ4世紀前半ごろ、景行天皇の皇子に日本武尊という英雄がいたことを、古典は伝えている」という教科書の記述で明らかであろう。

「4世紀における大和朝廷による日本統一」という命題を証明する人物の物語として、この伝承は位置付けられている。だがはたしてそうなのだろうか？

まず、「つくる会」教科書の物語を読もう（p 42）。

　景行天皇の時代に、九州に反乱があったので、第2皇子の小碓命が、征伐のために派遣された。当時、皇子はまだ、16歳の若さだったという。
　皇子はクマソの国にいたり、少女の姿になって、反乱の指導者クマソタケルに近づき、これを見事に倒した。タケルは皇子の勇敢さをたたえ、「これからは、あなたがヤマトタケルと名乗られるがよい」と言って、息絶えた。

(1)「クマソ」の反乱はない

「九州に反乱があった」「その指導者がクマソタケル」だというのは、日本書紀の主張である。古事記ではそうなってはいない。

古事記では、「西の方に熊襲建が2人いる。これは従わず、臣従の礼もとらない人々である。この人々をとれ」という天皇の命令として表現されている。つまり熊襲は大和の天皇には従わない人々だと言っているだけで、その人々が「大和に反乱した」とは一言も言ってはいない。

どちらが元の形なのか。古事記である。日本書紀は、昔より日本は大和の天

皇の統治下にあったという大義名分論で記述しているからである。

（2）潜入＝暗殺行としての「倭建の西征」

また同じことを、倭建の行動が示している。小碓の命(おうすのみこと)は熊襲建に少女の姿になって近づく。そして酒宴の場に潜りこんで、熊襲建がその美しさに見とれて側に呼んだので酒の相手をし、人が少なくなったときに、熊襲建を殺した。これはどうみても、隠密に敵国に忍び込み、暗殺したというもので「征服」という類のものではない。

古事記では小碓の命は単独行であり、熊襲建を倒してから熊襲の国をどうしたという記事はまったくない。古事記では完全な潜入＝暗殺行なのである。また、日本書紀でも小碓の命の供は、美濃の弟彦公と尾張の田子の稲置と乳近の稲置の3人、都合4人の旅であり、熊襲建を倒してから弟彦らをつかわして熊襲建の党類をことごとく討たせたというだけである。

なぜ潜入＝暗殺なのか。それは熊襲が当時の大和朝廷には大軍を送って征服なぞできる相手ではなかったからである。熊襲のほうが大和より上位の国であり、大国であった。

（3）「名を与える」＝上位者のすること

また、熊襲のほうが大和より上位の国であることは、熊襲建が小碓の命に名前を与えるという行為の中に示されている。

名を与えるとは、上の位にある者が下にいる者にすることである。つまり熊襲建は小碓の命より上位に位置する。したがって熊襲の国は、大和の国より上位にある大国なのだ。

（4）「熊襲＝倭王権」

さらにこの熊襲建が小碓の命に名前を与える場面を詳しく読むならば、熊襲が倭を代表する立場にあることが分かる。古事記では、熊襲建の言葉として、

次の言葉を残している。

「西の方に、我ら2人を除いて、建（たけ）く強き人はなし。しかし大倭国には、我ら2人にまして、建（たけ）き男がいた。それゆえ我が名を献じよう。
今より後は、倭建命というべし」

　文意に従えば、この大倭国は西の方の熊襲の国と東の方の大和の国の全体をあらわす言葉である。だからこそ、この大倭国を代表する勇者という意味の「倭建命」という名が与えられるのである。そしてこの「大倭」は、あの倭の五王の時代の4～5世紀の用語である。熊襲の王が「倭の代表的勇者」という称号を小碓の命に与えたということは、熊襲の王が倭を代表する王であったこと、つまり中国などの文献に登場する倭王であったことを示している。そして我が名を献じたのであるから熊襲建は本来「倭建」とよばれていたのだ。
　倭建の命の熊襲征伐の伝承は、その伝承を詳しく見ると、教科書の著者たちの意図に反して、この伝承が成立した当時は、大和によって日本は統一されていないことを示していた。
　同じことは、次の「東国征伐」伝承でもいえる。まず教科書の記述を見よう（p 42）。

　　尊が相模の国（神奈川県）にいたったとき、賊にあざむかれて、野原の中に入ったところ、野に火をつけられて、あやうく焼き殺されそうになった。そこで剣を出して草を薙ぎ払い、逆に火をつけて、賊をほろぼしてしまった。

　教科書はここで突然、古事記にしたがって物語を述べる。ここまでは日本書紀の記述に従ってきたが、この話を「相模の国」の話しとしているのは古事記であり、日本書紀は「駿河（するが）の国」としている。この事件のあったところを、古事記では「焼遺」とかいて「やきづ」と読んでいる。相模の国に「焼遺」という地名はないので、日本書紀の編者が焼津のある駿河の国の話しに改めたのであろう。
　しかしこのやり方は歴史の改変になる。「焼遺」＝「焼津」という先入観で

資料原文を改定するのは間違いである。あくまでも相模の国の中で、焼遺に相当する地名を探すべきであろう。

しかし日本書紀の原文改定はこれだけではない。

(5)「大和朝廷」の任命しない国造(くにのみやつこ)の存在

古事記では倭建の命をあざむいたのは「相模の国の国造(くにのみやつこ)」である。そして生還した倭建命に切り亡ぼされ焼かれたのも国造である。これを日本書紀では「賊」と原文を改定している。

なぜ改定したのか。それは古事記でも日本書紀でも、国造を任命した記事が、倭建の命の記事よりもあとの時代に出てくるからであり（倭建の母の違う兄弟にあたり、父景行のあとを継いだ、若帯足日子の命・成務の時代）、このままでは相模の国造は「天皇が任命していない」国造になってしまうからである。

しかし、これは「日本は古来から大和の天皇家が治めていた」という大義名分に立つ原文改定であり、都合の良い歴史改変である。

古事記の原文を虚心坦懐に読むならば、大和天皇家が任命するよりさきに国造がいたということを示している。それはだれが任命したのか？ それは倭王朝＝熊襲である。九州の王朝がすでに相模まで勢力を及ぼし、その地の王を国造に任命していたとしか考えようがない。したがって成務の国造任命記事は、大和の王が支配する国々にはじめて国造を置いたという意味になる。

(6) 大和の東の境は「尾張の国」

ではこの当時の大和の東のはてはどこか？ それは尾張である。尾張では倭建は、尾張の国造の祖先である「美夜受比売」の家に逗留し、東征の帰りには、比売と結婚をしているからである。ただし、尾張の北部の美濃および近江は安定した領域ではなかった。そこには倭建に従わない「伊服岐山」の神がおり、それを武器も持たずに従わせようとした倭建を、氷雨降る環境に迷いこませて散々な目に会わせていた。

(7) 戦のほとんどない「東征」

　また、この倭建の説話は、東の従わないものどもを平定するといいながら、古事記ではほとんど戦闘らしき記事はない。あるのは相模の国の焼遣での出来事と、「伊服岐山」の神との出来事のみである。弟橘媛の入水の話の後も「荒ぶる蝦夷どもを言向け、荒ぶる神たちを平らげ和す」と抽象的に描くだけで、ほとんど戦闘らしきものはない（日本書紀は大船をしたたて蝦夷の国へ侵入した話が入っているが、これは別人の闘いを挿入したようである）。はたしてこれが東征なのだろうか。そういえば古事記では倭建がおばの倭比売命(やまとひめのみこと)を伊勢に訪ねたときの言葉として、「軍衆もたまわずして、東の方の十二道の悪しき人々を平らげに遣わしす」と嘆いている言葉が伝わっている。
　そう、この東への旅もまた、軍勢を伴った遠征ではないのだ。では何か？
　これは東の大和の領域に属さない国々への隠密行ではなかったか。

　ともかくも倭建の伝承は、詳しく検討してみれば、それはけっして日本統一譚ではなかった。新しい歴史教科書の著者たちは、神話・伝承を数多く使って、日本古代史を語ろうとした。しかしその使いかたは、「大和朝廷によって日本は昔から統治されていた」というイデオロギーに基づいて大和天皇家に伝承された神話・伝承をつくりかえてしまった日本書紀を、無批判につかっただけなのである。

> 注：05年8月の新版では、このコラムは全面削除されている。偏っているとの批判に配慮した結果であろう。また旧版でこのコラムの前には、「出土品から歴史を探る」と題するコラムが掲載されていた。そこには年代測定法の問題も記述され、歴史を考えるには、とてもよい記述であった。このコラムもまた新版では全面削除されている。
> 　新版は「問題」として非難された個所の記述を削除したり表現をソフトにして批判を避け、採択されやすくしているのだが、それに伴って、旧版が持っていた長所、他の教科書よりは踏み込んだ記述のほとんどが削除されている。

この「出土品から歴史を探る」というコラムの削除もその例である。

 注：この項は、前掲古田武彦著「盗まれた神話」、前掲武田祐吉訳注「古事記」などを参照した。

10　幻の「聖徳太子の独自外交」
―― 隋と対立したのは九州倭王朝のアメノタリシホコだ

　古代の日本の第3節の「律令国家」の成立は、最初に「聖徳太子の新政」という項目で開始される。そしてその前半部である「聖徳太子の外交」という項で、「新しい歴史教科書」は次のように高らかに宣言する（p 45）。

　　わが国は、中国から謙虚に文明を学びはするが、決して服属はしない――これが、その後もずっと変わらない、古代日本の基本姿勢となった。

　この本の著者たちは、古代日本の王が中国の皇帝に対して臣下の礼をとり、日本が中国の属国であったことが気に入らないらしくて、これまでの記述でもさんざんこの主張を繰り返してきた。しかしそう判断する資料に欠けるところに問題があった。
　だがここで、「日本は、中国から謙虚に文明を学びはするが、決して服属はしない」と主張する根拠が見つかったというわけだ。それが聖徳太子の外交姿勢にあらわれているという。
　「つくる会」教科書の記述を見よう（p 44）。

　　太子は593年、女帝である推古天皇の摂政となり、それまでの朝鮮外交から、大陸外交への方針転換を試みた。朝鮮を経由せずに大陸の文明を取り入れることも大切で、太子は、607年、小野妹子を代表とする遣隋使を派遣した。

しかし、日本が大陸の文明に吸収されて、固有の文化を失うような道はさけたかった。

そこで、太子は隋あての国書には、「日出づる処の天子、書を日没する処の天子に致す。恙無きや」（日が昇る国の天子が、日が沈む国の天子にあてて書簡を送る。ご無事にお過ごしか）と書かれた。遣隋使は隋からみれば朝貢使だが、太子は国書の文面で対等の立場を強調することで、隋には決して服属しないという決意表明を行ったのだった。隋の皇帝煬帝は激怒したが、高句麗との抗争中なので忍耐した。

そう。日本書紀の推古朝の大唐（日本書紀には隋ではなく大唐と書かれている）への貢献記事と、隋書に見られる倭の貢献記事とが同じと考えると、この「日出づる処の天子、書を日没する処の天子に致す。恙無きや」の国書は、日本と中国とを対等と主張しており、極めて異色である。そしてこの教科書の著者たちはこのことをもって、「日本は中国には服属しない」と宣言したと解したのであった。

愛国の人・聖徳太子というわけだ。

しかしはたしてそうなのであろうか。原典資料にあたってみると、これが大きな間違いなのである。

(1) 矛盾する二つの国書

実は、あの有名な「日出づる処の天子、書を日没する処の天子に致す。恙無きや」の国書は、日本書紀には載っていない。そのかわりに日本書紀には推古天皇の国書が載っている。しかし二つの国書を比較すると、その内容と姿勢に大きな違いがあることに気づく。

日本書紀の国書は以下のようである。

「東の天皇が謹んで西の皇帝に申し上げます。使人鴻臚寺の掌客裴世清らがわが国に来り、久しく国交を求めていたわが方の思いが解けました。この頃ようやく涼しい気候となりましたが、貴国はいかがでしょうが。お変わりはないでしょうか。当方は無事です」

前記の国書とは大いに趣を違えている。

日本書紀では前年の推古15年に大唐に送った小野妹子が翌16年春に帰朝し、そのときに一緒にきた使いの裴世清がもたらした皇帝の国書にたいする返礼として、推古天皇が使いに持たせた国書ということになっている。ということは、この国書は、先の「日出づる処の天子、書を日没する処の天子に致す。恙無きや」の国書に対する皇帝の返書へのさらなる返書という関係になり、一連のものということになる。

だが本当にそうだろうか。前の国書では双方を天子とし、中国の皇帝と日本の天皇は対等と言っている。しかしあとの国書では日本の天皇の方が明らかに下であり、とてもへりくだった態度である。とても一連の往復書簡とは思えない。

そして「久しく国交を求めていたわが方の思いが解けた」という言いかたも変である。隋とは初めてかもしれないが、紀元前から長い間中国王朝と国交を結んできた倭国の王の国書としては意味が通じない。

(2) 隋の皇帝の返書はない

また、隋書俀国（おそらく「大倭」国）伝では、先の「日出づる処の天子、書を日没する処の天子に致す。恙無きや」の国書に対して激怒した隋の皇帝煬帝は、俀国王に返書をあたえなかった。代わりに使人の裴世清に口頭で、「皇帝、徳はあめつちに並び、澤は四海に流る。王、化を慕うの故をもって、行人を遣わして来たらしめ、此れに宣諭す」と、俀国王に対して述べさせている。とりあえず、皇帝は俀国王が隋の皇帝の徳を慕って朝貢してきたとみなして、友好関係は維持するという態度であった。

しかし、日本書紀では、皇帝の返書を使人裴世清が天皇の前で読み上げたことになっている。

「皇帝から倭皇に御挨拶をおくる。使人の長吏大礼蘇因高羅が訪れて、よく意を伝えてくれた。

自分は天命を受けて天下に臨んでいる。徳化を広めて万物に及ぼそうと思っている。人々を恵み育もうとする気持ちには土地の遠近はかかわりない。天皇

は海のかなたにあって国民をいつくしみ、国内平和で人々も融和し、深い至誠の心があって、遠く朝貢されることを知った。ねんごろな誠心を自分は喜びとする。時節はようやく暖かで私は無事である。鴻臚寺の掌客裴世清を遣わして送使のこころを述べ、あわせて別にあるような贈り物をお届けする」

なんと中国の皇帝は、天皇の使節が来たことを最大級の歓迎の言葉で誉めちぎっている。倭国王に対する隋の皇帝煬帝の態度とは雲泥の開きがあることは明白であろう。

(3) 一方は「倭国」の隋にたいする、他方は「大和王朝」の唐に対する遣使

隋の大業3年（607年）の倭国王の遣使の記事と、日本書紀の推古15年の遣使の記事とは、別の国に対する別の国の遣使の記事だと解するのが正しい。607年に隋の皇帝に「日出づる処の天子、書を日没する処の天子に致す。恙無きや」の国書を送ったのは大和天皇家の王ではない。紀元以前から日本列島を代表する王者である九州天皇家＝倭王朝の遣使なのである。

そして推古15年の推古天皇による中国への遣使は、日本書紀に書いてあるように「大唐」に対する遣使と解するのが正しい。

おそらくそれは古田武彦が主張するように、607年ではなく619年のことであったろう。そして619年とは唐が隋を亡ぼし唐朝の成立を宣言したが、まだ国の内外に中国を代表する王朝とは認められていないときであった。

だからこそ唐の皇帝は、天皇の遣使に対して最大級の賛辞を送ってきたのである。またそのような微妙な政治的時期を選んで、推古朝は中国に使いを送ったといえよう。

長い間の懸案であった、倭王朝とは独立して中国王朝と独自に好を通じるという計画を実現するために。

(4)「日出る処の天子」は「聖徳太子」ではない

したがってこの教科書が先の国書をもって「聖徳太子が独自の外交を展開し

た」とすることは、大いなる間違いなのだ。いや、歴史の改変である。ただしこれは新しい歴史教科書の著者たちのオリジナルではない。歴史を改変したのは日本書紀の著者たちである。

　日本書紀の著者たちは推古15年の遣使が隋に対する遣使であったかのごとく装おうために、わざわざ書紀の本文に、大使小野妹子が隋の皇帝煬帝の国書を紛失したという記事を載せている。煬帝の国書はそもそもないのだから余計な造作ではあるが、あの中国王朝と対等を主張した国書の存在は奈良朝の当時においても有名なことであったのだろう。隋書を読んだことのない者には、「煬帝の国書」と書くだけで、あの有名な国書にたいする返書と勘違いさせるには充分であったろう。しかし隋書を読めば返書はなかったことは明白で、この嘘はすぐばれる。

　日本古代史の研究者の多くは、「日本を代表する王朝は大和天皇家である」という命題を信じきっていたために、この日本書紀編者のみえみえの嘘を見ぬけず、無理矢理「日出る処の天子」を聖徳太子としてしまったのである。

　ではこの「日出づる処の天子、書を日没する処の天子に致す。恙無きや」の国書の主は誰か。

　隋書俀国伝にはっきりと書いてある。その王の名は「多利思北孤」。そして彼の姓は「阿毎」＝「天」。アメノタリシホコである。そして王の妻は「きみ」と号し、後宮には6〜700人の女がおり、太子は「利歌彌多弗利」という。

　そして隋書俀国伝は俀国について詳しく記したあと、その代表的な山として阿蘇山をあげ、それが活火山であることなどに触れている。

　隋の使いは隋書にあるように俀国王と会っている。その記録を元にした記事であろう。ならば皇太子にすぎない聖徳太子を王と見間違うことはない。

　「日出る処の天子」は九州の王、俀国の王であったのである。

　「日本は、中国から謙虚に文明を学びはするが、決して服属はしない」として独自の外交を展開した愛国者・聖徳太子というこの教科書の主張は、まったくの虚妄であったのである。そして日本書紀に見る唐帝国との外交記事を読めば、大和天皇家の外交方針は、「日本は、中国から謙虚に文明を学びはするが、決して服属はしない」などというものではなく、全くの朝貢外交であったので

ある。

(5) なぜ九州王朝は独自外交を展開したのか？

では最後になぜこの時期、九州の倭国は中国隋王朝と対等な外交を展開したのかを考察しておこう。

それはこの教科書が強調するように、6世紀末における東アジア情勢の急変に原因がある。「つくる会」教科書の記述を読もう（p 40）。

> ところが、570年以降になると、東アジア一帯に、それまでの諸国の動きからは考えられない事態が生じた。高句麗が突然、大和朝廷に接近し、引き続いて、新羅と百済が日本に朝貢した。三国が互いに牽制しあった結果だった。その後さらに、589年に中国大陸で隋が統一をはたした。これが新たな脅威となって、三国はより日本に接近した。任那から撤退し、半島政策に失敗した大和朝廷だが、こうして再び自信を取り戻したと考えられる。

この文章の「大和朝廷」や「日本」を倭国と置き換えて読もう。

6世紀末の東アジア情勢の急変とは、中国で数百年ぶりに統一王朝ができ、それが朝鮮半島や東の島嶼地域に侵略を開始したからである。

隋は陸続きの高句麗に何度も侵略軍を送ると共に、遠く琉球にも侵略軍を送り、東アジア全体を帰服させようとはかった。東アジア全体に緊張が走ったのである。隋に服属するのか、それともそれと敵対し独自の道を歩むのか。

倭国は独自の道をとった。だからこそ、中国の侵略におびえた朝鮮半島の諸国は倭に接近したのだ。

ではなぜ倭国は独自の道をとったのか。それは隋王室の出自にあった。隋を築いた揚堅は、北方の部族である鮮卑族が築いた王朝である北魏の武人であり。北魏王室の外戚となった人物であり、漢民族出身ではなかった。いわば夷人なのだ。夷人出身の王が中国皇帝を名乗った。本来臣下であるはずの者が漢民族の正統王朝である陳を滅ぼし、天子を名乗っている。そして皇帝の名の下に朝鮮半島を支配しようとしている。彼も夷人なら我も夷人。彼が天子を名乗れる

のなら我も天子を名乗ろう。そして隋と対抗して朝鮮半島の勢力圏を守ろう。
　おそらくこういう判断なのではないだろうか。
　この思いが先の国書「日出づる処の天子、書を日没する処の天子に致す。恙無きや」に結実したのであろう。

（6）すでに「律令」をもち「仏教」を取り入れていた倭国

　そしてこう判断する根拠の一つに、倭国はすでに長い中国との通交関係を基に、中国の進んだ政治制度と文化を取り入れているという事実がある。
　あの6世紀初頭に大和朝廷の王である継体の反乱にあって殺された倭国の王・筑紫の君磐井の墓には「衙頭（けいたい）」という場所があることを、筑後の国風土記が記している。

「東北角に当り、一別区あり。号して衙頭という。①衙頭は政所なり。その中に一石人あり。従容として地にたてり。号して解部という。前に一人あり。裸形にして地に伏す。号して偷人いう。②猪を偷むをなすを生ず。よりて罪を決するに擬す。側に石猪四頭あり。臓物と号す。③臓物は盗み物なり。
　彼の処にもまた、石馬三疋・石殿三間・石蔵二間あり」

　この「偷人」とか「臓物」というのは漢語の法律用語である。そして解部とは裁判官。おそらく成文法に基づく裁判が行われていたと見て間違いあるまい。中国でいえば「律」の存在である。
　また隋書に倭国の使者の口上（こうじょう）として、
「聞く、海西の菩薩天子、重ねて仏法を興すと。ゆえに遣わして朝拝せしめ、兼ねて沙門数十人、来って仏法を学ぶ」
　という言葉がある。
　すでに仏教が定着したくさんの僧がいるのである。仏教を取り入れるか否かで戦争すら起きている大和とは大違いである。
　そしてもう一つ、倭国が中国文明を大いに学んでいたことの証を一つ。それは倭国の首都である「太宰府」の名前である。太宰府の太宰（たいさい）とは古代中国の官

名で、「天子を補佐して政を司る人」という意味であり、日本では摂政の唐名としている。つまり天子に代わって政治を行う人という意味であり、太宰府とは、その太宰が政治を主催する役所という意味である。

つまり倭王は中国の政治の仕組みを熟知していた。そして中国の正統王朝に対して、その天子にかわって東の蛮族をおさめる者との自負を持っていたといえよう。

だからこそ、蛮族出身の隋王朝が成立したとき、その隋と対等の外交を結ぼうとし、それが拒否されてしかも隋が琉球を侵略するにおよび、倭国は隋との国交を断ってしまったのだ。

そしてこの態度は、隋にかわって中国を統一した唐に対しても同じである。卑屈なほどに唐王朝にへりくだって朝貢する大和朝廷と、唐王朝とも対決し、そのまま唐王朝と戦火を交えて大敗北を喫してしまう倭国。この違いはすでに中国文明を取り入れて国造りをしていた倭国と、これから中国文明を取り入れようとする大和の違いとして、隋・唐王朝との付き合いかたが違っていたのである。

「聖徳太子の独自外交」という設定は、全くの幻だったのである。

注：05年8月の新版では、第3節の記述の順序を入れ替え、旧版では最初に書かれていた「聖徳太子の外交」を2番目に置き換え、「遣隋使と『天皇』号の始まり」と改題した（p36・37）。記述の大要は旧版と同じであるが、旧版が有名な「日出る所の天子……」で始まる国書だけをあげて聖徳太子の「独自外交」を叙述したが、新版では、この記述に続けて、日本書記に推古15年のこととして「大唐」に対する推古天皇の国書として記述されている「東の天皇……」で始まる国書について記述している。そして「日出る所の天子……」の国書で中国皇帝の怒りを買ったので今回は表現を和らげて「東の天皇……」との国書に代えたのは、「皇帝の文字をさけることで隋の立場に配慮しつつも、それに劣らない称号を使うことで、両国が対等であることを表明した」と説明した。

この改変は、旧版の記述が隋書にだけ拠っていたのを改めて、日本書記の記述も引用することで、古代史学会の通説に寄り添う形にしたものである。

その上でこの聖徳太子の行為は、「日本が大陸の文明に吸収されて、固有の文化を失うことはさけたい」という判断だったと主張し、「聖徳太子の独自外交」という立場だけは守ろうということである。

しかしこれも歴史の改変であることは変わらない。むしろ定説に寄り添うことで、さらなる歴史の改変を重ねているのである。新版の「聖徳太子の新政」には、「600年、聖徳太子は、隋に使者を送った」として初めての遣隋使のさまを記述している。しかしこれは隋書に書かれた記事で、日本書紀にはない。ということはこれは倭国のアメノタリシホコが最初に送った使節であるということだ。これを太子の最初の遣隋使ということにして、次の「遣隋使」の項で、607年の「日出る所の天子……」の国書を持った派遣を2度目のもの、そして翌年608年の3度目の「東の天皇……」という国書を携えたものを3度目の遣隋使としたのだ。これもひどい歴史の改変である。ここで608年の派遣とされているものは日本書紀に書かれていたように「大唐」に対する大和朝廷の派遣であり、おそらくこれは619年の出来事だからである。そして天皇と皇帝を対等な称号とすることも完全な嘘である。そもそも天皇という語は中国では、道教系の神の称号で北極星を神格化したものであり、中国皇帝が天皇と称したこともない。天皇と皇帝・天子は別次元の言葉なのである。おそらくこれは、倭国の王が以前から天皇と名乗っていたことに依拠した用語ではないか。すでに百済の史書に、「日本の天皇」という用語があり、これはかの筑紫の磐井（6世紀初頭の倭の王）のことと推定されている。「東の天皇・西の皇帝」という用語は、国内的な用語と国際的な用語を混在して使ったのであり、この時代の大和の王と中国皇帝との関係が対等な関係にはなく、大和が唐に朝貢する形であったことは、日本書記の記述でもあきらかである。「つくる会」教科書は、ここでも新たな歴史の改変を行っている。

さらに新版では、推古天皇の国書とされた「東の天皇……」原史料を掲載し、かつ「中国の『皇帝』と日本の『天皇』」と題する「歴史の言葉」解説を掲載している。それは以下のようである（p 37）。

「皇帝」という君主の称号は、秦の始皇帝以来、中国の歴代の王朝で使われた。周辺諸国は、皇帝から「王」の称号をあたえられることで、

皇帝に服属した。日本も、かつて「王」の称号を受けていたが、それをみずから「天皇」に変えた。

　皇帝は、力のある者が戦争で旧王朝をたおし、前の皇帝を亡き者とする革命によってその地位についた。中国ではしばしば革命がおこり、王朝が交代した。それに対し、天皇の地位は、皇室の血筋にもとづいて、代々受けつがれた。

　皇帝は権力を一手ににぎっていたが、日本の天皇は、歴史上、権力からはなれている期間のほうが長かった。政治の実力者は時代によってかわったが、天皇にとってかわった者はいなかった。日本では、革命や王朝交代はおこらなかった。

　たしかに「倭王」から「日本の天皇」に称号を変えたことには、中国王朝からの独立志向が示されている。「日本の天皇」と自称したのは6世紀初頭の倭王、筑紫の君磐井であり、これは正統な中国王朝が北の夷人の立てた国によって南においやられ風前の灯火となっていたという特殊な状況で生まれたものである。そして天皇が中国では北極星の化身としての神であったことは、神の子孫という日本での天皇の継承に適合した使いかたと考えられたのであろうし、中国でしばしば革命が起き、王朝の交代があったことへの予防措置であったことはたしかである。

　だが日本の歴史上で、天皇にとって代ろうとした者はいたし、王朝の交代もあった。王朝の交代は、倭王朝から大和王朝への交代があるし、大和の中の歴史でも、幾度もの王朝の交代があったことは、古事記・日本書紀ともに記していることである。また天皇にとってかわろうという者は、後にこの教科書の旧版でも記述されたように、足利義満があった（新版では削除されている）。さらには織田信長がそうであったし、徳川家康もそれを試みている。新版の記述は、天皇が出てくる最初の個所で、すでにこうした歴史の改変をして、天皇のもっている至高の価値を読者に刷りこもうとしているのである。

注：この項は、前掲古田武彦著「失われた九州王朝」、「古代は輝いていたⅢ：法隆寺の中の九州王朝」（朝日新聞社 1985 年刊）、前掲宇治谷孟訳「全現代

語訳 日本書紀」、和田清・石原道博編訳「魏志倭人伝・後漢書倭伝・宋書倭国伝・隋書倭国伝」（岩波文庫刊 1951 年）などを参照した。

11 「盗用」の結果である「聖徳太子の政治」

　さて新しい「歴史教科書」は、聖徳太子の外交という項で、「日本外交の独自性」を述べた後、聖徳太子の政治が、いかに優れていたかを述べている。「つくる会」教科書の記述を見てみよう（p 45・46）。

　　聖徳太子は、仏教や儒教の教えを取り入れた新しい政治の理想をかかげ、それにしたがって国内の政治の仕組みを整えようとした。(中略)聖徳太子は、蘇我馬子と協力しながら政治を進めた。仏教への信仰をまず基本に置いた政治だった。太子は、生まれや家がらではなく、すぐれた仕事をした人を評価する冠位十二階を定めて、役人の冠を色で区別した。これは豪族たちをおさえ、天皇中心の体制をつくるためだった。儒教の教えも取り入れたこの冠位は、豪族の生まれや家柄を尊重した今までの氏姓制度に取ってかわろうとする点で、革新的だった。また、太子は同じ精神から十七条の憲法を定め、天皇と役人と民衆の役割の違いを強調した。それぞれが分を守り、「和」の精神をもってことにあたるべき心得を説いた。

　これはどの教科書にも書いてあり、揺るぎない事実であるかに思われているが、そうではない。結論を先に言えば、日本書紀の聖徳太子の事跡は、すべてある書物に載っている他の人物の事跡を盗用したものなのだ。
　それは何か。

(1) 「天子」と臣下の別を説いた十七条憲法

　聖徳太子がつくったとされる十七条憲法をよく読んでみよう。そこでは君と臣下の別を説き、君主に従うべきことが強調されている。たとえば以下のように。
　「三に曰く。詔(みことのり)を受けたら必ずつつしんで従え。君を天とすれば臣は地である。天は上を覆い地は万物を載せる。四季が正しく移り、万物を活動させる。もし地が天を覆うようなことがあれば、秩序は破壊されてしまう。それゆえに君主の言を臣下がよく承り、上が行えば下はそれに従うのだ。だから詔を受けたら必ず従え。従わなければ結局自滅するだろう。
　（中略）
　十二に曰く。国司や国造は百姓から税をむさぼってはならぬ。国に二人の君はなく、民に二人の主はない。国土のうちの全ての人々は、みな君を主としている。使える役人はみな王の臣である。どうして公のこと以外に、百姓からむさぼりとってよいのであろうか」

　ここでいう「君」とは天子のことである。君臣の別というのも、一般的な君主と臣下の問題ではなく、天子と臣下の問題である。したがって三にいう詔とは「天子の命令」の意味であり、天子の命令には従えと言っているのである。そして十二の「王」は一国の君主のことであり天子のことである。だから十二は、この国土はみな天子のものであり、役人はみな天子の臣下であると言っているのである。

(2) 「諸臣」に推薦されて選ばれる「大和大王」

　聖徳太子は天子であっただろうか。いや違う。彼は大和の大王ですらない。そして彼が摂政になった理由や彼の死後の状況を見れば、天下が彼のものであり諸臣が彼の命令になびくという状況でなかったことは明白である。
　河内祥輔の研究で明らかになったように、奈良時代までの大和における大王位の継承は、一定の条件をもった皇族の中から、諸臣が候補者を選び選定する

というものであった。そして同じ条件の候補者が並び立ったときは、支持者も含めた戦争で決着がつけられたのであった。
　その条件とは「父も母も大王の子どもである」というものであった。
　大王の力はまだ諸豪族を凌駕したものではなかったのである。

（3）十七条憲法は聖徳の作ではない

　聖徳は本来大王位を継ぐべきものではなかった（巻末資料系図３「継対王朝」を参照のこと）。なぜなら、彼の父の用明は父こそ大王であったが母が氏族の出であったので、本来なら大王位を継ぐことはなかった。用明が位を継いだのは、両親とも「大王の子」という、当時の大和の大王位継承の条件をそなえた兄・敏達が若くして死に、しかも大王直系を継ぐべき、両親ともに「大王の子」という条件をもった敏達の息子・竹田皇子がまだ幼いからであった。
　大王位を継ぐべきものが若いので、とりあえず竹田皇子が成長するまでの中継ぎとして用明は大王位についた。しかし彼も若くして世を去り、諸臣はとりあえず用明の弟を中継ぎとして位につけ、竹田の成長をまった。しかし竹田は若くして死去し、あらたに次代を継ぐ候補者を選びにかかるしかなかった。
　そしてその中から候補者として選ばれたのが聖徳であった。彼の両親は共に大王の子であったからだ。そして、彼は大王の娘を后にして、「両親ともに大王の子」という次代の大王を作ることが期待された。したがって次の大王が決まったので、その後継をじゃまする可能性のある大王崇俊は、諸臣の合意の下で殺害された。
　聖徳が選ばれたのは、彼が両親ともに大王の子という条件を持っていたからであろう。だが彼には同じく両親ともに大王の子という条件を持つ息子がいなかった。だから彼が位を継ぐには、次の世代をもうけるという条件が諸臣によって課せられたであろう。そして彼に権威を与え、彼を後見する者として敏達の后であった推古が位を継いだ。
　しかし彼はその任を果たせなかった。それゆえ彼は大王位を継ぐことなく死んでしまったのである。そして推古もまた死んだ。結局また大王を継ぐべき系

11 「盗用」の結果である「聖徳太子の政治」 105

統が決まらないまま、問題は振り出しに戻ったのである。ここに敏達の孫の田村の系統と聖徳の子の山背大兄の系統の、大王継承をめぐる殺戮戦争が始まる（このような流れに決着がつき、皇太子という継承者をあらかじめ決めるようになったのは天武以後である）。

　大和の大王は、とても「天子」といえるような臣下を超越した権力は持っていなかったのである。ましてその大王でもなかった聖徳に、天子たるべき権力はなかったのである。

　そのような聖徳が十七条憲法を出せるはずがない。

(4) 誰が十七条憲法を出したのか？

　では、誰が天子として十七条憲法を出したのか？
　思い出して欲しい。あの「日出る処の天子……」の国書を。
　これを書いたのは聖徳太子ではなかった。アメノタリシホコ。北九州は太宰府に都を置く、倭国の王。日本の歴史上、天子を自称したのは彼がはじめてであった。
　7世紀の日本に、天子として諸臣に君臨することができたのは彼以外にない。十七条憲法はアメノタリシホコが作ったのであり、日本書紀の記述は、アメノタリシホコらの倭国の歴史を書いた「日本紀」という書物から、日本書紀の著者らが盗用したのである。

(5) 冠位十二階を定めたのは誰か？

　では、冠位十二階を定めたのは誰であろうか？
　この隋書のアメノタリシホコのことを書いた倭国記事の中に、日本書紀の推古紀にある聖徳太子が定めたといわれる「冠位十二階」と同じ記述がある。
　従来はこの記事と日本書紀の記事とが同じことをさしていると考えられてきたが、遣使記事が違う王朝のことだとすると、この冠位十二階の記事も別のことになる。当然これも倭国のことであり、定めたのはアメノタリシホコである。隋書原文を見よう。

「内官に十二等あり。一を大徳といい、次は小徳、次は大仁、次は小仁、次は大義、次は小義、次は大礼、次は小礼、次は大智、次は小智、次は大信、次は小信。員に定数なし。軍尼120人あり。なお中国の牧宰のごとし。80戸に一伊尼翼を置く。今の里長なり。十伊尼翼は一軍尼に属す」

　天子の下に十二等の冠位をもった役人がおり、800戸を単位とした「国」に軍尼という地方役人がおり、その下に80戸を単位とした「里」に伊尼翼という地方役人を置く。のちの律令制に似た国家組織を、7世紀初頭において倭国は持っていた。

　この隋書に見る十二の冠位は順番こそ少し違うとはいえ、内容は日本書紀と同じである（日本書紀では、大徳・小徳・大仁・小仁・大礼・小礼・大信・小信・大義・小義・大智・小智である）。

　この冠位十二階も、倭国のアメノタリシホコの定めたものを、日本書紀を編集するときに聖徳太子の事跡の個所に盗用したものであろう。

　こうして聖徳太子の事跡として挙げられたものは全て、倭国の歴史書からの盗用だった。考えてみれば当然である。大和において律令制を取り入れそれに基づいた国家制度ができ始めたのは、天智のときからであった（670年ごろ）。それもなかなか定着せず、その採用をめぐっては内乱までもがおき（壬申の乱）、ようやく定着したのは701年のことだった。聖徳から100年ののちのことである。

　日本書紀は、大和の歴史を100年も遡らせて歴史を改変した。それをそのまま無邪気に信じているのが今の日本古代史学会であり、それを盲信したまま「聖徳太子こそ独立日本の父！」と叫んでいるのが、新しい歴史教科書の著者たちである。

　聖徳太子の事跡。それ自身が幻だったのである。

　　注：05年8月の新版では、この「聖徳太子の政治」を「聖徳太子の新政」と改題して、第3節「律令国家」の成立の冒頭においた（p 34・35）。記述内容はほぼ旧版と同じであるが、叙述を簡略化して、冒頭に、「豪族の争いと隋の

中国統一」と題する、国際・国内情勢についての記述を置いた。旧版との違いは、十七条憲法の全体の要旨をかかげたことと、十七条憲法の記述の最後に、「和を重視する考え方は、その後の日本社会の伝統となった」という記述を挿入したことである。

　しかしこの「和」について誤解されるといけないので、一言補足しておこう。「和」とは「皆で仲良くする」ということではない。そもそもの十七条憲法の記述でも「和をもって貴しとなし、さからうことなきを宗とせよ」であり、その「さからう」とは、天子の命令にさからうということを意味しており、従って「和」とは、天子の命令に従うことを意味しているのである。日本的な「和」とは、上の者、力のある者などに従うという意味を持っているが、その意味では、十七条憲法は、日本的な「和」の起源である。しかし「和」には、集団の秩序にさからわないというもう一つの意味もあり、これは十七条憲法の意味合いとは異なる。おそらくこれは、中国の天子専制という意味での律令制度を日本に取り入れたとき、その天子専制を「貴族共同体の専制」に置き換えてしまった大和での動きに起源を持っているものと思われる。「貴族共同体の専制」は奈良時代の律令の特色。十七条憲法が「天子の命に従え」という側面を強く持っていることは、貴族共同体によって推戴される天皇でしかなかった大和朝廷の現実に照らし合わせたときには、おおいなる矛盾を生じ、ここに十七条憲法が大和天皇家の作ではないことの証拠がある。十七条憲法の「天子の命令にたいする和」を「集団の秩序＝意思への和」と組み替えてしまった今日の理解は、おそらく大和での律令の受容の過程で生まれたものに違いない。

注：この項は、河内祥輔著「古代政治史における天皇制の論理」（吉川弘文館1986年刊）、前掲古田武彦著「法隆寺の中の九州王朝」、家永三郎・古田武彦著「聖徳太子論争」（新泉社1989年刊）、大山誠一著「聖徳太子の誕生」（吉川弘文館1999年刊）などを参照した。

12　大いなる歴史の改変
──「大化の改新」はなかった

　第3節「律令国家の成立」の第2項は、「大化の改新」と題して、「蘇我氏の横暴」「進んだ中国の政治制度」「公地公民」の小見出しをつけながら、645年に行われたというこの改革の意味と具体的な経過を詳しく記述している。

　「大化の改新」という出来事を、「日本における律令制の成立」の重要な画期とする記述は、どの教科書でもなされていることである。

　この新しい歴史教科書の叙述の特徴は、元になる資料である「日本書紀」の記述をほぼまるごと真実であるとし、ほとんどそのまま詳しく載せているところにある。

　だが、日本書紀の大化の改新に関する記述は、ほとんど作りかえられたものである。

　かなり前から646年(大化二年)の正月に出された「改新の詔」の「公地公民」の方針は、その後の歴史の実態にあわないことが指摘されていた。事実として諸資料から確かめられる限りで、諸豪族や皇族の私有地が廃止されて「公地」となりはじめるのは、670年前後、天智朝になって以後であり、定着するのはのちの天武・持統朝であることが確かめられている。

　したがってこの改新の詔は、あとから挿入されたものであることは確実である。

　だが問題は、誰が何のために挿入したのかということが不明であった。

(1) 古代政治史の主役は「天皇家」

　しかし近年、河内祥輔の「古代政治史における天皇制の論理」の研究を端緒として、藤原氏などの「有力な豪族による政治の壟断」と表現されることの多かった古代政治史の主役は「天皇家」なのではないかという認識がひろまり、

12 大いなる歴史の改変——「大化の改新」はなかった

古代における多くの重大な政治的事件の背景は、天皇家における皇位継承の問題をめぐる争いであった可能性が高いことが明らかとなってきている。

正確にいえば、日本の天皇制の特色は「有力な諸豪族・貴族による天皇の推戴」にあり、一定の条件を備えて大多数の有力豪族・貴族の推戴を受けて初めて天皇位は継承されるということである。

そしてその条件とは、「両親ともに天皇（大王）の子どもである」ことであり、もしその条件をもった皇子がいなかったり幼少であった場合には、天皇位は父から子、子から孫というように直線的に継承されず、皇族全体の中から新しい皇統を継ぐべきものを選ぶか、皇統を継ぐべきものが成長するまで中継ぎを立てるかするという形になる。そして前者の場合には皇族間の王位継承戦争に到る危険性があった。だからそれを避け、すみやかに天皇からその子孫に皇位を継ぐためには、天皇は前天皇の女子との間に男子をもうけることが必要となってくる。でもそれは下手をすれば近親結婚の連続となり、健康な王位継承者をなくす危険や、后にふさわしい年齢の皇族の女子がいなくなるという危険をともなったのである。そこで考えられたのが、あまり有力な豪族の背景を持たないが天皇家との間で血の交流という意味で親密な関係をもった豪族を作りだし、その所生の皇女と天皇との異母兄妹婚を行うことで、上の二つの危険を少しでも回避しようと天皇家は考えたのである。

この考えによって選ばれた家系が藤原氏である、というのが河内祥輔の結論であった。そして彼の研究を下敷きにして遠山美都男は「大化の改新」の背景を研究し、蘇我氏もまた同様な論理で選ばれた氏族であったことを明らかにし、日本書紀の「大化の改新」に関係する人物像とその関係を精査した結果、「大化の改新」といわれる事件は、複数いた王位継承権者間の争いであり、「蘇我氏の横暴」という記述も、書紀編者が歴史を改変した結果であったということを明らかにした。

これらの研究成果をなぜ無視するのだろうか。
以下、これらの研究にしたがって、教科書の記述の間違いを指摘しておこう。

（2）蘇我氏の横暴は、書紀編者の歴史改変の結果だ

「つくる会」教科書は最初に「蘇我氏の横暴」と題し、書紀の記述にそって「大化の改新」の背景を以下のように述べる（p 47）。

> 聖徳太子の没後、蘇我氏一族が横暴にふるまう時代になり、国際情勢が急変してきたきびしいときに、国内は政治の混乱をかかえることになった。豪族の先頭に立って政治を取りしきったのは、蘇我の馬子の子の蝦夷だった。彼は天皇の墓にしか使わない陵という言葉をみずからの墓に用い、自分の子をすべて王子とよばせた。蝦夷の子の入鹿は、聖徳太子の理想を受けつごうとしていた長男の山背大兄王をはじめ、太子の一族を一人残らず死に追いやった。

日本書紀で蘇我氏を討つべき前提とされていた記述である。
　だがここも、書紀編者が歴史を改変した箇所である。山背大兄王をはじめとした太子の一族を皆殺しにしたのは、彼と並んで王位継承権をもつ有力皇族とその支持勢力合同の企てだったのである（巻末資料系図 4「継体王朝の分裂」を参照のこと）。
　舒明天皇死後、王位を継ぐべき「両親ともに天皇の子」という皇族はひとりもおらず、有力な皇族同士が王位を争う形になった。そして有力な皇族は 4 人いた。一番年長者は舒明の従兄弟にあたる同世代の王、山背大兄王。次は舒明の甥であり、舒明の后である宝皇女の弟である軽皇子。そして舒明の息子である古人大兄皇子と、舒明と宝皇女との間の子である中大兄皇子（後の天智）である。
　このままでは王位継承の戦争を生み出すので危機管理者としての王位は、舒明の后である宝皇女をたて、皇極天皇とした。だがこれは一時的なことであり 4 人の候補者を絞る必要があった。この候補者を絞るための最初の闘いが、山背大兄王をはじめとした太子の一族の皆殺しである。
　なぜならば山背大兄王を除く他の 3 人は、山背大兄王の父である聖徳太子と

12　大いなる歴史の改変――「大化の改新」はなかった

王位を争った押坂彦人大兄皇子の子孫にあたり、山背大兄王を代表とする上宮王家とは対立する関係にあったからである。したがってこの3人は古人大兄皇子と血縁関係にあり、彼を次の王位継承者と推す蘇我の入鹿を動かして対立する上宮王家を抹殺。しかるに書紀編者は、この事実を隠し、蘇我氏が王位を簒奪しようとしたというように歴史を改変した。

　なぜか。

　書紀を編纂したのは天武天皇の子の舎人親王であり、日本書紀は彼ら天武・天智系の王家だけが日本の正統な王家であるという命題を証明するためにつくられた書だからである。

　そのためには、王位継承をめぐって天皇家内部に争いがあったことは隠されねばならない。だから彼らの先祖であった近江のオオド王が大王位を武烈天皇から簒奪して継体天皇となったことも（巻末資料系図2「応神王朝の分裂」参照）、そしてその子の欽明が兄である安閑・宣化と闘って王位を奪ったことも隠されなければならなかった（巻末資料系図5「継体王朝」参照）。そして欽明の子である敏達の死後、王位継承者にふさわしいものがおらず、長い争いが続いたことも隠し、その有力候補であった聖徳太子の死後、死に臨んだ推古天皇が、押坂彦人大兄皇子の子の田村皇子（後の舒明天皇）を呼んで王位を譲るような発言をしたかのような歴史の改変もした。こうした歴史改変の末に、彼らの先祖である天智が最初から有力な王位継承者であったかのような造作を歴史に施すために、「蘇我氏による王位の簒奪」なる嘘をつくりあげたのである。

　蘇我の蝦夷・入鹿は王位を簒奪しようとしたのではない。欽明以後の大王家と緊密な血の交流を行い、近親結婚を避けて王位継承者をつくる氏族として選ばれていた彼らは、その血を受けた古人大兄皇子を支持し、彼を王位につけてそれと緊密な関係を作ろうとしただけなのである。

　日本書紀の編者は、この事件の主語が王位継承権を持つ有力王族であった事実を隠し、その一支持者に過ぎなかった蘇我氏を主役という形に歴史を書き換えることによって、彼らの先祖である中大兄皇子が後に王位を継ぐことが正当であったと主張したのだ。

　新しい歴史教科書の著者たちは、改変された歴史を鵜呑みにし、それを事実だと思いこんでしまったのである。

（3）「大化の改新」の首謀者は中大兄皇子と藤原の鎌足ではない

　書紀編者の歴史改変はそれだけにとどまらない。「つくる会」教科書の記述を見よう（p 48・49）。

> 　日本ではあいかわらず、蘇我氏を中心とする豪族が権力をふるっていた。朝廷の一部では、豪族や一部の皇族がそれぞれに土地や人民を支配するこれまでの体制を、唐にならって改めようとする動きが生じた。彼らは、そのために、天皇を中心とする中央集権の国家をつくらなければならないと考えた。
> 　620～640年代になると、太子の派遣した留学生が隋や唐の政治制度を学んで、あいついで帰国した。改革の情勢はしだいに熟していった。
> 　豪族の頭目である蘇我氏を宮中から排除する計画を、まず最初に秘めていたのは、中大兄皇子と中臣鎌足（のちの藤原鎌足）であった。鎌足はけまりの会を通じて皇子に接近し、二人は心の中を打ちあけあうようになった。

「大化の改新」と呼ばれる「蘇我氏打倒」の事件の始まりである。
しかしここにも大きな歴史改変がある。

　この記述は日本書紀の記述そのままだが、日本書紀の記述は8世紀において統一日本の王であった天智・天武系の王族たちこそ、今後も日本の王であるという主張を証明する為にその子孫たちによって書かれた記述であった。そして、両親ともに天皇の子という条件をもった天智・天武系の王族が文武天皇で途絶える事態に直面して、この皇統を血の交わりによって支える藤原氏所生の皇子こそ今後の日本の王であるべきという、元明・元正・文武の皇統の新たな主張をも証明するためにつくられた書であった。
　最近の研究では、「大化の改新」と呼ばれる事件の首謀者は、中大兄皇子と中臣鎌足ではない。皇極天皇の弟で、事件の後に大王位についた軽皇子であり、彼を王位につけようとする皇族とそれを支持する豪族たちであった。まだ10代であり、両親ともに天皇の子という条件を持たない中大兄皇子にはまだ王位継

承の資格は諸豪族に認められてはいなかった。彼は軽皇子派の有力皇族として謀議に加わり、その実行上の軍事上の指揮官として行動したのである。そうすることで、次期大王（書紀は天皇と記述するがこの当時は大王）の有力候補者としての地位を手に入れようとするためであった。さらに中臣鎌足は中大兄皇子の配下というより軽皇子の支持者のひとりとして行動したにすぎない。では、彼らの真の攻撃目標は誰か。それは舒明の息子である古人大兄皇子であった。

この事件は古人大兄皇子とその有力な支持者である蘇我本宗家を倒し、軽皇子を王位につけるための争いであった。だから彼らは偽りごとをしかけて蘇我入鹿と古人大兄皇子を皇極天皇の居所に招き入れ、人目につかない所で２人を抹殺しようとした。しかし蘇我入鹿は討ち取ったが、手違いから古人大兄皇子を討ち漏らした軽皇子派は窮地に陥った。自分の宮に逃げ帰った古人大兄皇子と甘樫丘の蘇我本宗家とが連絡をとり、軽皇子派を挟み撃ちにしたら万事休すであった。それを救ったのは、中大兄皇子の果断な処置であった。彼はただちに軍勢を率いて、古人大兄皇子の宮と甘樫丘の蘇我本宗家との中間点にあって、蘇我本宗家の勢力の拠点であった飛鳥寺を占拠し、双方に軍事的圧力をかけ、孤立した古人大兄皇子が軍門に降り出家するやいなや、闘いの大義名分を失った蘇我本宗家の軍事集団を降伏させ、蘇我本宗家の長、蘇我蝦夷を自殺に追い込んだのである。

だからこの事件のあとで皇極天皇から歴史上初めて譲位という形で王位についたのは軽皇子（孝徳天皇）であったし、新しい都は彼の支持勢力の基盤であった河内の国に移された。

だがこの後にも書紀の歴史改変は存在する。それはこの孝徳天皇の下で、中大兄皇子が皇太子であったとする記述である。皇太子という制度は奈良時代になって生まれたもの。中大兄皇子は有力な王位継承権者のひとりではあるが「両親ともに天皇の子」という王位継承の条件を持っていなかった。最大の対抗馬は孝徳天皇の息子の有馬皇子であった。だから後に孝徳天皇が死んだときにもただちに中大兄皇子が王位につかず、皇極を再度王位につかせて、その間に最大のライバルであった有馬皇子を殺したのであった。

中大兄皇子が唯一の王位継承権者であったというのも書紀の歴史改変の結果

である。

(4)「改新の詔」は誰が出したのか？

のちに「大化の改新」と呼ばれた事件は、単なる王位継承をめぐるクーデターであった。クーデターを企てた人々には天皇中心の国家をつくろうという意図はまったくなかった。それは当たり前であった。この当時に天皇を名乗ったのは、彼ら大和の王ではなかった。それは九州は太宰府に都した倭王でしかありえない。大和の王はその有力な分家でしかなかったのである。

この事件を「大化の改新」と呼んだのは明治時代の歴史学者である。天皇制がまさしく日本を統一するシンボルとなった時に、その淵源を調べたとき、学者たちは日本書紀の大化元年から始まる次々に日本の国政のしくみを変革するたくさんの 詔 (みことのり)の群に注目した。そして天皇中心の国政に変革しようとするこれらの詔群を見て、この事件を「大化の改新」と名づけたのである。

645年の6月12日に起きたこの事件は、事件の当事者やその子孫には、「乙巳(おつみ)の変(へん)」と、事件が起きた年の干支(えと)で呼ばれていた。

では、646年（大化2年）の正月に出された「皇族や豪族の土地を公地とする」という詔を中心とする詔群は、架空のものであったのだろうか。

いやそうではない。この詔、とりわけ大化5年の2月に出された十九階の官位を定めた詔は繰り返し言及され、その後の天智・天武朝の官制の基本となっており、後の冠位は、この大化5年の制度の改変として施行されている。したがってこれと一体の関係にある大化年間に出された詔群も実在のものと考えられる。

では、軽皇子や中大兄皇子らが天皇中心の国をつくる構想を持たなかったとすれば、この大化年間の詔は誰が出したものであろうか。

考えられることはただ一つ。すでに6世紀のはじめから律令を持ち、天皇中心の国家づくりをすすめていた九州は太宰府に都する倭王朝以外に、この詔を出す主体はない。倭王朝は隋書にあるようにすでに607年の時点において十二階の冠位を持っていた。したがって大化5年、650年に出されたとされる冠位十九階は、その拡大変更だったのである。

12 大いなる歴史の改変——「大化の改新」はなかった

　「大化の改新」は完全な幻であった。蘇我本宗家をつぶす事件としてのそれは、大和の大王家における王位継承の争いに付随したものであったし、天皇中心の国作りとしてのそれは、九州の倭王朝の事跡を盗んで歴史書に挿入したにすぎなかった。ここでも新しい歴史教科書の著者たちは、日本書紀の歴史改変を見ぬけず、その記述を真実だと信じこんで、歴史叙述をしてしまったのである。

注：05 年 8 月の新版の「大化の改新」についての記述は、旧版の記述を整理しただけで、ほとんど同じ内容である（p 38・39）。本文に挿入されていた蘇我入鹿殺害事件の詳細と、中大兄皇子と藤原鎌足の出会いの場といわれる蹴鞠の話を合体させて、「歴史の名場面：蘇我氏の滅亡」と題する記述にし、別立てで掲載したことと、旧版では、「大宝律令と年号」の項にあった文をここに挿入したことだけである。

　その文は、大化という年号を定めたことに関するもので、「東アジアで、中国の王朝が定めたものとは異なる、独自の年号を定めて使用しつづけた国は日本だけだった」というもの。これは中国・朝鮮・日本という東アジアの中では「中国の影響が強い時代に」と限定すればたしかにそうである。だが、中国との間に砂漠や大山脈で隔たっている中国の西や北や南の国々ではこれはあたりまえのことで、中国の強い影響下にあったときを除いて、それぞれの国は独自の年号を持っていた。つまり、東アジアは中国の強い影響下に置かれた地域だということだ。特に朝鮮は日本と違って中国と地続きである。つまり常に中国に直接侵略を受ける危険に直面しているということ。日本のように海で隔てられている国との違いを無視して、「日本だけが中国から独立した姿勢を堅持した」とでも言いたいかのような記述は、単なる日本民族主義、朝鮮にたいする蔑視の反映にすぎない。しかしその朝鮮でも中国からの影響を脱した時には独自の年号を使用していたのだ（詳しくは第 14 節参照）。

注：この項は、前掲河内祥輔著「古代政治史における天皇制の論理」、遠山美都男著「大化の改新— 645 年 6 月の宮廷革命」（中央公論新書 1993 年刊）、古田武彦の諸著作などを参照した。

13 白村江の敗戦で倭国は「滅び」た！
――「日本という国号の誕生」の裏に隠れた真実

　第3節「律令国家の成立」の第3項は、「日本という国号の誕生」と題して、「白村江の敗戦」「亡命百済人」「天武・持統朝の政治」の小見出しをつけながら、7世紀末の「日本国」の誕生について詳しく述べている。

(1)「国家のありかたが問われていた」ことに正面から向き合った先進性

　日本国がいかにして成立したのか。この問題は日本の歴史を語るときに避けては通れない問題である。
　しかしこの重大な問題を従来の教科書は避けてきた。これ自身おかしなことである。日本国がいついかにして成立したのか。この大事な問題を素通りして、どうして自国の歴史を語れようか。
　思うに従来の教科書は、国家という問題を取り扱うのを避けてきたようである。歴史上の大きな事件のほとんどは、その時々の内外の情勢に応じて、どんな国家をつくるかが問われていた。近い所では1945年の敗戦の時。そして明治維新のときや江戸幕府成立のとき。いやもっと遡ればきりがない。それなのに従来の教科書ではこの問題が正面から取り上げられたことはない。
　それはなぜか。
　単純なことである。国家主義をかかげ国家に奉仕することが国民の義務だと高らかに目標を掲げ、国民をして英米に追いつけ追い越せと頑張らせ、はては中国や欧米諸国との全面戦争に突入させた戦前の国家。その結果のあまりの悲惨さのために、以後この問題を回避してきたのだ。これは戦後日本がどんな国をつくるかの国民的合意を作り出さないまま、経済的発展をそれにかえて走ってきたことと表裏一体の問題である。
　この態度を改め、歴史上どんな時期にどんな国家を作ることが求められて、

13 白村江の敗戦で倭国は「滅び」た！ 117

その結果どんなことになったかを正面から問題としてとらえ、それに回答を与えることで、今後の国家のありかたをどう考えるかが重要と指摘しているところに、この新しい歴史教科書の登場の積極的意義はある。

　そして「つくる会」教科書は、6世紀末から8世紀の国家的課題を以下のように提起する。

　6世紀末に中国が統一された事が契機となって、日本は諸豪族の連合国家の段階から、統一された国家の段階への飛躍が求められており、そのための取り組みが、聖徳太子いらい進められ、663年の白村江の闘いの敗北でそれが加速され、天智天皇の登場と壬申の乱によって完成された。

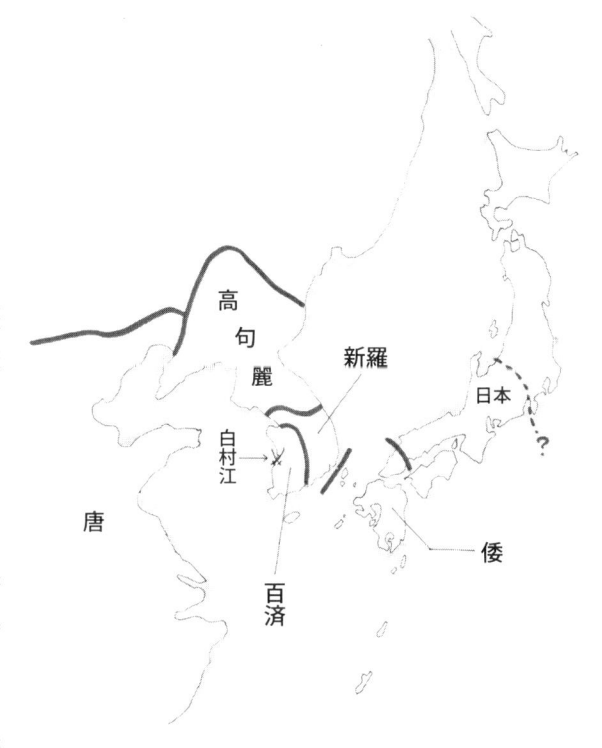

地図5　7世紀の東アジア

というのが、この書の主張である。

　たしかに6世紀の中国の統一によって、日本の国のありかたが問い直されたことはたしかであり、白村江の敗戦が一気にこの問題の解決を強制したこともたしかである。そしてこの問題意識なくして、8世紀における律令国家の成立の意味は理解できないし、そこで成立した日本国の姿をとらえることはできな

い。この意味で、この教科書がこの問題を正面から扱っていることは正しい問題意識である。
　だが問題意識が正しいことと、その回答が正しいこととは別のことであり、この教科書の回答には重大な欠陥があり、歴史の重要な側面を意図的に隠している。
　それは何か。以下、教科書の記述を追いながら説明しよう（以下地図5「7世紀の東アジア」参照）。

(2) 百済はすでに滅亡していた

「つくる会」教科書は以下のように記述する（p 51）。

> 　任那が新羅にほろぼされてから約1世紀、朝鮮半島の三国は、あいかわらずたがいに攻防をくり返していた。7世紀のなかばになると、新羅が唐と結んで百済を攻めた。唐が水陸13万の軍を半島に送り込むにいたって、日本の国内には危機感がみなぎった。300年におよぶ百済とのよしみはもとより、半島南部が唐に侵略される直接の脅威を無視できなかった。

　この記述のように、おそろしい危機感が走ったことはたしかである。だが正確にはこの時点（660年）に、百済は唐軍と新羅軍の攻撃を受けて滅亡した。そして降伏して捕えられた百済王とその一族および大臣・将軍88人と百姓1万2千8百人が唐に連行された。さらにこの唐に連行された百済王と諸王子13人と大臣・将軍ら37人が捕虜として縛られて唐の皇帝の前に引き出されるのを、日本の遣唐使は眼前に目撃してしまったのである（このことを目撃した遣唐使は二つある、大和朝廷の遣唐使の一行と、九州の倭王朝の遣唐使の一行である）。
　百済が亡ぼされた！　この衝撃はどれほどのものであったろうか。なぜ教科書は百済滅亡の事実を記さないのか？　疑問である。
　663年の白村江の闘いは、滅亡した百済を日本軍の力で復興させる戦いだったのである。

(3) 白村江で敗北したのは「大和朝廷」ではない

教科書は次のように記述を続ける（p 51）。

　中大兄皇子は、662年、百済に大軍と援助物資を船で送った。唐・新羅連合軍との決戦は、663年、半島南西の白村江で行われ、2日間の壮烈な戦いののち、日本軍の大敗北に終わった（白村江の戦い）。日本の軍船400隻は燃え上がり、天と海を炎で真っ赤に焼いた。こうして百済は滅亡した。

じつはこの記述に問題がある。この記述は日本書紀そのままなのだが、百済復興のために大軍と援助物資を送ったのは、斉明天皇を最高責任者とする大和朝廷ではなかった。それは九州太宰府を都とする倭王朝だったのである。したがってこの戦いでほぼ全滅に等しい敗北をこうむったのは倭王朝であり、ここに紀元前から日本列島を代表する王者であった倭王朝は、実質的に滅んだのである（このとき「倭軍」長の筑紫の君・薩夜摩（さちやま）が捕虜となっている。彼こそが倭国王であった）。だからこそのちに述べるように、この事件から7年後の670年。日本の国号は「倭」から「日本」に代わったのである。

　白村江で唐と戦ったのが大和朝廷ではないという証拠はいくつもある。
　一つは、この時代の第一資料である旧唐書には、この時期倭国と唐王朝との対立が描かれているが、日本書紀に見る大和朝廷と唐王朝との関係はとても友好的である。
　旧唐書によると、631年に倭国は遣使し、その答礼として唐王朝は高表仁を遣わした。ところが高表仁は倭国に来たものの、「王子と礼を争い、朝命も述べずに帰り来る」と記述されている。ところが日本書紀のほうは、632年に唐の使い高表仁が来たとき、ときの大王・舒明は次のように話している。すなわち、「天子の命ずる所の使い、天皇の朝（みかど）に到ると聞き、これを迎えしむ」と。この言葉は意味深長である。大唐の天子の使いが天皇の朝廷に来たと聞いたのでお迎えしたという言いかた。これは、はっきりと舒明は「自分は天皇ではな

い」と表明しているのだ。

　そしてほかに朝廷があって、そこに使わせられた唐の使人をわざわざお迎えしたと述べて、その労をねぎらっているのである。さらにこの舒明の言葉に答えて唐使高表仁は、次のように答えた。「風寒き日に、船艘を飾り整え、もって迎え賜う。歓喜す」と。つまり手厚い歓迎を受けたことを謝しているのである。

　この二つの記事を比べてほしい。二つの記事は全く違う。旧唐書の倭国と日本書紀の大和朝廷は別の国であり、大和の王・舒明自ら「自分は天皇ではなくその一臣下であり、天皇の朝廷に来た唐使に遠路わざわざおいで願った」と述べ、自らが倭王朝の担い手ではないことを明らかにするとともに、唐王朝と対立する倭王朝とは違って大和は唐に恭順するとの態度表明をしているのである。

　おそらくこのとき唐は、あの隋の煬帝に対して「日出る処の天子・日没する処の天子」という対等の手紙を送って隋王朝に対抗することを表明し、唐王朝にたいしてもこの姿勢をかえない倭王朝に対し、その配下の有力豪族である大和の大王は唐王朝に恭順する気でいることを確かめ、これを次の日本列島の代表者に擬したのであろう。そして唐と大和朝廷との間では密約ができていたのかもしれない。来るべき倭と唐との戦いのときには大和朝廷はなるべく局外にいるとの密約が。

　白村江で唐と戦った倭国が大和朝廷ではない証拠の二つ目は、大和朝廷軍は朝鮮半島に渡っていない可能性があることである。斉明と中大兄は明白に九州に止まっている。そして彼と斉明女帝が筑紫に移動するとき、不思議なことに率いた軍の将軍の名がまったく載せられていない。大和軍の指揮官は斉明女帝なのだ。さらに斉明女帝は難波から筑紫までの船旅に、なんと3ヶ月もかけている。さらに日本書紀はこの項で駿河の国に作らせた軍船が夜中に知らぬ間にともとへさきとが入れ替わっていたという話しを挿入し、「これは西征軍が敗れるというしるしだとさとった」と記述し、最初から戦いをする気がないことを暴露している。

　また三つ目には、この戦いの後で中大兄は冠位の増発を行い、大規模な冠位の乱発を行っている。これは、存亡の危機を懸けた戦いに負けた王朝の代表者

のとる行動ではないであろう。
　そして四つ目には、戦後唐王朝は日本に使節を送ったのだが、二百数十人の平和な使節で友好的な雰囲気で交流し、その後も何度にもわたって白村江の戦いで捕虜となった将軍たちを日本にまで送還している。これは、無礼にも唐王朝と対等な関係を結ぼうとし、唐と対立した挙句に唐と戦争にいたった国に対する態度ではない。
　このように考えるならば、白村江で敗北した倭国は大和朝廷ではないのである。そしてこのことは旧唐書の「日本伝」にしっかり明記されている。そこにはこう書いてある。「日本は昔小国。倭国の地を合わす」と。

(4) 亡命百済人はなぜ九州に配置されなかったか？

　さらに「つくる会」教科書は「亡命百済人」と題して、白村江以後の歴史を以下のように記述している（p 52）。

　　百済からは、王族や貴族をはじめ、一般の人々までが1000人規模で日本列島に亡命して、一部は近江（滋賀県）、一部は東国に定住を果たした。朝廷は手厚い優遇措置を取った。当時の列島の人口は500万〜600万と推計され、受け入れの余地は十分にあった。しかも聖徳太子以来、中央集権国家の形成を目指していた日本は、中央の官僚制度の仕組みや運営のしかたについて、亡命百済人との交流の中から学ぶ点が少なくなかった。

　たしかに日本書紀によれば、白村江の戦いの2年後の2月に「百済の民、男女400人あまりを、近江の国の神崎郡に住ませた」と記述され、翌年の冬には「百済の男女2千余人を、東国に住まわせた」ともあり、さらに次の年にも「佐平余自信・佐平鬼室集斯ら、男女7百余人を、近江の国の蒲生郡に移住させた」とある。そしてこの佐平余自信・佐平鬼室集斯ら百済の王族や貴族たちが、天智の朝廷において重要な役についたこともたしかなことである。
　だがこのことは、教科書の記述とは逆の疑問を生み出す。なぜ聖徳太子以来半世紀以上も経っているのに、百済の亡命貴族の力を借りなければ中央集権的

国家がつくれないのだろうか。そして外交交渉や役所の運営に習熟したこれらの人々をなぜ外交の中心である九州に配置せず、近畿地方や東国に配置したのか。

この疑問の回答は、中国にならった中央集権的国家づくりが進んでいたのは九州であり、大和朝廷の治める近畿地方にはまだその組織もできてはいなかったし、そのノウハウもなかったということではないだろうか。だからこそ、先進地域である九州には亡命百済の官人たちは必要なかったのであろう。

（5）天智は「近江令」を作ってはいない

さらに教科書は次のように記述を続ける（p 52）。

　中大兄皇子は唐からの攻撃をさけるため、都を近江に移し、668年に即位して天智天皇となった。天皇は国内の仕組みを整えようと、中国の律令をモデルにした近江令を編んだ。また、初めて庚午年籍とよばれる全国的な戸籍をつくった。

ここに聖徳太子以来進められた中央集権的国家づくりが大きく前進し、ついに当時としては先進的な法体制がととのった国家へと日本は変貌を始めたと、この教科書は言いたいのである。

ただしこれにはたくさんの異説がある。特に近江令についてはそうである。「近江令は完全な令として完成し、後の天武の時代に改定されて飛鳥浄御原令へと発展した」という説があるかと思えば、「近江令は部分的にできていただけだ」という説や、はては「近江令はなかった」という説まで、諸説紛々である。理由は簡単である。一つはその現物が残っていないこと。そして二つ目は、基本資料である日本書紀には天智が令を編纂施行したという記事がないからである。

なぜ基本資料にないのにその存在が知られるかというと、「藤氏家伝」に天智が藤原鎌足に編纂させたという記述があるからである。だが藤氏家伝のこの記述は信用できない。この記録は奈良時代の藤原仲麻呂が760年にまとめた

ものだが、藤原氏と天智・天武系王統との親密な不可分の関係が持統朝の藤原不比等から成立したにも関わらず、これを「天智以来」と粉飾し、「大化の改新」以来天智と藤原氏は密接不可分の関係にあったと主張するための書物だからである。したがって鎌足の事跡については、大化の改新の項で述べたように、大規模な粉飾が施されており、信ずるに足りない。

　日本古代史学会の定説では、この「藤氏家伝」の「近江令」にあたるものは、日本書紀の天智10年正月六日の「東宮太皇弟が詔して、冠位・法度のことを施行された」という記事の「法度」にあてている。

　だがこれは完全なこじつけである。「法度」の語が意味するのは「令」のように限定されたものではない。これは治世の大本となる掟のことである。そして天智10年の「法度」が何を指しているかは、それと一緒に出された冠位の具体的なものが、大化5年の詔の冠位の拡大であることからわかる。この「法度」とは大化年間に集中している一連の詔群を指しているのであり、天智10年のこの記事は、大化年間に定められたこの掟群を施行すると述べたにすぎない。では天智は、なぜここで大化年間の詔を施行すると宣言したのか。従来の説ではこれを根拠に、大化年間の詔は架空のもので、本当は天智朝で実施されたものをあとから挿入したと解釈されてきた。これは近江令を実在のものと前提したからである。

　だがこの解釈は、日本書紀の意図すら無視している。日本書紀の編者の意図は、「中大兄皇子と藤原鎌足の主導の下で行われた大化年間の改新をここにいたって完成したのだ」というものである。目的は、天智・天武朝の権威と藤原氏の権威の淵源を、できるだけ古い時代に設定するためである。

　だがこれも日本書紀編者の解釈であり、歴史改変の結果である。

　事実はどこにあったのか。書紀編者の手元にあった資料には、「書紀編者が大化5年の条にあてはめた法令群を天智10年に施行した」という記録があったのだ。書紀編者はこの生の資料をそのまま使って、自分たちの主張を貫けるように編集したのだろう。

　ではこの意味は何か？ 「大化改新」の項でも述べたように、この詔群を出したのは、九州は太宰府に都した倭王朝である。おそらく具体的にはあの「日出る処の天子……」のアメノタリシホコであろう。その下の倭王朝の施行した

根本法令を、倭王朝の滅亡を受けてそれに代わった天智も継続して実施すると宣言したという意味である。

　考えてみれば、白村江の敗戦で急にそれにとって代わった大和朝廷が、長い間日本の統一王朝であった倭王朝の治世の大本となる掟を廃止し、新たな根本法典を施行するなどできる相談ではない。天智は日本の天皇とはまだ認められていないのだから。したがってこの時点で天智が「令」を新たに編纂して施行したとする「藤氏家伝」の主張には無理がある。

　「前王朝の治世の大本の掟を継承する」との宣言は、統一王権を簒奪した天皇としての天智にこそふさわしい行動である。天智は、日本ではじめて、唐の制度にならった統治制度をつくった天皇ではなかった。

　しかし同じことは、次の天武・持統天皇についての記述にもいえるのである。

(6) 壬申の乱は「地方」対「中央」の闘いではない

　「つくる会」教科書は最後に「天武・持統朝の政治」と題して、次のように述べている（p 53）。

> 　天智天皇の没後、天皇の子の大友皇子と天皇の弟の大海人皇子との間で、皇位継承をめぐる内乱が勃発した。これを壬申の乱（672年）という。大海人皇子は、中小の豪族や地方豪族を味方につけて十分な兵力を備え、大勝利をおさめた。これにより、中央の大豪族の力はおさえられ、天智天皇の時代までどうしても断ち切れなかった、中央豪族たちの政治干渉を排除することに成功した。こうして、豪族たちの個別の立場を離れて、天皇を中心に国家全体の発展をはかる方針がようやく確立することになった。

　これは皇位継承戦争である壬申の乱とその結果の説明であるが、これはあまりに史実とかけはなれたこじつけ的解釈である。

　まずこの教科書が「壬申の乱の結果、中央の大豪族の力がおさえられ……」と記述したのは、日本書紀の当該の記事を、大海人皇子が吉野から伊勢の国に逃れ、尾張や美濃の軍勢をつのって、近江京に都する大友皇子軍と戦ったとい

うようにとらえ、大友＝中央豪族×地方豪族＝大海人という対立の図式に解釈してきた従来の日本古代史学会の定説によっているからである。

　だがこれは根本的に間違っている。大海人が尾張や美濃の豪族の力に依拠したのは、美濃に彼の土地があったからであり、尾張の国の宰（みこともち＝後の国司）である尾張の連や美濃の豪族とは、彼の子女の養育などを通じて関係が深いからであった。そして彼の軍の中心は地方豪族や中小豪族ではなく、その戦の指揮を担ったのが中央の代表的な豪族である大伴氏であったことは、書紀の記述でも明らかである。いや、より正確にいえば、大伴氏も含めた中央の有力豪族は大友派と大海人派に一族が分裂していることも多く、この戦いを単純に、中央対地方とか大豪族対中小豪族というような図式に還元することは、この事件の本質を見誤ることにも繋がる。

　この事件は、皇統の分裂を生みかねない事態に対して、双方が軍事的に決着をつけようとしたものである（巻末資料系図4「継体王朝の分裂」参照）。

　皇統の分裂は、天智には天皇を父とする女性を后にできず、両親ともに天皇の子という大王の選択条件を備えた息子をもたないことから始まった。したがって彼が大王（後に天皇となる）の権威を確立するためには、彼の次の世代やその次の世代で両親ともに天皇という条件を備えた王を生み出すことが有力豪族たちの合意事項であった。

　そのために天智がとった行動は二つであった。最初にとった行動は、弟大海人皇子を次の天皇とし、その彼に自分の娘を娶わせその所生の男子に天智の娘を配するか、大海人の娘でその男子とは異母兄妹の娘を娶わせて、両親ともに天皇の子という資格を持つものを生み出すこと。これは天智即位のときに大海人を皇太子にしたことで、諸豪族の承認も得た路線であった。

　しかし天智は途中で心変わりをし、すでに大海人の娘との間に皇子をもうけていた息子大友を天皇にし、その息子の皇子に異母兄妹を娶わせて両親ともに天皇という資格を持つ子を得るという路線に転換した。このため天智は大友を太政大臣として天皇を輔弼する地位につけて、有力な豪族の間に彼を次代の天皇という合意をつくり彼を後継ぎにしようとはかったのである。

　だがこれは諸豪族との約束違反であり、当然のことに反発を呼んだであろう。そのため天智はこの新たな路線に乗ることを断った弟大海人が近江京を去った

あとで、重臣たちに大友を後継とすることを神前で二度にわたって誓いを立てさせたのであった。

　この天智の強引な動きは諸豪族の反発と動揺を生み、大海人が軍事行動を起こすにいたって、諸豪族の分裂を生んだのである。

　日本書紀を丁寧に読んで見れば、大友に従ったはずの諸豪族が途中で大海人側に寝返ったり、寝返りをしようとした大友側の将軍を仲間の将軍が暗殺したりした記事がいくつもある。そして同じことは大海人の側にもあり、大海人の勝利に終わったあとで、大海人側であった尾張の国の宰（みこともち、後の国司）が自殺してしまい、「何か裏の謀でもあったのか」と記されており、戦況の進み具合では大海人の側からも裏切りが出る可能性はあったのである。

　さらにこの乱のあとで処刑されたものはわずか8人であり、それは大友側の近江朝廷の重臣に限られており、彼らの一族でもその当時重臣の列に加わっていなかったものは咎めを受けていないことから、大海人皇子は王位継承戦争によって諸豪族が分裂・対立することを最小限に食い止めようとしていたことがわかる。

　壬申の乱を中央豪族対地方豪族という形に描きたがるのは、そうすることで乱後に成立した天武朝が、あたかも天皇専制の政治形態であるかのように描きたい論者の勝手な妄想なのである。

　　注：壬申の乱について、古田武彦が最近、「壬申大乱」（東洋書林2001年刊）において注目すべき見解を述べている。それは壬申の乱とは大和朝廷内部における皇位継承戦争ではあるが、その舞台は畿内だけではなく、九州をも含めた全国的な戦争であったというもの。その背景は、白村江における倭王朝の敗北と唐帝国軍による博多・大宰府占領がある。そして大海人皇子が下った「吉野」は大和の吉野ではなく、九州倭王朝の軍事拠点である有明海沿岸の「吉野宮」（例の吉野ヶ里遺跡のそば）であり、ここは倭水軍の根拠地で当時はここに占領軍である唐水軍と倭水軍の主力で唐に協力した大分君の水軍があった。大海人は唐の支持の下、倭王朝の残存部隊の主力である大分君の援助を得て、さらに大宰府を中心とした倭王朝の駅制度を駆使して水軍・陸軍を総動員して近江京を攻め落としたと、古田は述べている。つまり、日本

書紀の壬申の乱に関する記述は、実際の戦争の基点であった九州の地名を大和周辺の地名に移し変え、この戦争を大和朝廷内の伝統的な皇位継承戦争の枠内にでっち上げたということになる。こう捉えると、壬申の乱も、白村江における倭王朝の敗北、東アジアにおける唐帝国の覇権の確立という国際情勢に中にしっかりと位置付けることができる。傾聴すべき見解であると思う。

(7) 日本の政治体制は「君臣共治」

したがって、この教科書が書いたような「中央豪族の政治干渉を排除する」という事態は起こってはいない。

よく考えてみれば、この政治干渉なる言葉は、「政治は本来天皇の専権事項であるべき」というイデオロギーに彩られた言葉である。そしてこれまでの日本の政治形態は、大王の選出をめぐる動きを取ってみてもわかるように、大王（天皇）と形の上では臣下である有力豪族との合意で行われているのであり、その意味では「君臣共治」ともいうべき体制なので、「中央豪族の政治干渉」なるものは本来ありえないのである。

さらにこれは、その後天皇中心の国家体制を作ったとされる天武天皇から持統天皇の時代につくられ完成した律令の特徴にも表されている。

この教科書では次の項目である「律令国家の出発」の所で、日本の律令の特徴を以下のように記述している（p 55）。

　唐の制度では皇帝の権力は絶大で、皇帝の両親も祖父母も臣下であった。しかし日本の律令では、天皇の父に天皇とほぼ同等の敬意が払われていた。唐とちがって、日本では国政全般をつかさどる太政官と、神々のまつりをつかさどる神祇官の二つの役所が特設されていた。太政官には大きな権限が与えられていて、天皇の政治権力を代行する役目さえあった。これは中国の皇帝と違って、日本の天皇が大和朝廷以来続く豪族たちのバランスの上に乗っていた事情を示している。

128　第1章:「第1章:原始と古代の日本」批判

　これはとても正しい記述である。さらにもうすこし正確に記述すれば、日本の律令制では諸政の決定は太政官(だいじょうかん)と天皇との討論と合意を基本としていたことが律令の研究と政治の実際の研究からわかっている。図1に示したように日本の律令制では太政官にあつまった有力貴族と天皇との合議によって物事は決定されていた。

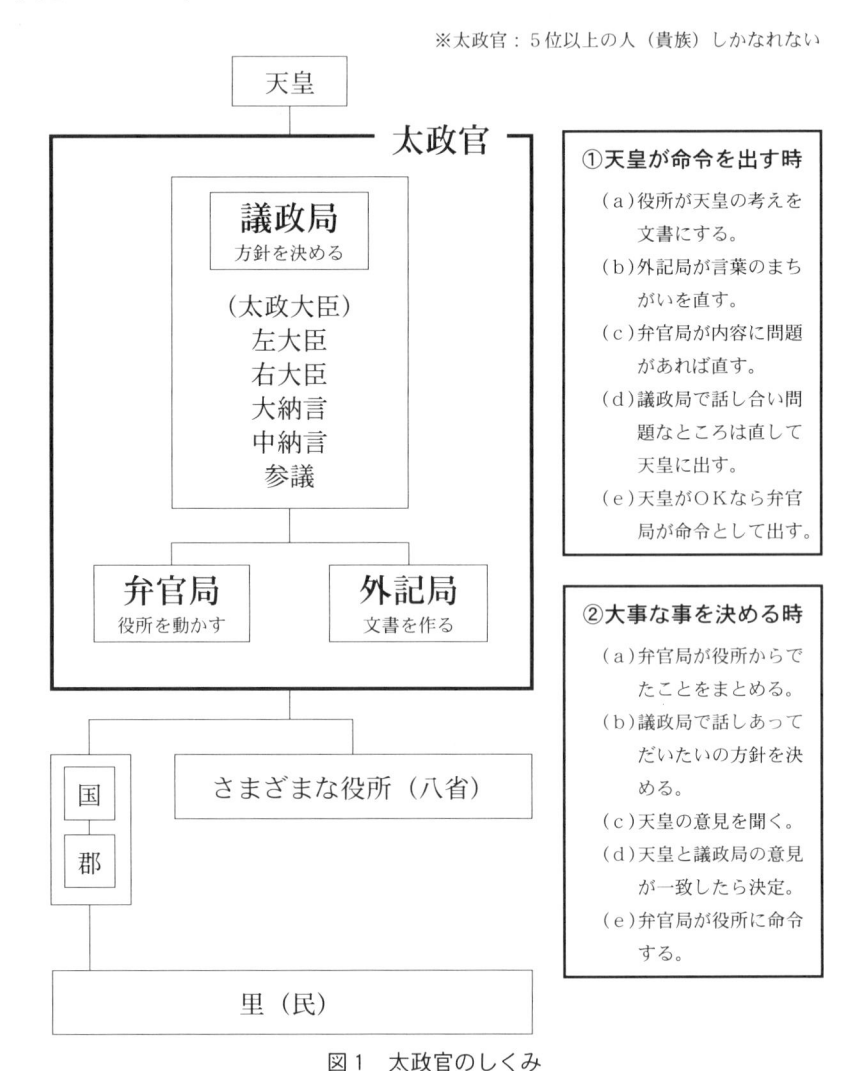

※太政官:5位以上の人(貴族)しかなれない

```
                    天皇
┌─────────────────────────────────────┐
│                太政官                │
│    ┌─────────────────┐              │
│    │    議政局        │              │
│    │  方針を決める    │              │
│    │                 │              │
│    │  (太政大臣)      │              │
│    │   左大臣         │              │
│    │   右大臣         │              │
│    │   大納言         │              │
│    │   中納言         │              │
│    │   参議           │              │
│    └─────────────────┘              │
│                                      │
│  ┌────────┐    ┌────────┐           │
│  │ 弁官局  │    │ 外記局  │           │
│  │役所を動かす│  │文書を作る│          │
│  └────────┘    └────────┘           │
└─────────────────────────────────────┘
  ┌──┐   ┌──────────────────┐
  │国│   │さまざまな役所(八省)│
  ├──┤   └──────────────────┘
  │郡│
  └──┘
          ┌──────────┐
          │  里(民)   │
          └──────────┘
```

①天皇が命令を出す時
　(a)役所が天皇の考えを文書にする。
　(b)外記局が言葉のまちがいを直す。
　(c)弁官局が内容に問題があれば直す。
　(d)議政局で話し合い問題なところは直して天皇に出す。
　(e)天皇がOKなら弁官局が命令として出す。

②大事な事を決める時
　(a)弁官局が役所からでたことをまとめる。
　(b)議政局で話しあってだいたいの方針を決める。
　(c)天皇の意見を聞く。
　(d)天皇と議政局の意見が一致したら決定。
　(e)弁官局が役所に命令する。

図1　太政官のしくみ

この事実から判断しても、壬申の乱の結果「中央豪族の政治干渉が排除された」ということはなく、あいかわらず、天皇も含めた有力な諸豪族の合意の下で政治は行われていたのである。

(8) 天皇号の成立は天武の時ではない

さらに「つくる会」教科書は、天武について以下のように記述している（p 53）。

　　大海人皇子は天武天皇として即位し、皇室の地位を高めることで、公地公民を目指す改新の精神を力強く推進した。それまで大王と呼ばれていた君主の称号として、天皇号が成立したのはこのころのことだという説が有力である（推古天皇が最初という説もある）。

天皇と名のったのは天武が最初という。だがこれは諸資料を無視した妄言である。

推古朝での遣唐使の個所で述べたように、このとき推古天皇から唐の皇帝に送られた国書と、唐の皇帝からの国書とが日本書紀に載せられているが、そこにははっきりと「天皇」と述べられている。日本書紀は引用された原資料はそのまま載せる傾向が強いので、このとき大和朝廷の王が天皇を名乗っていた可能性は大である。

では推古が最初の天皇なのか。いや違う。推古の次の大和の大王である舒明が、632年に来た唐王朝の使人に「天皇の朝廷に唐の使いがきていることを聞いたので、御迎えをして来てもらったのです」と語っていることが日本書紀に引用されている。つまりこのとき正式には天皇は大和の王ではなかったのである。それは九州は太宰府に都する倭王であった。彼は国内的には「天皇」と名乗っていたのである。そしてこの天皇位はずっと以前から九州の倭王によって称せられていたのである。

6世紀初等の「筑紫の君磐井の乱」と日本書紀で書かれたあの事件で、百済

や新羅は筑紫の君を倭王と認めて使いを送っていたことが日本書紀にも書かれている。そしてこの頃のことを記した記録として日本書紀に引用されている「百済本紀」という書物には、ちょうど継体天皇25年にあたる年の3月の記事に「また聞くところによると、日本の天皇および皇太子・皇子みな死んでしまった」とある。通説では日本書紀の編者が判断したように、大和に伝えられた継体の没年が継体28年となっていたが、より確実な外国資料に「25年」とあったので、この25年（531年）をもって継体の没年としている。

しかし日本書紀や古事記のどこを見ても、「天皇・皇太子・皇子の全てが死んだ」という記事はまったくなく、これはどう見ても大和の出来事を記録したものではない。したがって「昔から日本の王は大和の王」という先入観を排除してこの資料を読めば、これは九州の倭王朝のことを記したものであり、ここにある「天皇」とは継体の軍によって殺された筑紫の君磐井をさすとしか考えられないのである。

つまり継体の軍によって、倭王であり天皇と名乗っていた筑紫の君磐井とその皇太子および皇子の大部分が殺された事件が、その3年後になって百済の王の耳に入ったという記事なのである。

天皇位を最初に名乗ったのは九州は太宰府に都する倭王であった。そしてその倭王が隋王朝の成立にさいして天子と自称したときに、それとは独立して中国と国交を開きたいと考えていた大和の王の推古は天皇と名乗って唐王朝と外交を始めたのである。しかし正式には国内では天皇は九州の倭王なので、推古の次の舒明は「自分は天皇ではない」と唐の使いに述べざるをえなかった。

そして白村江の敗北によって日本列島の代表権を失い事実上滅亡した倭王朝に代わって大和の王天智が日本を代表する王となったとき、はじめて大和の王は正式に天皇を名乗ったのである。天武はそれを継承したにすぎない。

（9）「日本」という国号は天武朝に出来たのではない

この天皇号をめぐる問題は、続く日本という国号をめぐる問題につながる。「つくる会」教科書は日本国の成立について以下のように記述する（p 53）。

天武天皇の没後、皇后の持統天皇が即位し、近江令を改めて飛鳥浄御原令が施行され、日本ではじめて中国の都城にならった広大な藤原京が建設された。天武・持統朝（672〜697年）の時代は、日本の国家意識の確立期といってよく、日本という国号もこの時期に確立したと考えられる。

　天武・持統朝ははじめてづくしであるという主張だ。だがこれも嘘である。

　日本ではじめての中国の都城にならった都は、藤原京ではなく太宰府である。太宰府は太極殿を持ち、藤原京のような政治の中枢としての内裏の構造をもった碁盤の目の都城であったことは、発掘の結果わかっている。しかし従来は日本書紀に太宰府の建設の記事がなく、都といえば大和と考えて来たので、太宰府が都の構造を持っていることは看過されるか、発掘報告書から意図的に削除されるかしてきたのである。
　九州の倭国は律令も持っていたし、中国式都城も持っていた。藤原京は、日本国の中心が九州倭王朝から大和王朝に移ったことを視覚的に表現するシンボルとして建設されたのだ。
　そしてこれはまた国号についてもいえる。日本を名乗ったのは6世紀初頭の倭王朝である（磐井がその王だ。百済王は彼のことを「日本の天皇」とよんでいる）。そしてこれは7世紀の初頭にいたって隋・唐王朝に対しても「日出る処の天子」の国書とともに提示されたはずである。しかし中国の王朝はこの国号を認めなかった。天子の称号とセットになっていたからである。
　旧唐書の日本伝には先に紹介した「日本はもと小国、倭地を合わす」という記事と並んで「倭、その名が雅でないことを鑑み、日本と号す」という記事も載せている。おそらくこれが正しいであろう。
　しかし隋・唐王朝は日本という国号を認めず、伝統的呼称である「倭」を使いつづけた。
　だが白村江の戦いの敗戦で倭王朝が滅びて、唐王朝に恭順の意をひょうし、天子の称号を名のらず天皇の称号を名のる大和王朝の王である天智が「日本国」を名のったとき、唐王朝は認めたのではないだろうか。そのときは670年。天智十年。彼が即位して2年後である。朝鮮三国の記録はこの時をさかいに「倭」

から「日本」へと変わる。中国の記録でそれが変わるのは 703 年。大宝律令が完成し、名実ともに大和王朝が倭王朝にとってかわって初めて出した遣唐使。この到着をもって中国は正式に日本国の発足としたのである。

　たしかに天智・天武・持統朝は、日本が律令を持ち、法の上では天皇を中心に国家としてまとまった時期であった。しかしその体制は「天皇専制」ではなく、「君臣共治」ともいえる有力豪族と天皇との合意を政治の基本とした体制であり、その体制を法でもって固める体制の淵源は大和にではなく九州太宰府に都した倭王朝にあったのであり、その下で一定程度完成したのである。
　その律令を元にした「天皇と有力豪族の共治」の体制を白村江の敗戦での倭王権の滅亡を受けて、大和朝廷が引き継いだというのが、大和中心主義という皇国史観に邪魔されない、日本古代史の真実の姿である。
　日本国の始まりを記した新しい歴史教科書の記述もまた、この大和中心主義と皇国史観に色濃く歪められた歴史叙述であった。

　　注：05 年 8 月の新版の記述は、旧版の記述を整理したもので、内容はほとんど同じである（p 40・41）。ただし、3 ヶ所が削除または表現を変更している。一つは天智天皇の「近江令」。これは完全に削除されている。二つ目は、持統天皇の時代の「飛鳥浄御原令」。これも完全に削除され、かわりに天武天皇の所に、「中国の律令制度にならった国家の法律の制定」という表現が挿入されている。さらに三つ目は、壬申の乱の個所で、「中央豪族の力を削ぎ、彼らの政治への介入を排除した」という部分。これも完全に削除されている。
　　　これは古代史学会の定説に従った修正である。

　　注：この項は、前掲古田武彦著「法隆寺の中の九州王朝」、遠山美都男著「白村江―古代東アジア大戦の謎―」（講談社新書 1997 年刊）、遠山美都男著「壬申の乱―天皇誕生の神話と史実―」（中央公論新書 1996 年刊）、佐藤進一著「日本の中世国家」（岩波書店 1983 年刊）、前掲河内祥輔著「古代政治史における天皇制の論理」などを参照した。

14 東アジアの辺境に成立した「律令国家」の特殊性

「律令国家の成立」の4番目の項目は、「律令国家の出発」と題して、日本の律令国家の特色を描き出している。

まず「大宝律令と年号」という項目を立て、701年に大宝律令が成立したことの意味を述べ、そのあと「平城京」と題して日本の律令制度の特色を描き出し、貴族の生活と庶民の生活を概観する。そして最後に「律令政治の展開」と題して、奈良時代政治史の諸相を描いている。

この記述は全体としては正確であり、日本の律令国家の特色をよく描き出している。特に2項目の「平城京」の部分の記述は、他の教科書に比べても各段に優れており、特筆に価する。

ではどう記述されどこが優れているのか。教科書の記述に沿って述べていこう。

(1) 日本の律令は、「君臣共治」の体制

「つくる会」教科書は次のように記述する（p 55）。

> 唐の制度では皇帝の権力は絶大で、皇帝の両親も祖父母も臣下であった。しかし日本の律令では、天皇の父に天皇とほぼ同等の敬意が払われていた。唐と違って、日本では国政全般をつかさどる太政官と、神々のまつりをつかさどる神祇官の二つの役所が特設されていた。太政官には大きな権限が与えられていて、天皇の政治権力を代行する役目さえあった。これは中国の皇帝と違って、日本の天皇が大和朝廷以来続く豪族たちの上に乗っていた事情を示している。天皇は、依然として彼らにそれなりの立場を与えることで、その権力を発揮していた。一方で、天皇には権力にまさる権威がすでにあった。

かつての中央豪族たちは、このころには朝廷の役所で高い地位につき、貴族とよばれた。平城京は、貴族たちの活躍する政治の舞台でもあった。

　先にも述べたが、この記述はとても正確であり、日本の律令制の特色が中国の律令制のように皇帝の絶対権力を基礎にはしておらず、天皇と太政官という上級貴族との合意によって政治が運営されるものであることを見事に示している。またそのことで、貴族との合意に基づき政治権力を行使する天皇が持っていた「権力にまさる権威」とは何であったのかという、日本史を考える上で不可欠な問題を提起している。

　それは「支配階級の統合の象徴」であり、「支配階級が行使する権力に権威を付与する」ものであったことは今後の歴史展開を見ていくとおのずと分かるが、この時代においては、この教科書が詳しく記述するように「人口600万の中の200人の貴族の支配階級としての統合の象徴」であり、「これら200人の貴族と約1万人の官僚が行使する政治権力の権威の源泉」でもある。

(2)「公正の前進」としての律令体制の進歩性

　そしてもう一つ、この教科書の記述の優れているところは、通常は「過酷な搾取の体制」としか描かれることのない律令体制を、「諸国民にとっての公正の前進」として歴史的に評価していることである。教科書の記述を見よう（p 56）。

　　公地の支給を受けた公民は、租・調・庸という税の義務をおった。税は、かなりきびしい内容のものであった。
　　しかし、多数の農民に一様に平等の田地を分け与え、豪族の任意とされていたまちまちの税額を全国的に一律に定めたこの制度は、国民生活にとって、公正の前進を意味していた。
　　ただし公民（良民）と賤民との区別があり、後者は人口の1割以下だったが、公民と差別されていた。

14 東アジアの辺境に成立した「律令国家」の特殊性　135

　通常の教科書の記述は、税や兵役や労役の厳しさを強調し、山上憶良の「貧窮問答歌」を使用して搾取の厳しさを述べ、これが諸国における逃亡者の多さにつながったとするのが一般的である。

　この新しい歴史教科書は、そのような立場を取らなかったが、このことは卓見である。

　近年の考古学の発掘成果によれば、古墳時代の各村落には中核農家ともいうべき上層農民が成立し、彼らはそれまで豪族が占有していたであろう鉄製の農具を所有して、規模の大きな農耕を展開していた。これまで神話的地縁・血縁によって豪族をその首長とする共同体の中に規制されていた民の中から、独立して農業活動を行う人々が台頭して来たことは、共同体の祭司としての豪族の権威を著しく低下させ、その統治能力の低下を招いていたであろう。

　このことが、日本の国家的統一を促した要因として、外からの隋・唐王朝の成立という外圧とともに、内的要因として存在したのである。したがってこの台頭する上層農民の視点から見れば、律令国家の成立は、共同体首長としての豪族からの独立を保障する、経済的・政治的基盤を提供したものであり、「社会的平等」の前進としての「公正の前進」を意味していたのである。

　上層農民の台頭という社会の変化を記述しないという欠陥はあるが、この点を踏まえて律令制度の成立を評価したこの教科書の記述は、この意味で先進的なものといえよう。

> 注：これはこの教科書が歴史を国家の発展史ととらえることから生じている。また、上層農民の台頭を記述しなかったのも、この国家の発展史という観点から生まれており、これはこの教科書の社会史への目配りの欠如という、皇国史観・大国主義・女性蔑視などと並ぶ、この教科書の根本的欠陥を生み出す元でもある。

　なお、山上憶良の「貧窮問答歌」について一言付言しておこう。この歌は彼の筑紫国司や石見国司としての実際の経験に基づくものであるとはとうてい思われない。この歌がどんな状況で詠まれたかというと、大和での政争に破れ太宰府に事実上配流された大伴旅人を囲んで、かつての倭国の都である太宰府で、

その滅び去った倭国の運命と自分たちの運命とを重ね合わせて歌を詠んだ中で詠まれたのである。山上氏は百済の遺臣であり、その初代は税を免除されたものの、慣れぬ土地での開墾作業や百済貴族としての地位を失っての苦労は並大抵のものでなかったであろう。したがって、山上憶良の「貧窮問答歌」は、この亡命百済貴族の末裔としての自身の運命を象徴的に歌ったのものと考えられる。

　さらに奈良時代の資料に散見する「逃亡」の問題であるが、逃亡の資料と戸籍とを比較すると、逃亡者の総数がその郷の戸籍人数の総数を越える例があることや、逃亡者を出した家族には旧来の地方豪族につながる家系が見られることなどから、「逃亡」とは豊かな階層の税金逃れのための方便と考えることもできる。

(3) 露骨な「大国主義」の発露＝年号・律令問題

　しかしこの比較的詳しく進歩的な記述の中にも、意図的な歴史改変をするところがこの教科書の問題点である。教科書の記述を見よう（p 54）。

> 　東アジアで、中国に学びながら独自の律令を編み出した国は、日本のほかにはない。新羅は、唐の律令の中から自国に役立つ内容だけを拾い出して用い、みずからの律令をつくろうとしなかった。わが国では、日本という国号が定まったこの時期以来、年号が連続して使用されるようになった。一方、新羅は唐の年号の使用を強制され、これを受け入れた。日本における律令と年号の独自性は、わが国が中国に服属することを拒否して、自立した国家として歩もうとした意思を内外に示すものであった。

　この記述は、事実のある側面のみを描き、その背景となる事実をまったく隠すことで事実の本来の意味を押し隠し、自己の主張が歴史的に正しいかのように歴史を改変した見本のようなものである。

　そもそも6世紀の東アジアでは、多くの国が中国とは独自の年号を持って

いた。日本、正しくは太宰府に都を置く倭王朝は、少なくとも522年には「善記」という年号を持っていた。つまり天皇を名乗った筑紫君磐井の時代である。そして新羅もまた同じ時代に独自の年号を持った。536年（法興王23年）のことである。どちらも独自の年号を持ったのだ。おそらくこれは中国が南北朝時代であり、中国の正統な天子の力が地に落ちていたことを背景にしていたのであろう。

　しかしこの流れは、唐帝国の成立とその国土の拡大によって阻止される。

　649年、唐の太宗皇帝は新羅王に対して独自年号を持っていることを難詰し、新羅は翌650年独自年号を廃止して唐の年号を使い、その4年後の654年、唐の冊封下に入った。だが倭王朝は独自年号を使いつづけ、唐とも対立した。その結果が661年から663年にわたる唐との決戦（その終末が白村江の戦い）であり、倭王朝は事実上滅び、日本列島の代表王朝は大和王朝に替わった。

　新羅と日本とがことなる道を歩んだのは、中国の統一王朝としての唐との地理的な位置関係と政治的な位置関係の違いによる。

　日本はなんといっても中国との間に朝鮮半島と海を挟み、この二つが強大な中国の直接的支配に対する防波堤の役割を歴史的に果たしてきた。そしてこの7・8世紀の場面では、唐王朝と戦火を交えた倭王朝が滅亡し、唐への恭順を図った大和王朝の出現が、唐の直接圧力を受けない一つの要因であった。このことが一つの理由となって白村江の戦いのあと唐が日本に侵攻しなかったのだが、これにはもう一つ根本的な理由がある。それはこの教科書も前の項目で書いているが、唐が百済を攻めたのはあくまでも唐と戦火を交えている高句麗を南から牽制する勢力である新羅を強化するという目的であり、新羅と協力して百済を攻め、唐に恭順する新政権をつくればそれで唐の目的は達せられていたのである。唐王朝としては、あとは新羅に南から牽制させて敵対する高句麗を攻め滅ぼし、そこに唐に従順な新高句麗をつくればよかったのである。そして伝統的に中国の王朝にとって、日本列島の住民は僻遠の地に住む蛮族であり、その服属が王朝が天から承認されている証とされる程度の重要性しかなかったことも、日本が中国の直接支配を受けない理由でもある。

　しかし朝鮮半島は違う。中国と直接国境を接しており、しかも満州を経由してこの地は、中国の中原と呼ばれた大農耕地帯をうかがう遊牧民族の流れを

汲む国々が成立し、そのために中原を支配した王朝としばしば戦火を交えてきたのであった。しかもこの7・8世紀において朝鮮半島北部から満州の一部を支配した高句麗は強大で、これとの戦に負けたことがあの秦・始皇帝の権力の崩壊にもつながった故事が再来し、高句麗との戦に負けた隋王朝は滅亡したのであった。

したがって隋に代わって統一権力を握った唐は、その威信をかけて高句麗を攻めたが攻めあぐね、西方の突厥との戦が一段落した7世紀の中ごろに、唐は百済の圧迫からの救援を求めた新羅の求めに応じて百済を攻め、高句麗を南から牽制しようとしたのであった。そして新羅の援助を得て百済を亡ぼしてそこに熊津都督府を置き、続いて新羅の協力を得て倭王朝と戦ってこれを破り、さらに高句麗を滅ぼしたのだった（668年）。

新羅が650年に唐の要求を入れて独自年号を廃止したのは、このような流れの中で百済、高句麗、倭という強国に抗して国を維持し発展させる必要から唐の援助が不可欠であったからである。

だがここで唐王朝の半島政策に狂いが生じた。唐に従順でそれに従ってきたはずの新羅が唐に抵抗し、高句麗再興を目指す高句麗の遺臣たちを援助し、そのことによって高句麗の故地を併合するとともに、熊津都督府を攻めて、百済の故地の唐軍を駆逐し、百済の故地を併合した。北は満州の一部から南は対馬海峡に至る強大な国家としての統一新羅を樹立したのである。672年のことだった。

この新羅の動きに対して唐は軍事行動を起こし、戦いは676年まで続いた。しかし唐の遠征は失敗し、676年に新羅が唐に謝罪し、唐は高句麗の地に置いていた安東都督府を遼東半島に移し、朝鮮半島の領有を新羅に認めて終わった。

新羅が日本とは異なり唐の年号を使用したのは、こうした軍事的緊張関係が続く中で選択されたことであり、日本とは置かれた状況が違ったのである。また新羅が独自の律令を作らなかったのは、この国は朝鮮半島の中では遅れて発展したため王権の力が弱く、貴族の合議で政治が行われており、皇帝の専制と官僚制を基盤にした律令制度はまだ充分に適用できなかったからである。この意味では新羅の律令制と日本の律令制とは実質的には同じであり、新羅よりは早くから律令制を適用し、日本の現実に合わせた律令を作り上げていた日本と、

遅れて新たに律令制を取り入れた新羅というように、律令制を取り入れる形が違っただけである。

ともあれ、こうした国際情勢や国内情勢の違いを無視して、日本と新羅とを同列において形式的に比較し、そのことをもって「日本は独立の道を選び新羅は服属の道を選んだのは、その意思の違いに原因がある」という評価をすることは、「日本は朝鮮より優れている」と考えたい大国主義と朝鮮蔑視の思想を丸出しにしたものである。

また、一つ付言しておくが、日本独自の律令といわれるものは、じつは百済の律令を真似たものである。早くから中国の官制を取り入れていた百済は、貴族の合議制という実態に見合った律令を作ろうとしていたのであり、早くから独自の年号も持っていた。この百済と古くから連合しかつ対抗してきた九州の倭王朝もまた早くから百済の例に学び、律令を取り入れ年号も独自のものを使っていた。それは、522年の善記という年号から始まり、698年の大長まで32に及んでおり、その中には有名な「白鳳（661〜683）の年号も見えている。そしてこの倭王朝の最後の年号は「大化」であり、これが終わったのは700年。その翌年の701年、大和王朝は初めて独自年号「大宝」を制定する。ここに日本列島の統一王権は、九州倭王朝から大和王朝に代わったのだ。

この大和王朝が新羅とは異なって独自年号を使い続けられたのは、唐と日本の間に、半ば唐に敵対的な新羅という国があったからで、大和王朝＝日本国の唐への服属は、新羅に対する南からの抑え＝「同盟国」であり、大唐帝国が天の意思に適っている証左と考えられたという特殊な状況があったからではないだろうか。

新しい歴史教科書の記述は、このような事実をも押し隠し、「日本だけが優れている」という自民族優越主義を、歴史を改変することで主張しているだけなのだ。

（4）社会史の視点の欠如＝政治主義的記述

さらにこの教科書の根本的欠陥が、この項目の記述にはよく現れている。先

に述べた、律令制の成立の意味の問題で、この教科書は「律令制の成立は、公正の前進を意味した」と抽象的に記述するだけで、全国一律の法体系と平等な土地の分配制度成立の背景には、神話的血縁・地縁共同体から上層農民が自立し始めていたという社会の変化があったことを記述していないことを指摘した。

したがってこのような記述からは、政治的な制度の変化の背景には、必ず社会の大きな変化と社会的闘争があるという歴史の命題が捨て去られ、表面的な政治史・国家史の叙述に歴史が切り縮められてしまうのである。

さらにこの教科書の社会史の視点の軽視の態度は、律令制下の「公民」を「農民」と言い換えて何の疑問も抱かないところにもよく現れている。

網野善彦の研究以来、中世・近世において「百姓」といわれてきた人々は、農民も含む商業民や手工業民、そして漁民や海民などの多様な人々からなっていることが明らかとなっている。そしてこのことは古代において使われた「百姓」も同様であることが分かっている。そしてさらに律令制はこの多様な人々を、税の基準を田地と稲に置くことにより、公民＝農民という図式に等値して、その支配体制を維持したことも、さまざまな研究からあきらかになりつつある。公民を農民とおきかえた教科書の記述は、律令制の仮構をうのみにしたものにすぎない。

またこのような研究はさらに、「公民」に相対する「賤民」についても、単に差別された人々ではなく、その中には「神の奴婢」といわれ、その神性によって人々から怖れ遠ざけられた人々がいた可能性も指摘している。それは例えば、万葉集に読まれた「つるばみの衣の人」は、この「神の奴婢」である可能性があり、公民がこれになりたいと歌った意味は、これらの奴婢が様々な義務を持たないことをうらやんだだけではなく、神の奴婢として人々から怖れられかつ敬われていたその存在そのものへの憧れであった可能性もある。さらにこの神の奴婢の対極にいる天皇の権威も、それが神に近い存在で、神と人間とをつなぐ特殊な能力を持った存在として人々に認識されていたからこそその権威があることも明らかになりつつある。

新しい歴史教科書は、近年進展している社会史の研究成果をほとんど無視し

ている。そしてこのためにその記述はどうしても政治史・国家史に偏ることとなり、その政治史や国家史が社会に深く根ざしている側面を充分には描けないのである。

　この律令国家の出発の項目は、「つくる会」教科書の長所と欠陥の両者を見事に示している。

> **注**：05年8月の新版は、旧版の記述の中で私が「優れた点」「問題点」として指摘した部分を全て削除するか大幅に記述を削ってしまった。すなわち、新羅と日本とを比べて独自の年号・律令を持つか持たないかで優劣を決めたかのような記述は大幅に簡略化され、ただ一言「唐に朝貢していた新羅が、独自の律令ももたなかったのに対し、日本は、中国に学びながらも、独自の律令をつくる姿勢をつらぬいた」と記述した（p 42）。しかしこの記述の「朝鮮蔑視的」性格は変わらない。また日本の律令と中国の律令の違いを示し、日本は「天皇専制」ではなく「君民共治」という貴族と天皇の合議制であったという優れた記述は全面削除されている。従ってここで古代日本の政治制度の特色を深く学ぶことは不可能になってしまった。さらに、公地公民制が持つ「公正さ」の前進という側面の説明も大幅に簡略化され、「律令国家のもとでは、公平な統治をめざして、公民の原則が打ち立てられた」という記述になり、旧版よりもさらに意味不明な記述となっている（p 43）。これはあいかわらず社会経済史的視点が全く無いこととあいまって、この時代の特色をつかみにくくしている。新版の改定は、「角をとる」という方針の下で、他の教科書と違って踏み込み優れた記述がなされていた部分がかえって改悪され、その民族主義的な主張だけが残る結果となっている。

> **注**：この項は、前掲佐藤進一著「日本の中世国家」、古田武彦著「壬申大乱」などを参照した。

15　聖武朝は新王朝「日本国」の皇位継承の危機の時代であった

　「律令国家の出発」の後半は「律令政治の展開」と題して、奈良時代政治史の概略を記述している。しかしその記述は、この教科書が日本史における天皇の存在を強調する割には極めて平板な、通説的理解に止まっており、この20年間の天皇制研究の成果を全く取り入れていないものであるとともに、天皇家至上主義をただイデオロギー的に吹聴しているだけであることを極めて見事に示している。

（1）天皇制の歴史の中で特異な位置を占める聖武朝

　奈良時代政治史は、日本天皇制の歴史の中でも特異な位置を占めている。とりわけその中心人物である聖武天皇は、天皇としてはその行動は異常であり、不可解な人物として知られる。

　その第1は「幼年の皇太子を立てた」こと。彼は后の藤原光明子との間に出来ただ一人の男子である基王をわずか生後3ヶ月で立太子させた。これまでは次の天皇である皇太子は、成年に達した者でなければならなかった。そして基王は半年後夭折した。
　その第2は「男の天皇では初めて生前に譲位した」こと。これまでの天皇は女帝を除き、死ぬまで天皇を勤めるのが通例であった。だが彼は生前譲位し、上皇として初めて権力を振るった。
　その第3は「娘を立太子させ、その娘を即位」させた。聖武のあとを継いだのは女帝の孝謙である。しかも彼女は、女性としてはじめて皇太子となったあと天皇になった。普通女帝は、天皇の後継ぎがいないときの危機管理者として、前天皇の皇后や皇女が即位する。しかし聖武天皇は皇太子として娘を立太子さ

15 聖武朝は新王朝「日本国」の皇位継承の危機の時代であった 143

せ、そして彼女に天皇位を譲ったのである。このとき、孝謙天皇の次の天皇候補は決まっていなかった。

　その第4は、「在位中に反乱・謀反」が多いこと。彼の在位中には天皇位を狙い謀反を起こしたとして処断された長屋王や、反乱を起こしたとされる藤原広嗣など、高位の者が処断される場合が多い。

　その第5は「仏教に帰依し、在位中に出家」したこと。仏教に篤く帰依した天皇・皇族は聖徳太子の例のように何人もいる。しかし聖武は在位中に出家して、自ら「仏弟子」を称し、巨大な大仏を作らせた。この仏教狂いは異常である。

　そして聖武天皇の天皇としての異常さはそのまま娘の孝謙天皇に引き継がれ、天皇の仏教狂いは「道鏡の天皇擁立事件」として極まった。また孝謙女帝の在位中は謀反が多く、孝謙天皇はその謀反に関わったとされる周辺にいた天武系王族を根絶やしにせんばかりの異常な粛清を行い、そのはてに次の天皇を決めず、皇太子も決めないまま死去した。

　この2代にわたる天皇の異常さを抜きにして奈良時代の歴史を見ることは出来ないのに、従来の教科書はこの件についてはまったく記述しなかった。しかし河内祥輔にはじまるこの20年間の天皇制研究は、この奈良時代政治史の謎を見事に解き明かし、天皇という存在の意味を見事に解明しつつあるのに、「つくる会」教科書もまたこの研究成果をまったく無視しているのである。

　では、その謎はどう解明されたのか。次に教科書の記述に沿って明らかにしておこう。

(2) 解き明かされた「聖武天皇」の異常さ

教科書は聖武天皇について次のように記述している（p 57）。

　聖武天皇の治世（724〜749年）になると、疫病や天災がたびたびおこり、土地を離れ逃亡する農民も増えた。朝廷は、開墾を奨励し、それまで国家の統治がおよばなかった未墾地も規制するために、743年、墾田永年私財法を出して、新しく開墾した土地を私有地にすることを認めた。この法律は、人々

の開墾への意欲をかきたて、水田の拡大につながった。しかし、有力な貴族や寺院、地方豪族などが逃亡農民を使ってさかんに私有地を広げたので、班田収受法はしだいに厳格には行われなくなった。
　聖武天皇は、仏教に頼って国家の安定を祈願し、全国に国分寺と国分尼寺を建て、東大寺の大仏をつくる詔を出した。

　この表現は多くの教科書に共通した記述であるが、これでは聖武天皇は「自ら班田収受の法＝律令制をこわすことをはじめ、国家の安定のために多大な私財と労力をかけて多くの寺をつくり、人々に多大な負担をかけた」天皇という理解になってしまう。教科書の著者としては人々のことを考えた慈悲深い帝王というイメージで書いているのだろうが、そう理解することは現代の目では不可能であろう。

　では真実は何であったのか（巻末資料系図5「天武王朝」参照）。
　河内祥輔の研究によれば、聖武天皇は生まれながらにして「天皇の資格に欠ける」天皇と貴族全般に認識され、天皇自身もそのコンプレックスを抱いていて、その克服に生涯をかけた。したがって彼のなしたことはすべて、この天皇としての資格を確立するためになされたと理解すると、極めて合点が行く。
　天皇は「その両親ともに天皇の子」という血筋がその継承の資格と貴族たちに認識されていた。聖武天皇の母は藤原氏の出であり、彼は天皇の資格を満たさなかったが、天武―（草壁）―文武と続いた皇統の唯一の継承者だったので、諸貴族もしかたなく彼の皇位継承を承認した。したがって彼には天皇の資格を満たした子どもをもうけることが至上命令であったのだが、彼の前には3代にわたる女帝が続き、彼の父文武には子どもは彼しかいなかったので異母姉妹もおらず、彼には妻とすべき適当な年齢の皇女がいなかったのである。
　そこで彼が考えた策は、新しい天皇の資格を作りだすことだった。そしてそれは「藤原氏の出の后を母とする」というものであり、藤原光明子との間のただひとりの男子である基王を後継とし、この息子の成人とともに位を譲り、自分は上皇として権力を振るい、自分の子孫に皇位を伝えようという目論見であった。しかし728年、基王は1歳にならずに死去し、彼の構想は挫折した。

ここに天皇の資格を持った後継者がいないという事態が生まれ、奈良時代政治史はこれ以後、桓武朝の成立まで30年以上にわたって不安定になった(「藤原氏の出の后を母とする」ことを「天皇の資格」にするというアイデアは聖武天皇のオリジナルではない。彼の父文武が即位したとき彼にめあわすべき皇女が存在しなかったときに、その祖母である持統天皇などが考えたことであろう)。

この事実を背景に聖武天皇の行動と彼の在位中の出来事を考察すると、謎は一気に解けていく。

(3) 聖武の野望の展開と挫折—奈良時代政治史の基調—

ではそれはどう理解されるのか。先に挙げた五つの不可解なことを一つ一つ検証してみよう。

第1の「幼年の皇太子をたてた」ことは、新しい条件のもとで自分の直系の子孫に皇位をつがせようとする動きを貴族たちに承認させるためである。しかしこれは皇太子の死によって挫折した。

第2の「生前譲位」であるが、これはこれ以前の744年に聖武天皇の残されたただひとりの男子である安積王(彼は母の身分が低いので皇位継承は困難ではあったが)が死去し、聖武天皇の直系の子孫に皇統を継がせることが不可能になったことと関係がある。この事態に直面した聖武天皇は娘の井上内親王を伊勢の斎宮から呼び戻し、天智の子孫なので皇族の片隅にいた白壁王(後の光仁天皇)に嫁がせ、2人の間に生まれた男子を次の後継者にしようと考えた。だがすぐには男子が生まれなかったので、聖武天皇は次代の後継者を恵まれることを仏に祈って、自らを仏弟子とし、諸国に寺をつくったり、大仏を建立したのである。普通大仏の建立とは「国家の安定」のためと解釈されているが、この時代の天皇にとっては「国家＝天皇」であり、「国家の安定＝皇位の安定」であった。したがって彼が次々と都を移すという「狂気」の沙汰にでたのも後継者がいないという不安から出たのであり、大仏建立の詔の直前に出されたあの有名な墾田永年私財法も、大仏建立に私財を寄付することを促した流れの中

において捉え、私財寄付・聖武皇統の承認と引き換えに土地の私有を認めたと理解できるのである。また同じく彼が仏教に異常に深く帰依したという第5の謎も、これで理解できる。

しかし一向に次の後継者が生まれない中で失意に陥った聖武天皇は、失意から皇位を離れるという意味で生前譲位し、さらに後継者が生まれるまでの危機管理者として娘を女帝として即位（孝謙天皇）させた（第3の謎の意味はこれである）。

第4の謎である「反乱・謀反」の多さは、天皇の資格にかける聖武天皇が、天皇の資格を持った後継者がいないという状況をもとに考えれば理解できる。当然皇族や貴族たちは次の天皇を考え始めたであろう。聖武天皇以外にも天武系の有力な皇族は何人もいたのだから。そして聖武天皇の側は逆に、この有力な皇族を排除することを考えたであろう。有名な長屋王の変は、あの基王が死去した次の年である。

聖武天皇のおばである吉備内親王を后とし、自身も天武天皇の第1皇子の高市皇子を父に持つ長屋王は親王の位をもち、2人の間には男子が3人いた。長屋王は聖武王朝をおびやかす最右翼として「謀反」の嫌疑をかけられ抹殺されたのである。そして此れ以外の謀反事件はすべて、孝謙天皇在位中のものも含めて全て、聖武系以外の天武系の皇族を根絶やしにする所業だったのである。

この聖武天皇のなりふりかまわない行動にもかかわらず、ついに彼の生前には後継ぎは生まれず、彼の構想は実現しなかった。しかし娘の孝謙天皇はその構想をあきらめず、父の理想を継承してさらなる皇族の殺戮を行った（孝謙の動きについては第20節と第32節で詳述する）。

（4）なぜ天皇制研究の成果をとりいれないのか？

古代史を天皇家の皇位継承を焦点として記述してみると、古代史の謎が次々と明らかになる。そしてこのことを通じて雲の上の存在であった天皇がひとりの肉体と欲望を持った生身の人間として生き生きと動き出すことが理解されるだろう。近年の天皇制研究は天皇を一個の政治的意思を持った人間として捉え、彼の行動を自己の直系皇統を作ろうという意思に基づいたものと考えるこ

とで、古代政治史を今までよりも生き生きと描くことに成功した。

しかしこの研究成果は、いまだに教科書において採用されたためしはない。これはこの新しい歴史教科書だけではなく、すべての教科書でいえることである。なぜであろうか。

事態は簡単である。戦後の教科書の執筆者を担った人々は左翼的な人々か民主主義派保守ともいうべき人々であった。この人々にとっては天皇制の問題はタブーであった。一つはあの暗い侵略戦争の思い出ゆえに。そして天皇の戦争責任をあいまいにして戦後日本を出発させたことによって。したがって憲法の冒頭に規定された「日本国民の統合の象徴」という意味も深く追求されなかったし、天皇の歴史上で果たしてきた役割についても研究されてこなかった。そしてこの傾向は今も続いているのである。

では、天皇中心の歴史を描こうとしている「つくる会」の人々はどうであろうか。

これらの人々にとっても、天皇は一つのタブーなのである。神聖不可侵の存在であり、絶対的な権威を持つ天皇を研究するなど、彼らにとっておこがましいことなのである。彼らにとっては天皇は常に国と国民のことを考えている慈悲深い君主であらねばならない。そしてこのことはとりわけ昭和天皇についてその人間性についてまで教科書で記述する彼らの姿勢によくあらわれている（現代の章のp306人物コラム「昭和天皇――国民とともに歩まれた生涯」。05年8月の新版ではp225参照）。

したがって彼らにとって、天皇は「自分の皇統が続くこと」を第一義として行動し、「それを妨げるものを暴力的に排除する」ものであるなどという研究成果を認めることなどもってのほかなのである。それでは天皇の行動の意味が白日のもとに晒されてしまい、彼がよくいう国家とは天皇自身のことであり、国家の安泰とは天皇自身の安泰とその皇統の安泰を意味するなどということが明らかにされてしまうと、天皇の持つ「神性」が汚されてしまう。例えばこの原理をもとに昭和天皇が大戦において取った行動を分析し、終戦の詔勅なども詳細に分析すれば、彼が国民の行く末などは全く案じてはおらず、皇統を伝えることしか考えていなかったことが明らかになり、「国民とともに歩む天皇裕仁」という虚像が崩壊するのである。だからこの教科書は、天皇制研究の成果

を完全に無視するのである。

(5) 大義名分としての天皇制・従わぬものはすべて「平定」の対象

　この新しい歴史教科書が日本は古来から天皇の統治下にあったという命題を証明などせずに大義名分として掲げていることは、日本の歴史を正確には描けない原因となっている。その一つの例がこの「律令政治の展開」の項に出ている。
　教科書は奈良時代を次のように描いている（p 57）。

　　　東北地方には蝦夷とよばれる人々、九州南部には熊襲または隼人と呼ばれる人々がいて、古くから大和朝廷に服従しなかった。しかし、律令国家が順調に進展するにつれ、北も南もしだいに平定が進み、琉球諸島の最南端の信覚（石垣島）や球美（久米島）の人々も、早くも 8 世紀初頭に平城京を訪れ、朝貢した。

　この記述のしかたただと南は朝貢してきたのはわかるが「北は？」と言いたくなるが、その問題は後にして、この記述の一番の問題点をまず指摘しておこう。それはここで使用されている「平定」という言葉である。
　平定という言葉は「従わないものを従わせる」という意味に辞書などでは解説しているが、これは本来大義名分論に立つ政治的用語である。
　つまり、「従わないものを従わせる」ということは「本来従わなければいけないものが従わないので、実力を持って従わせる」という意味で、平定する主体に対して従うのが当然であるのに従わないから武力で屈服させるという意味なのである。言いかえれば日本列島やその周辺地域を統治する権限は大和朝廷に本来的にあるのに、蝦夷や熊襲や隼人やそれ以南の島々がしたがっていないから武力で征服したのは正当な行為であるという意味になる。
　この言い方がすごく放漫なものであることは、平定される者の立場でものを考えてみればすぐわかる。蝦夷や隼人は自分の国を持ち、（大和よりまだ制度が整っていなかったかもしれないが）そのもとで暮らしていた。そこへ隣国である大和が勝手に蝦夷や隼人の土地や民に対する統治権を標榜して押し寄せ、

抵抗するものを武力で征服した。そして以後、大和の権力に反抗するものは「反乱」と見なされ武力討伐＝平定の対象となる。これがいかに大和中心の歴史観であるか、そして天皇中心の歴史観であるか。明らかであろう。

　事実はこうである。
　8世紀になっても蝦夷は大和の支配には屈していなかった。かなり以前から繰り返し九州の倭王朝の侵略を受け、その圧倒的な武力の前に屈服していた蝦夷の人々は670年の倭王朝の滅亡と天智朝のもとの日本への転換を一応平和裏に受け入れてはいた（日本書紀の天智以前の蝦夷の記事は全て九州の倭王朝の出来事を挿入しただけである。大和の正史である古事記には蝦夷は倭建との交渉以外には出てこない）。
　しかし天武朝以後の日本は関東甲信越の民を次々と陸奥や出羽という蝦夷の国に武装植民させ、あちこちに「柵」と呼ばれる軍事拠点を置きながら蝦夷の地域を侵食していた。それに対して蝦夷の人々は、大和において天皇の資格をもたない聖武天皇が即位するや、公然と武力蜂起し、以後大和との間は戦闘状態になっていった（これは桓武天皇が即位し、その皇統が安定し、大和が全力をあげて蝦夷を「討伐」するまで続く）。
　しかるにこの新しい歴史教科書はこの事実を隠し、日本列島南端の島々の民が使節を平城京に送った事実だけを取り上げて「南北ともに従わぬものを平定した」かのような印象を読者に与えようとしている。ここでも歴史は改変されている。
　さらに付言すれば、熊襲は九州南部ではなく九州北部の倭王朝を指すことばであり、南九州の隼人はかなり以前に倭王朝によって武力征服されていたことは、倭王朝の歴史書から盗まれて日本書紀の景行天皇の段に挿入された九州征伐の条に詳しく描かれている。
　日本書紀が隼人のことを語る最初は、巻7の景行天皇12年7月から始まる「熊襲征伐」であろう。この話は筑紫から始まって豊・日向・火の国という九州一円を「征伐」した話しである。古田武彦によれば、これは九州王朝の初期の王による中部・南部九州の征服説話を書記の編者が景行の時代に当てはめたものだという。この説話で熊襲と呼ばれているのは、日向の国の「朝廷」に従

わぬ者たちのことであり、これは後に隼人と呼ばれた者たちのことであろう（隼人の語そのものは神代記にある）。書紀では日向の国の元の名を「襲の国」と呼んでいる。

　隼人の語の初出は、巻12の履中天皇紀の瑞歯別皇子（後の反正）が仲皇子を従者の刺領巾に殺させる話し。この従者が「隼人」とされる。次は巻15の清寧紀の雄略天皇を埋葬したときの話し。このとき近習の隼人たちが大きな声で泣き叫んだとされる。また清寧の3年に天皇が囚徒を訪ねたとき、「蝦夷・隼人」も付き従ったとある。次は巻19の欽明紀。元年の3月に「蝦夷・隼人が仲間を伴って帰順した」とある。次は巻29の天武紀。11年7月に隼人がたくさん来て国の産物を奉り、大隈の隼人と阿多の隼人が相撲を取ったという記事。次は巻30の持統紀。元年の5月に天武天皇のもがりの宮で「隼人の大隈・阿多の首魁がそれぞれの仲間を率いて天皇を讃える言葉を述べた」という記事。次は6年の5月、「大隈・阿多に僧を遣わして仏教を伝えよ」という命令。次は9年5月に隼人に饗宴を賜り、隼人の相撲を見たという記事。ここまでは平和的に隼人が服属するという記事であり、隼人が倭の統治下にあったことを示すのであろう（大和も倭の統治下にある一分国である）。

　そして次が続日本紀の巻1文武紀の4年（700年）6月、いきなりここに「隼人征討」が出てくる。「薩摩の衣評の督（えのこおりのかみ）や助督（すけ）らに率いられた者たちや肝衝の難波に率いられた肥人（くまひと）らが朝廷の使いを脅して物を奪おうとしたので、筑紫の惣領に命じて処罰した」という記事。そして大宝2（702）年8月に薩摩征討の記事が出て「薩摩と多ね（種子島）は王化に服さず政令に逆らっていたので兵を遣わして征討し、戸口を調査して常駐の官人を置いた」と。そしてその年の10月に「薩摩の隼人を征討完了」の記事があり、以後は隼人が国の文物を献納する記事に変わる。しかし「反乱」がこのときで終わったわけではない。巻6元明天皇の和銅7（714）年3月の記事にも「隼人は法令に従わない。よって豊前の国の民を200戸を移住させる」という記事があり、東北の蝦夷の地域と同様に、薩摩・日向の隼人の地域に植民をおこない、かの地を併合しようとしていることがわかる。さらに養老4（720）年2月に大宰府から急使があり「隼人が反乱し大隈国司を殺害した」と伝えられ、3月大伴旅人を大将軍とする「征討軍」が発向し、「征討軍」が帰還したのは養老5（721）年7月であり、

斬首・捕虜が1400人あまりという。

　この文武天皇の時に始まる8世紀初頭の「隼人」反乱とは何であろうか。ときあたかも同時に起きたようにして、東北の蝦夷の和銅2（709）年と養老4（720）年9月と上記の九州南部の隼人の「反乱」が起きる。そしてこれは神亀元（724）年の聖武天皇即位直後の蝦夷「反乱」（これも国司殺害から始まる）や天平12（740）年の藤原広嗣の乱での隼人の「反乱」にまでつながって行く。

　ヒントの一つは、700年に「朝廷」の使いを脅した隼人の首領の一人の名が「衣評の督」とされていること。この「評」は、古田武彦によれば、九州倭王朝が全国的に敷いた律令に基づく行政区画である。つまり700年以前に隼人の領域は、倭王朝の統治下にあったということだ。また蝦夷と隼人の「反乱」はどちらも701年の大宝律令の発布によって藤原京に都する日本国朝廷が、太宰府に都した倭国朝廷に代わって正式に日本列島を統治すると宣言した前後のことである。どちらも倭国の滅亡を画期としてその支配からの独立を図ったものであり、日本国朝廷による列島支配の正統性に疑問を基礎にしたもの。とりわけ、文武から聖武への王位継承の正統性のなさに根拠をもったものであっただろう。まさに帝王聖武の治世は、東西の「夷の反乱」に彩られていたのである。

（6）7世紀始めには、すでに日本全国で貨幣が流通していた

　最後に、奈良時代という時代を理解する上で大事な問題を提示しておこう。それは貨幣流通の問題である。
　教科書は次のように記述している（p 57）。

　　諸国から金銀銅が献上され、唐にならって和同開珎という貨幣も発行された。

　これだけの記述であるが、この書き方は今までの教科書の記述とは違っている。従来はこの和同開珎の記述には「日本最初の貨幣」という言葉がついていたのだが、この教科書はこの一言を削っている。

これは最近奈良の飛鳥池の遺跡から貨幣鋳造工房が出現し、そこから「富本銭」という和同開珎より古い貨幣が大量に、その鋳型とともに出土したという事実を反映している。そしてこの富本銭は、天武天皇の12年（683年）の「銅銭を用い銀銭を禁ずる」という布告の「銅銭」にあたるとされ、この富本銭こそ、日本最古の貨幣とされる見解が学会で有力となったからである。

だが問題はここで止まらない。この天武の布告をよく読めば、銅銭は銀銭にかわって流通すべきことが布告されたのであり、これ以前に銀銭が流通していた事実が浮かび上がってくるからである。しかし古代史学会はここで立ち止まっている。多くの学者は富本銭をもって日本最古の貨幣というに止まっているのである。

なぜか。それは日本書紀には天武以前には貨幣を発行したという記事がないから、この布告にある「銀銭」が意味不明となるからである。

しかしその銀銭は存在した。しかもそれは全て銀1両の4分の1の重さを持ち、円形で中央に穴があいた貨幣で、どう考えても統一権力が鋳造し流通させたものとしか考えられない貨幣である。名づけて「無文銀銭」。

そしてこの銀銭が富本銭や和同開珎に先だって全国的に流通していたとすると、富本銭がすぐに忘れ去られ発行されなくなった事実や、和同開珎が当初は銀銭として鋳造され、これが先行する銀銭と等価値で流通されようとして失敗したこと、さらにこの和同開珎銀銭の10分の1の価値を持って和同開珎銅銭があとから発行されて流通させようとして失敗した事実が、極めてよく理解できるのである。

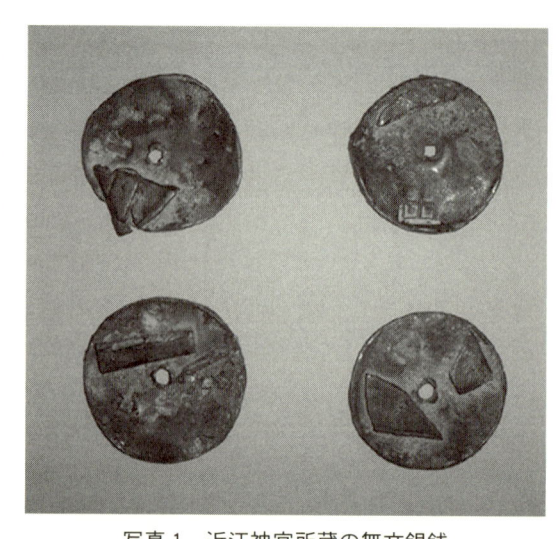

写真1　近江神宮所蔵の無文銀銭

15 聖武朝は新王朝「日本国」の皇位継承の危機の時代であった

　無文銀銭は銀１両の４分の１の重さがあり、銀地金としても銀１両の４分の１の価値がある。しかし和同開珎銀銭は銀の重さは無文銀銭の重さの３分の２しかない。つまり奈良の朝廷は３分の２の価値しかない新しい貨幣を今までの貨幣と等価値として流通するよう強制しようとしたのである。そしてその実績の上に、和同開珎銀銭の10分の１の価値しかない銅銭を流通させようとしたわけだが、これはどう考えても江戸時代に幕府が粗悪な貨幣を大量につくって流通させ、その金の差額の分だけもうけようとした政策とおなじである。

　だから人々は和同開珎を使わなかった。このため朝廷は、本来貨幣政策としてはやってはならない方策である蓄銭を奨励し、たくさんの和同開珎を蓄えた者には官位を与えるという無茶な方法をつかったり、官吏の給料は和同開珎で支払うという強行策をとったりしたのである。

　しかし結局和同開珎銅銭はそのままでは流通せず、銀銭との交換比率を当初の１：10ではなく、１：20ないし１：30の比率に下げて、つまり貨幣としての価値を実態に合わせることと、一度は禁止した銀銭の使用を許すことにより、ようやくにして和同開珎を流通させることができたのである。

　つまり和同開珎よりもその前に銀銭が流通していたということを事実として仮定してみると、従来疑問であった和同開珎発行流通をめぐる謎の多くが氷解するのであり、先行する銀銭である無文銀銭は奈良の朝廷の威光をもってしても、駆逐できないほど全国的に流通した貨幣であったのだ。

　この事実を著書の「富本銭と謎の銀銭―貨幣誕生の真相―」で指摘した今村啓爾は、「無文銀銭はその統一された形や重さ、そして奈良の朝廷の威光をもってしても駆逐できない貨幣としての流通力からして、統一権力によって発行された貨幣としか考えられない」と述べている。そしてその統一権力が誰なのかが不明としている。

　しかしこれまで、日本国の成立過程を、古田武彦の所説に従って記述してきた本稿をお読みのかたには、その統一権力が何であるかおわかりであろう。

　無文銀銭を鋳造し全国に流通せしめた統一権力は、九州は太宰府に都する倭国である。日本書紀に記述されない貨幣とは、倭国の貨幣以外にありえないのである。つまり白村江の敗戦で倭国が亡びたあとを受けて王朝を創設した天智

とそのあとをついだ天武。その天武以後の奈良の王朝がたびたびの禁令によっても駆逐できなかった無文銀銭は、あの倭国の貨幣であったのだ。

そしてこのことは社会史上で重大な問題提起を意味する。つまり7世紀末の富本銭の発行や8世紀初の和同開珎の発行以前の日本列島において、貨幣が発行され、それが全国的に流通していたという事実であり、日本における貨幣経済の定着は従来考えられていた平安時代末ではなく、おそくとも7世紀の初頭にまで遡るということである。

さらにこのことは、日本における前資本主義の発展の時期をめぐる論争にも大きな影響を与え、現物納付を基本とする律令体制が早くも平安時代初期、9世紀には変質を遂げてしまう社会的背景をも説明することになるであろう。

この教科書は、政治史に記述が偏り、社会史的観点が弱いことを先に指摘した。貨幣の発行とその流通のさまは、律令制が施行された当時の日本の経済・社会の状態を示す好例である。しかしこの教科書は、せっかくこの面に論及できる素材を持っていながら、それを生かしきれていない。和同開珎と富本銭、そして無文銀銭をめぐる問題は、この教科書の弱点をよく示している。

> 注：05年8月の新版の記述は、旧版とほとんど変わらない（p 44・45）。大きな変化は、旧版では後の「飛鳥天平の文化」の項に入っていた歴史書の編纂の記述が、この「律令政治の展開」の項に挿入されたことである（p 44）。だがその記述は旧版と同じく、古事記と日本書紀との違いを無視しており、公式の歴史書が持っている政治性を無視したものである（この点詳しくは、第19節を参照のこと）。また一部削除・訂正が施されたのは、大和朝廷に従わない辺境についての記述である。新版では、「九州には大宰府を置き、九州のとりまとめや、外交の窓口、さらに沿岸防備の役目をあたえた。東北地方には多賀城と秋田城を築き、蝦夷に備えた」という記述に替えられた（p 44）。九州南部にまだ服属しない人々がいることは全面的に削除され、東北の蝦夷は「備える」という間接的な表現になっている。さらに大宰府や多賀城・秋田城の記述は旧版にはまったくないもので、九州や東北が統治下にあったことを示す事実としてあげられたのであり、新版には大宰府の復元模型の写

真すら挿入されている。この記述だと日本列島のほとんどが大和朝廷の支配下に入ったかのような印象を受け、事実とは相違する記述となっている。なお大宰府がこの時期に置かれたものではなく（日本書紀にはその設置記事すらない）、九州の倭国の都であったことは、古田武彦の著作に詳しい。

注：この項は、前掲河内祥輔著「古代政治史における天皇制の論理」、古田武彦著「真実の東北王朝」（1990年駸々堂刊）、菊池勇夫著「アイヌ民族と日本人―東アジアのなかの蝦夷地」（1994年朝日選書刊）、今村啓爾著「富本銭と謎の銀銭 ―貨幣誕生の真相」（2001年小学館刊）などを参照した。

16　日本文化の国際的背景を示す：「日本語の確立」

　奈良時代政治史までを記述したあと、「つくる会」教科書は文化史の記述に入る。その最初が「日本語の確立」である（p58・59）。
　この部分の記述は他の教科書に比べてとても詳しく、他の教科書が2〜3行であつかっているところを、この教科書は2ページを使って説明している。日本という国・民族・文化の歴史とその独自性を強調してきたこの教科書の意図からは当然の帰結であり、これ自身には何の問題もない。
　いやむしろ、日本語の成立を詳しく記述することは、日本人の成立や日本という国の成立という問題と同様に、とても大事なことである。そしてこの大事な問題を看過してきた今までの教科書のほうが問題なのである。
　しかし、この教科書の記述は文字表記に偏っている。そこで書かれていることは仮名文字がどのようにして成立したかということと、訓読みという方法で、漢文で書かれた文字資料を日本人の教養に組み込むことに成功したということだけである。これでは「日本語の確立」という表題に反し、「日本語表記の確立」とした方が正しい。

(1) 万葉仮名成立に寄与した渡来人の役割の無視

「つくる会」教科書は最初に、万葉仮名の成立について詳しく述べている（p58・59）。

　文字のない社会であった日本が漢字に触れてから、自分たちの言語にこれを利用するまでには、4～5世紀にわたる長いためらいと熟慮と工夫の期間が必要であった。
　7世紀の末の藤原京の木簡に、イカやスズキを「伊加」「須々支」と記した音仮名の例がある。貢ぎ物として朝廷にささげる物産の名として書かれた文字である。日本語が、中国の文字を音に利用した一つの例といっていい。(中略：「古事記」「万葉集」が、万葉仮名という音仮名で書かれていることを実例をあげて説明)
　これらの例は、日本語と中国語がまったく別の言語であることをはっきり示している。古代の日本人は、日本語をあらわすさい、中国語からは音に応じた文字だけを借りた。やがて平安時代になると、万葉仮名のくずし字が発展して、そこから平仮名が誕生した。こうして、日本人は漢字の音を借りて日本語を表記する方法を確立した。

とても詳しい説明である。

①仮名を用いることは日本独自のことではない
　しかしこの記述は大事なことを見落としている。
　仮名はすべて、漢字の音を使用して、本来表意文字である漢字を表音文字的につかったことから始まっている。そしてこれは漢字を発明した中国自身ですでに使用されていたことで「仮借」とよばれている技法である。つまり、日本人は中国人が使っていた「漢字を表音文字として使う」技法を応用し、中国語とは全く違った言語である日本語をそのまま表記する方法としての仮名を発明したわけである。だがこの仮名は、日本独自で発生したものではない可能性が強い。

古代朝鮮の文字資料の残存状況が悪く、まだまだ研究が進んでいないのだが、古代朝鮮においても、漢字を表音文字として使用し、人名や地名の朝鮮語をそのまま表記した例が多々見られる。たとえば有名な高句麗好太王の碑文などがそれである。したがって漢字を表音文字として自国の言語を表現することは朝鮮でも行われていたのである。そしてこれは、モンゴルやチベットやウイグルという、漢民族の周辺にいて漢字文化圏に属する国々ではどこでも行われていたことなのだ。

　これは当然のことである。圧倒的な中国文明の影響力の下で様々な文化を取り入れざるをえないが、言語は民族が違う以上、別である。したがって最初は中国語をそのまま使っていただろうが、その後は中国の文字を借りて自国語を表現し、その後それを変形したものを生みだし、最後は中国の文字とは全く違った文字を生み出すのである。

　この意味で仮名文字の成立を、中国をかかえた東アジア全体の民族の動きの流れのなかでつかむことが大事だろう。

②朝鮮渡来人の果たした役割

　では、日本において日本語を表記するのに漢字の音を使う方法はどのようにして成立したのであろうか。

　日本でもかなり早い時期から文字＝漢字が使用されていた。漢や続く三国の時代に中国の王朝と通交していた倭の王たちは中国風の一字名を名乗り、皇帝に対する上表文を奉っていた。そして皇帝は返礼として彼を倭国王に任じ、それを示す印を下賜していたことは、有名な「漢倭奴国王」の印が示す通りである。また魏志に書かれている倭国の詳しい様子は、魏の使いが倭に至って実地に検分したことを報告しただけではなく、倭王である卑弥呼から魏の皇帝に対して詳しい上表文が奉られていたことを示している。

　つまり紀元前1世紀から後3世紀において、日本でもすでに漢字を使用し、漢文を理解できる人々がいたことがわかる。

　しかしこの漢字の使用と漢文の読解の知識は、倭人自身が中国から直接学んだものではない。それはこの時代連綿と続いた朝鮮からの渡来人の群が倭国にもたらしたものであることは、古事記や日本書紀に漢字が朝鮮からの渡来人に

よってもたらされたと記述されていることからも明らかであろう。

そうであればこの渡来人たちは、朝鮮においてすでに漢字の音を借用して朝鮮語を表記した方法を知っていたはずである。

朝鮮語は日本語と異なり、数多くの母音と子音の組み合わせと複雑な音韻変化とからなる言語であった。そのため音仮名の種類が多くなりすぎて使用に適さなかったからか、朝鮮において音仮名の使用はごく一部に限られ、早い時期に廃れてしまった。だが渡来人たちが出会った日本語は、ずっと母音と子音の組み合わせ数が少なく、音仮名で表記するには適した言語であった。彼ら渡来人は、故国で始まっていた漢字の音で自己の言語を表記する方法を日本語に使用し、次第にそれを精緻なものに完成していったのではないだろうか。

万葉集の柿本人麻呂歌集の中には、「古体歌」と呼ばれる日本語を漢字の音で表記してはあるが助詞や助動詞の表記を欠いたものがある。これは古代新羅において、新羅語を助詞や助動詞を除いてその語順に漢字の音だけで表記したものとうりふたつである。そして新羅では次の段階では、これに助詞や助動詞を特定の漢字で表し、それを小さな文字で書く、「吏読」という方法が行われるようになった。これは日本の祝詞(のりと)などで使われる「宣命(せんみょう)書き」というものとそっくりだという。これが、万葉仮名のように助詞や助動詞までも特定の漢字で表記する方法の起源なのではなかろうか。

万葉集の柿本人麻呂歌集でも「新体歌」と呼ばれるものは、万葉仮名で助詞や助動詞まで漢字の音で表記されている。つまり人麻呂の時代に万葉仮名は成立したと推定できる。柿本人麻呂は天智・天武天皇の時代の宮廷歌人である。

「つくる会」教科書はせっかく日本語を正しく表記するに不可欠な仮名についてくわしく記述しながら、その成立に関わる国際的背景を記述することを忘れている。いや、意図的に触れなかったというほうが正しいだろう。なぜならばこれに触れれば、朝鮮からの渡来人が日本文化の成立に果たした大きな役割について触れざるを得なくなるからであろう。

(2) 日本文化の不可欠の背景としての中国文化

日本人は中国語の音を借りて日本語を表記する方法をあみだし、漢字と仮名

16 日本文化の国際的背景を示す:「日本語の確立」

交じりの文章を作り出した。このことは日本文化が広い意味で中国文化圏に属していることを意味している。

そしてもうひとつ、日本文化と中国文化の不可分性を示すのが、この教科書が後半に記述している「訓読みの登場」である。

「つくる会」教科書はつぎのように記述する（p 59）。

> 日本人は、中国語の発音を無視し、語順をひっくり返して日本語読みにする方式を編み出した。いわゆる訓読みという読み方の発明だった。ここには、古代日本人の深い知恵と強い決断があった。日本人は、漢文の日本語読みを通じて、古代中国の古典を、みずからの精神文化の財産として取り込むことに成功したのである。

日本人が古代中国の古典を自らの精神文化の財産として取りこんだということは、謂いかえれば、日本人は中国の精神文化を日本文化の基底に置いて、それを元にして様々な精神文化をつくったということである。そしてこれは古代に限らず、明治時代まで続いたことは歴史が明らかにしている。

日本人が学んだ仏教は、インドの精神文化そのものではない。中国人の僧侶が直接インドに行って学びそれを中国語に翻訳したものを、インド文化として学んだのである。その結果日本の仏教は本来の哲学的様相を捨て、祖先崇拝の色の濃い、中国的な仏教になったのはこういうわけである（日本人の僧侶はほとんどインドに行っていない）。また江戸時代において蘭学の基礎となった知識が、オランダ語の文献だけではなく、「漢訳洋書」と呼ばれる中国語に翻訳された文献であったことも有名である。さらに幕末から明治において、西洋文化を受容するときには、漢学の素養を基礎としてその受容は行われ、例えば日本語にない意味の言葉などは漢語を借用したり、漢字の意味を使って新しい漢語を作ったりしていたことも有名なことである。また日本人が歴史書を著すときに常に基本として依拠したものは、中国の史記を始めとする歴史書であったことも事実である（平安時代以後の「物語」という分野が、天子の事跡を編年体で記述し、これ以外の事柄や個人の伝記を別して記す中国式の歴史とは異なった歴史叙述方法である可能性は高いが、この物語も基本は中国の史書の編

年体を念頭において記述されている)。

　さらに一つ付言しておけば、ここにいう「漢文の文献」は、中国の古典籍だけではない。朝鮮は長い間中国語で自らの精神文化を表現した(ハングル文字が使われるまでは)。この朝鮮産の漢文文献も日本人の精神文化の支柱であったことも忘れてはならないだろう。

　仮名の成立においても訓読みの成立においても「つくる会」教科書は、これを「古代日本人の深い智恵と決断」によるものと記述し、「日本文化の独自性」を誇示するかのような記述をしている。しかしこれらの事柄はその記述の意図とは逆に、日本文化が朝鮮や中国の外来文化を不可分なものとしていることを示している。

　しかし中国周辺の国が皆、日本と同じような動きをしたわけではない。

　中国周辺の国々において、中国の漢字とは独自の異なる文字を生み出して自国語を表記しようとした国がいくつかある。朝鮮は13世紀に完全な独自の表音文字であるハングル文字を編み出し、同じころモンゴルもモンゴル文字を編み出し、ベトナムもベトナム文字を編み出している。これらの国々では、中国文化の影響を脱しようとする努力が行われたということだ。

　この中国文化からの独立は、日本のように中国と国境を接していない国よりも、中国と国境を接しており、常に中国に侵略される危険の中で国を作ってきた国々の方がむしろ進んでいるのである。

　そしてこれは当然のことであろう。日本のように中国から離れた国は「中国にあこがれ」る。そしてそれゆえ中国や中国の周辺諸国ですでに滅んだ中国文化を後生大事に守ることすらある。日本の貴人が自らのことを「太夫」と称し、中国の周の制度をいつまでも保っていることや、日本における漢字の音が今でも「漢音」「呉音」「唐音」の3種類あり、それぞれ中国文化を濃密に学んだ時代の中国の音をそのまま保存していることにも、日本人の「中国へのあこがれ」をよく示している。

　しかし常に中国と戦火を交えてきた国々にとっては「独自の文化」を持つことは死活問題である。朝鮮やベトナムやモンゴルが、長い間に受容した中国文化との断絶の危険を犯してまで独自の文字を開発したのは、そのためなのだ。

　日本が漢字の音を借りて日本語を表記する方法を編みだしながらも、漢字を

捨てることなく、そして漢文の訓読という方法を編み出して中国文化そのものを自己の内部に取りこんでいったのは、ある意味で日本と中国との地理的な距離を表している。そして日本文化が外来文化と不可分な関係にあることも示している。むしろこのことをこそ、強調すべきであったと思う。

(3) 日本語標記の確立は平安時代

最後にこの教科書が「日本語の確立」という項目を、奈良時代に置いていることの間違いを指摘しておこう。

仮名文化が万葉集の成立時期に、かなり高度な段階に達したことは事実である。しかし日本語表記の確立を仮名の歴史で見るならば、平仮名の成立と普及を、「日本語の確立」時期と見てよいのではないだろうか。

だとすれば日本語表記の確立は平安時代、10世紀から11世紀であり、「日本語の確立」という項目は、日本文化の成立という意味で「国風文化」と呼ばれた、いわゆる摂関時代の文化のところに位置付けるべきだろう。

これは「つくる会」の著者たちの勇み足というべきである。彼らは日本の独自性を強調するあまり、そして日本文化の古典として奈良時代の天平文化を据えたために、日本国の確立期である奈良時代に「日本語の確立」を位置付けてしまったのであろう。

注：05年8月の新版では、この項は記述をより簡潔なものに変えて「かな文字の発達」と改題し、読み物コラムとして古代の最後、平安時代の文化のあとに置いている（p 58）。これはかな文字の確立が平安時代であり、奈良時代に「日本語の確立」として記述することの誤りに配慮したものと思われる。

注：この項は、吉田孝著「八世紀の日本―律令国家」（1994年岩波書店刊「岩波講座日本通史4：古代3」所収）、信太一郎氏のサイト「ことばの散歩道」（http://homepage1.nifty.com/forty-sixer/kotoba.htm）、日本大百科全書（小学館刊）の各該当項目の記述などを参考にした。

17 神話は「政治的に歪め」られてはいるが、日本の初源の姿を示す宝である

　日本国家の確立・日本語の確立に続いて、「日本の神話」と題して、古事記に伝えられた日本神話の概略を、この教科書はくわしく述べる。ここにこの教科書の特徴の一つがあり、「神話を事実のようにあつかう」と批判されている部分である。

　神話を歴史を学ぶ上での重要な資料の一つとして位置付けることには、何の問題もない。むしろ戦後の歴史学が「神話は造作」と言いきって、神話を歴史を明らかにする材料として批判的に検討するのではなく、まったくの嘘と称してゴミ箱に投げ入れてしまったことこそ、おおいなる間違いなのだ。

　「つくる会」教科書は神話を次のように位置付けている（p 60）。

　　世界の民族には、さまざまな神話や伝説があり、古代の人々の考え方や暮らしぶりを知る上での重要な文化遺産となっている。
　　日本の神話は、「古事記」「日本書紀」「風土記」や、いくつかの民話に残されている。その内容は、天地のはじめ、神々の出現、国土のおこり、生と死のこと、光と闇、恋愛と闘争、建国の由来などの物語であるが、ここでは「古事記」のあらすじを紹介する。

(1) 政治宣言としての神話

　たしかに神話は「古代の人々の考え方や暮らしぶりを知る上での重要な文化遺産」である。しかしこの捉え方には根本的な欠陥がある。それは、今残っている神話は神話として編纂される過程で、何度も政治的に改変を被っているという事実を、この教科書の著者たちが完全に無視していることである。

　たとえば「古事記」や「日本書紀」や「風土記」は、その編纂を命じた政

治権力が、自己の権力の正統性を明らかにするために作らせた書物である。したがってそれは、さまざまな資料をそのまま組みたてたのではなく、彼らの権力の正統性を証明できるように改作の手が加えられている。このことは例えば古事記の編纂を命じた天武天皇が、「諸家に伝わる記録の誤りを正す」という目的を掲げてそれを編纂させたという事実が、そのあたりの事情を暗示している。

　古代は現代と違って、神と人とはもっと密接に繋がっていた。したがって権力は自己の正統性を、人々が信仰する神とのつながりの中で証明してこそ、その正統性を認められたと感じたのである。だから歴史上の諸事実だけではなく、神話もまたその権力に都合のいいように改作されている。

　神話は言いかえれば、権力による「自己の政治的正統性」を宣言する、「政治宣言としての神話」であった。

　そしてこのこととともに忘れてはならないのは、この政治的改作は、文字が存在しない時代においても権力があるかぎり行われているということである。だから日本神話を扱うときにも、その神話がどの権力の正統性を明らかにすることを目的にしているのかということを慎重に判断することが必要である。

　だが残念ながら「つくる会」の人々は、この作業を全くやっていない。だから神話を事実のようにあつかっていると非難されて当然なのだ。

(2) 歴史的事実の「神的」表現としての神話

　しかしこのことは、「神話は事実ではない」ということを意味していない。神話は「神」という存在に仮託して述べられた歴史的事実なのである。

　日本では神話を歴史と結びつけて研究することがほとんど行われなかったが、19世紀の終わりにヨーロッパでは、ひとりの天才によって、神話が事実に基づいていることが明らかになっている。有名な「トロイ」の遺跡の発見がそれである。

　「イリアス」と「オデッセイア」という英雄叙事詩に描かれた古代ギリシアの「トロイ戦役」。英雄叙事詩という神話の形式ゆえに、そこには多くの神々が登場し、人間世界の出来事にさまざまに口出し手出しをする。それゆえ西洋

の歴史学者は、「トロイ」などという都市の存在もトロイ戦役の存在も信じてはいなかった。しかしシュリーマンという一素人の考古学者は、この叙事詩の記述を信じ、そこに描かれた地理的描写をもとにして、古代都市トロイを、そしてギリシャ側の将軍のアガメムノンの宮殿都市ミケナイを発見した。そして彼以後の考古学者は、ギリシャ神話にあらわれる諸都市を次々と発見していったのである。

　日本では21世紀になった現在でも、神話をもとにした古代史研究は、古田武彦の研究を除き、ほとんど行われていない。したがって神話と歴史はまったく切り離されているのであり、このことが神話は嘘という考えに基づく歴史叙述からの神話の追放と、神話を無批判に許容するこの教科書のような両極端な態度を生み出しているのだ。

（3）今に伝承される神話

　さらにもう一つ忘れてはならないことは、神話は文字資料として伝承されているだけではないということである。今でも日本各地には多くの神社と祭礼が伝えられている。そしてこの神社と祭礼に関わり、多くの伝承が伝えられている。そして、これらの伝承の中には、書物として残された神話よりも、より古い時代の神話の形を残しているものも多い。

　たとえば、11月のことを「神無月」と呼ぶことは多くの人が知っているであろう。そしてこれは「神様が皆出雲の国に行ってしまうので、各地には神様がいない」ので「神無月」という、ということもよく知られたことである。

　ではこの伝承の意味は何か。ちょっと考えてみればいろいろな疑問が出てくる。「なぜ神々は出雲に集まるのか？」「出雲の神様はほかの所には行かないのか？」など。そしてこのことは直ちに「出雲の神様が一番偉いので、日本中の神様が一年に一度出雲に集まるのではないか」という疑問に行き当たる。しかしこれは、「古事記」や「日本書紀」に書かれた天照大神が一番偉いという神話に反するため、ほとんど検討されてこなかった。

　だがこれは歴史的事実である。近年、出雲大社の本殿が奈良の大仏殿よりも高いものであったという伝承が発掘の結果明らかにされたように、そして弥生

17 神話は「政治的に歪め」られてはいるが、日本の初源の姿を示す宝である

時代初期において出雲がもっとも多くの「銅矛」を所蔵していたことが発掘されてわかったことなどに、この神話は対応している。さらに後述するように、この神話は、古事記や日本書紀に書かれた神話を虚心坦懐に読めば、それとは全く矛盾しないことがわかる。

　神話といったとき、それは文字で書かれたものだけではなく、今に伝えられている伝承（言葉や踊りやその他のもので表現された）にも、原初の神話が伝えられていることも忘れてはならない。

　では、古事記や日本書紀に書かれた神話がどのような歴史的事実を語っているのか。古田武彦の研究をもとにして、教科書の記述に添いながらいくつか指摘しておこう。

　「つくる会」教科書はまず、天地のはじまりを以下のように記述する（p 60）。

　　混沌の中から天と地が分かれ、天は高天原とよばれて多くの神々があらわれ、そこに住まい始めた。イザナキの命とイザナミの命という男女の神が、天地にかかったはしごに立って、天の沼矛を潮にさし下ろして、「こおろ、こおろ」とかき回し、引き上げると、その矛先からしたたり落ちた潮水が積もり、「おのごろ島」ができた。
　　そこに降りたイザナキの命とイザナミの命の二神が性の交わりをして生まれた子どもが淡路島、四国、隠岐の島、九州、壱岐島、対馬、佐渡の島、本州だった。「大八島国」とよび、これが日本の誕生である。

(4) 「高天原」は天ではない

　教科書は「高天原(たかまがはら)」を天と記述している。だが高天原は天ではなく天原(あまばる)という一つの場所であり、現在の壱岐に「天の原遺跡」と呼ばれる古代遺跡があるが、そこを指した言葉である。そしてこのことは上の神話でイザナキ・イザナミの神が生み出した国土を詳細に調べてみればわかる。

二人が生み出した島の名を正確に記せば、下のようになる。

1　淡道之穂之狭別島　　　　　　　　　　　　　　今の淡路島
2　伊予之二名島　　四国のことではなく、伊予の国の「二名」という島
3　隠岐之三子島（天之忍許呂別）　　　　　　　　今の隠岐の島
4　筑紫之島　　　　　　　　　　今の九州の筑紫の国のこと
5　伊岐島（天之比登都柱）　　　　　　　　　　　今の壱岐の島
6　津島（天之狭手依比売）　　　　　　　　　　　今の対馬の島
7　佐度島　　　　　　　　　　　　　　　　　　　今の佐渡の島
8　大倭豊秋津島　　　　　　　今の豊後の国の「秋津」という島

　この8つの地域をよく見ると、そのうちの3つの島に「天」という言葉がついている。つまりここが「天国(あまぐに)」であり、この地域に住んでいた人々が、イザナキ・イザナミの神が生み出した国々を支配する権利があると主張しているのがこの神話である。つまりこれは「国生み神話」と呼ばれているように、自己の支配領域を宣言したものなのだ。そしてその中心となった地域が「天国(あまぐに)」であり、その中心の都が高天原なのである（なおイザナキ・イザナミの神が国生みをした「おのごろ島」は、「お」という美称の接頭語と「ろ」という接尾語を除いてみれば「のこの島」であり、博多湾に浮かぶ「能古島」と考えられ、この島が「天国(あまぐに)」の神話誕生の聖地なのであろう）。

(5) 男社会で改作されたイザナキ・イザナミの神話

　この教科書は紹介していないが、イザナキ・イザナミの神が最初に生んだのは上の国々ではない。「水蛭子(ひるこ)」である。おのごろ島に立てた「天の御柱」のまわりを2人でまわって出会ったとき、女神であるイザナミが最初に「いい男だなあ」と声をかけて結婚して生んだとされている。そしてここで生まれたものはよくないので「葦(あし)の舟」に乗せて流し、どうしてうまくいかないのかを神々に尋ねた。すると「先に女が声をかけたからだ」といわれたので、もう一度「天の御柱」のまわりを2人でまわって出会ったところで、今度は男神であるイザ

ナキが先に「いい女だなあ」と声をかけて結婚した。今度はうまく行って、次々に国々を生み、そして次々と神々を生むことができたと古事記には書かれている。

「女が先に声をかけてはいけない」という論理は」男社会の論理であり、この神話は人間の社会が男中心の社会になってから一度改変を受けていることがわかる。

(6) 最初に生んだのは男女二神の太陽の神

では最初に生まれた「水蛭子」とは何か。これは同じ神話を記している日本書紀の「一書群」の中に語られている、天照大神の別名である「大日霊女貴（おおひるめのむち）」の言葉を参考にしてみよう。大日霊女貴から前後の美称や接尾語を除くと、その根幹になることばは「ひるめ」。これは「ひるこ」という言葉の対語にあたり、「ひるこ」「ひるめ」は男女二神の太陽神ということになる。

おそらくこれが原初の形の神話だったのであろう。

ではなぜこの改作がなされたのか。それは天照大神とスサノオの命とが姉弟であるという神話をつくるためなのだ。

天照大神やスサノオの命はイザナキ・イザナミの神以上に人間的に描かれている。なにしろ妻や子や孫までいるのだから（天照大神には夫がいたとは書かれていない。この点で「神」的なのだが、娘や息子や孫がいたのだから夫もいたと考えるのが当然である）、これは神の形を借りた人間の物語と考えた方がわかりやすい。では2人はどのような関係に描かれているのか。

この2人は姉弟という関係に描かれているが、通常の姉弟ではない。2人の父神であるイザナキの命が妻のイザナミの死後、黄泉（よみ）の国を訪ねたあとで身を清めていたとき、天照は右目から、スサノオは鼻から生まれた。彼らはイザナキから天照は高天原にいてその世界を、そしてスサノオは海原を治めよと命じられたが、スサノオはそれを拒否して母イザナミのいる根（ね）の堅州（かたす）国へ行きたいといって、天国（あまぐに）から追放されたということになっている。そしてスサノオが行った所は出雲なのだ。

これはどう見ても、本来別の地域の神であった天照とスサノオをくっつけ、

そのスサノオを天国より追放されたということで、彼を天照より下位に位置付けることが目的であったように思われる（これはイザナキ・イザナミでもいえる。イザナキは天国を代表する神だが、イザナミはその死後祭られたところが、出雲と伯耆の国境の比婆山ということなので、もともと出雲の神と思われる。そしてイザナミがいる根の堅州国は出雲のどこかだと思われるが、それを黄泉の国と同じものとすることで、根の堅州国を、ひいては出雲の国を天国より下位に位置付けることが意図されているように思われる）。

それはなぜか。次に展開される「天孫降臨」を準備するためである。

（7）大国主は天照より上位の神であった＝天孫降臨の真実

「つくる会」教科書の記述を見よう（p 63）。

> さて、天上の高天原には天照大神が、地下の根の堅州国にはスサノオの命がいる。地上の葦原の中つ国は大国主神が治めていたが、天照大神は、そこは本来、自分の子が治めるべき国であると、タケミカヅチの神を使いに送った。この神、海辺に十握の剣（とつかのつるぎ）をさかさまにつき立て、その剣先にあぐらをかいて大国主神に「国土をゆずられるか」と交渉したのである。大国主神は「わが子に聞かねば」とこたえ、その子が承諾したので、ここに国ゆずりの実現となった。
>
> 天照大神は孫のニニギの命を天上から下した。（中略）日向の高千穂の峰に降り立った。これを天孫降臨という。

天上＝高天原、地下＝根の堅州国、地上＝葦原中国（あしはらのなかつくに）という図式が、この神話を作った者か古事記の編者かはわからないが、意図的に作為したものであることは明らかであろう。根の堅州国は、葦原中国の一部分であろう。スサノオは自分の娘を大国主神（おおくにぬしのかみ）の后とし、彼に大国主神という名前をつけたのであるから、本来上位にいたスサノオが大国主に国の支配権を譲ったと見るべきである。そして高天原を中心とした天国（あまくに）は壱岐・対馬を中心とした対馬海流圏の島々であり、葦原中国は西は筑紫・東は越の国までの日本海岸の地域を指している。

17 神話は「政治的に歪め」られてはいるが、日本の初源の姿を示す宝である

そしてニニギが降り立った高千穂の峰とは、正しく書くと「筑紫の日向の高千穂のクジフルダケ」である。筑紫の国、今の福岡県の中央部、福岡平野とその西の糸島半島の真中に日向川が流れ、その水源の山々に日向峠とクシフルタケがある高祖連峰がある。そしてこの山の東と西に広がる平野には、多くの縄文水田に囲まれた遺跡があり、その村々は異常なほど堅固な掘と冊で囲まれている。

天孫降臨とは、海洋民の国の天国を支配する天照が、水田耕作地帯の葦原中国を支配する大国主に対して国の支配権を譲れと強要し、その結果天国から自身の孫を将とした軍隊を送って、すでに水田稲作が盛んに行われていたそこ（正確には筑紫）を占領したという事件である。

この神話は、剣や矛が現れていることから、金属の武器が使われるようになった弥生時代の始めの時期を表しているであろう。弥生時代のはじめの筑紫の遺跡の状況とこの神話はよく対応しており、したがって事実と考えられる。

そしてこの神話をよく読むと、大国主の方が天照より上位に立っていることがわかる。もちろんこの神話は、本来天照が国を治めるべきものだという大義名分論に立っているので、天照の御託宣を伝えるという形で話を進めている。そしてその根拠は葦原中国の支配権を大国主に譲ったスサノオは、本来は天国（あまくに）の者であり、天照の弟で、罪をおかして根の堅州国に追放された者だからということになっている。

だがこれが本当なら、いちいち軍隊で占領することは必要ないはずである。

古事記には、タケミカヅチが大国主の子の言代主（ことしろぬし）に国譲りを持ちかけたとき、それを承諾した言代主は乗っていた船を傾けて転覆させ、海に沈んで自殺したような記述がある。そしてさらに大国主の子の建御名方神（たけみなかたのかみ）と戦ってそれを諏訪まで追い詰め、それを殺そうとしたという記述がある。国譲りはけっして平和になされたのではない。

そして天孫降臨もまた同様である。古事記ではニニギを迎え案内した神ということになっている猿田彦（さるたひこ）の神は、地元筑紫の神社の神楽では、天孫降臨を拒絶した神ということになっている。そう。筑紫の稲の神はニニギの侵略を拒否したのだ。だからこそ古事記ではその猿田彦をアメノウズメが媚態をつくって

篭絡するという記述が残っているのである。

　出雲の神が諸神の上位に立つ主神であったという神無月の伝承。そして壱岐の島の「アマテル」神社に伝わる「神無月には、うちの神さまの天照大神は一番最後にでかけて一番最初に帰ってくる」という、天照が出雲の神の家来の中で一番偉い神だったという伝承。これらの伝承も、考古学的な事実と結びつけた国譲り・天孫降臨の神話の新しい様相と比べてみるとき、本来の神話の姿を色濃く残していることが明らかになろう。

　神話は、弥生時代においても、それを必要とした権力によって改作されたのである。

　神話を歴史的事実と関連させて考えたり、今でも地元に伝承されている説話とつなげて解釈したりすれば、天孫降臨の神話も以上のような豊かな様相を見せ始める。しかし「つくる会」の著者たちは、神話を金科玉条として神聖不可侵の存在にしてしまったために、神話の持つ真実の歴史に繋がる豊かな姿を、ついに発見することなく終わっている。（神武が天皇ではなく、九州の倭国の分国の長としての名乗りをあげていることはすでに述べたとおりである）。

　　注：05年8月の新版では、文章表現を多少改め記述を簡略化しただけで、神話についての記述はほとんどそのままである（p46・47）。削除されたのは、イザナキ・イザナミの国生み神話の中での「おのごろ島」の話。文章表現が改められたのは、スサノオの高天原での乱暴の実態表現と天岩戸説話でのアメノウズメの踊るさまが、「糞をする」「馬の皮をはいで落す」「乳房をかき出し」「腰の衣のひもを陰部までおしさげ」という教科書としては「刺激的」とされた表現を削除したところである。

　　注：この項は、前掲古田武彦著「盗まれた神話」などを参照した。

18 飛鳥・天平文化は
「日本人の美意識」の古典ではない
—— 「独善的美意識」に基づく飛鳥・天平文化論

　「つくる会」教科書は神話に続いて、「飛鳥・天平の文化」と題して、諸美術・歴史書・文学の問題を記述している。

　文化論は、神話と並んで当時の美術作品・文学作品などの第一次資料を基にしているので、のちに編纂された歴史書などよりも、当時の状況がそのまま遺存している可能性のある分野である。しかし日本の古代美術史や古代文学史の分野も、日本書紀や古事記を非科学的に扱ってきた日本古代史研究の軛から自由ではなく、大和中心史観に色濃く覆われている。

　新しい歴史教科書の著者たちは、この問題にまったく無自覚であるばかりではなく、さらにそれを独善的で民族主義的な観点から解釈・記述したために、さらにひどいものになっている。

　ではどこに問題があるのか。教科書の記述にそって述べていこう。

(1)「日本人」が成立していない時代の「日本人の美意識」とは？

　「つくる会」教科書は、この時代の文化の特徴を以下のように記述している（p 64）。

　　太子の影響を受けて、飛鳥時代に仏教を基礎とする新しい文化がおこった。これを飛鳥文化とよぶ。中国や朝鮮から伝わった新しい文化を積極的に取り入れながら、日本人の美意識に合った建築や美術品がつくられた。
　　太子が建てた法隆寺は、今に残る世界最古の木造建築であり、調和のとれた優美な姿の五重塔や金堂が、中国では見られない独特の配置で立ち並んでいる。

この時代の建築物や彫刻などの美術品は、残されているものが少ない。そしてそれは法隆寺と飛鳥寺を中心にして残されているのである。
　この教科書の著者たちは、この文化を「中国や朝鮮から伝わった新しい文化を積極的に取り入れながら、日本人の美意識に合った建築や美術品がつくられた」と評した。そしてこの評価自身に問題がある。

　7世紀前半期には、まだ「日本」という国家がない。九州の倭国は日本列島と朝鮮半島にまたがって領土を持ち、その王族や貴族は朝鮮の加羅諸国や百済の王族・貴族との血縁関係を持っていた。また倭国の分国で大和を中心にするいわゆる大和朝廷は、倭国より内陸にあるぶんだけ朝鮮諸国との関係は弱いが、この王族や貴族の中には朝鮮新羅の王族・貴族と血縁関係にあるものが多く、新羅とはたびたび双方の使いをやり取りし、唐への遣使も新羅経由であったほどである。
　この政治状況ではたして「日本人」という意識があったであろうか。朝鮮からの使節の接待においては通訳を必要としないものであったこともわかっている。そしてこのことは当時日本列島に住んでいた人々の多くが、渡来した時期の違いはあれ、中国や朝鮮からの渡来人の子孫であったことや、とりわけ支配階級である王族や貴族たちは渡来人の子孫であるとともに、朝鮮諸国の王族・貴族と婚姻関係で結ばれており、宮廷文化や神社に残された文化などを検証してみれば、それが朝鮮文化そのものであることもわかっている（神社の神楽舞いなどには今でも古代朝鮮の舞いの様式などが残されている）。
　こうした時代状況を無視して「日本人の美意識」を問題にすること自身が間違っている。この時代の日本列島の人々の美意識は、朝鮮半島の王族や貴族の美意識と一体だった。そしてこのことは、飛鳥時代の建築様式や美術品の様式を調べてみれば一目瞭然である。

(2)「飛鳥文化」は、朝鮮半島の文化の直輸入

　飛鳥文化を代表する建築は、遺存しているものでは法隆寺だけであるが、遺跡としては飛鳥寺や四天王寺があり、これらの寺院の伽藍配置は、高句麗や新

羅の寺院の伽藍配置と酷似していることが指摘されている。そして飛鳥大仏の仏頭や、法隆寺の仏像を見ると、その彫刻様式は中国の南北朝時代の末期の北魏の様式を色濃く受け継いでいることが従来から指摘されてきた。倭国も大和も北魏との関係を直接持っていたことは史書からは立証できないので、これは北魏と直接と通交関係にあった高句麗や百済や新羅からの影響と考えるのが適切であろう。

　万葉仮名の起源が朝鮮半島における漢字の表音文字的使用にあった可能性が強いことや、初期律令に朝鮮半島の律令の影響が強いことなどとあいまって、この時代の文化を考えるときには、加羅・百済・新羅・高句麗という朝鮮諸国の文化との比較という視点を持って研究することが、大事だと思う（これはまだまだ充分ではない。日本文化の研究は歴史研究以上に一国主義だからである）。

（3）現法隆寺は再建されたものではない

　そして飛鳥文化を考えるとき、その中心になっている現法隆寺が、伝えられているように再建されたものではないということを頭に入れて考えないと、この文化の特徴は理解できない。

　たしかに厩戸(うまやど)の皇子は、彼が住んでいた斑鳩宮(いかるがのみや)の横に斑鳩寺を立て、それが最初の法隆寺であったことは、近年の若草伽藍の発掘調査によってわかっている。だがこのときの寺院は四天王寺式の伽藍で中門・金堂・五重塔・講堂が南北に一直線に並ぶ形のものであった。

　この斑鳩寺が643年の蘇我入鹿を実行者とする斑鳩宮焼き討ち、山背大兄王一族殺戮によっても焼かれずに残り、後の670年に焼失したことは、記録からも明らかである。したがって現法隆寺の再建はそれ以後となり、711年（和銅4）に五重塔の釈迦涅槃(ねはん)像などの塑(そ)像と中門の金剛力士像がつくられているので、金堂・五重塔・中門・回廊などは、持統(じとう)天皇の代（在位686〜697）には建立されていたとみられている。

　だがここで大きな問題があった。それは現在の法隆寺の建築様式や仏像の彫刻様式を調べてみると、それはこの持統天皇の時代である、美術史上の白鳳(はくほう)時

代の様式ではなく、飛鳥時代の様式なのである。だから現存する寺をもとに法隆寺は焼失していないという美術史家の意見と、日本書紀の焼失記事を基に焼失を主張する日本史家の論争が起きていたわけだが、これは若草伽藍の発掘によって「焼失⇒再建」が明らかになった今日でも解決できていない問題である。

考えられるただ一つの解釈は、厩戸（うまやど）の皇子が建てた四天王寺式伽藍配置の斑鳩寺は670年に焼失し、その後再建された寺の建物は飛鳥時代に建てられた別の寺の建物を移築したものということである。

ではその移築元の寺とはどこの寺であり、その寺を建てたのは誰かが問題になる。ここを、法隆寺の釈迦三尊像の光背銘文をもとに明らかにしたのが古田武彦であり、昭和の解体修理の記録をもとに明らかにしたのが建築家の米田良三である。

釈迦三尊像の光背銘文は大略以下のように記述している。

「法興31年12月、鬼前太后が死去。
翌年、正月22日、上宮法皇が病の床につく。
干食王后も看病に疲れ、ともに病の床につく。
王后や王子や廷臣らが事態を憂いて、三宝に帰依して王の姿を移した釈迦像をつくり王らの病回復を祈るとともに、もし世を去られる時には浄土に往生されんことを願った。
2月21日、王后が死去。
翌日、法皇も死去。
翌年の3月に、願いのごとくに釈迦像が完成し、法皇らの浄土への往生を願った。
使司馬・鞍首・止利仏師、造る」

この上宮法皇を聖徳太子と解釈してきたのが従来の定説だったが、古田は、次のような根拠でこれを否定した。日本書紀に聖徳太子の母・后・本人が相次いで死去したという記事がないのは次期大王として期待されていた人の関係記事としてはおかしいこと。そして聖徳太子はたしかに仏法に深く帰依していた

が、彼は大王ではないし、生前に出家してもいないのだから「法皇」とは言えないこと。そして聖徳太子のおばであり、当時の大王であった推古天皇が銘文に一切登場しないことは、聖徳太子死去時の大王であり死去後も大王であった事実に反すること。さらには、年号の「法興31年」が干支などから、推古天皇の29年にあたるのに、日本書紀にはこの時代に「元号」を定めたことが見えないこと。これらの理由などから、この銘文に記された出来事は大和での出来事ではないと主張した。そして上宮法皇の死去の年の法興32年の翌年にあたる年に、九州年号が改元されていることなどから、これは九州は太宰府の倭国での出来事であると断定した。そして上宮法皇とは、あの隋の皇帝煬帝に「日出る処の天子……」の書を送ったアメノタリシホコのことであると主張した。

　米田良三は、次のような根拠で法隆寺の移築を主張した。昭和の法隆寺解体修理の記録から、建物の骨組みの部材の中に、建物を一度解体しなければ出来ない部位での交換の跡があることや、金堂の壁画に一度壁からはずして、上部に穴をあけて紐をとおして運んだあとがあったこと。そして金堂と五重塔の基盤の石組みの様式や内陣の設計思想の復元から、創建当初は金堂と五重の塔の向きと位置が違い、左右が反対で向き合っていたこと、さらに九州太宰府の観世音寺の古絵図の伽藍配置と法隆寺の創建時の伽藍配置を比べるとぴったりと一致すること。これらの根拠により、現法隆寺は太宰府の観世音寺の建物を解体移築したものであると推定している。そして、法隆寺の五重塔の心柱の年輪年代から、これが591年以後に伐採されたものであることや諸文献の検討から、この観世音寺は620年ごろにアメノタリシホコによって建立されたと推測した（「法隆寺は移築された」より）。

　法隆寺の中心伽藍は飛鳥時代に九州の太宰府に、倭国王によって建立されたものだったのである。そしてその内部の壁画や仏像群も九州でつくられたものだった。

　飛鳥文化の中心は、九州太宰府であった。そしてその文化の中心的担い手であった倭国王は、朝鮮半島の諸国から文化を学び、中国式に律令をもった政治制度を設け、仏教に彩られた文化を建設したのである。だからこの時代の文化には中国・朝鮮の直接的影響が見られるのであり、外国文化の流入・模倣期で

あったことがわかる。

（4）奈良時代の文化が日本の「古典」？

　では外国文化の模倣をおわり、それを咀嚼して独自の文化をつくりはじめたのはいつか。天平期は「中国唐文化のオンパレード」であり、再度の外国文化流入・模倣期に入っていることがわかる。そしてその前の天智・天武・持統天皇の時期である「白鳳期」が朝鮮文化の特徴は影をひそめ、直接的な中国・唐文化の模倣に入っており、奈良時代はまだ、日本文化の確立期ではないことがわかるのである。
　しかるに「つくる会」教科書は次のように記述する（p66・67）。

　　このころ、遣唐使を通じてもたらされた唐の文化の影響を取り入れながら、世界にほこりうる高い精神性をもった仏教文化が花開いた。奈良の都で、貴族たちを中心に発達したこの文化を、聖武天皇のころの年号をとって天平文化とよんでいる。（中略）　天平文化は、日本の「古典」とよぶにふさわしい。写実だけでなく、つりあいのとれた明瞭で気高い美を表現した時代である。奈良時代の仏教美術や、最古の歌集「万葉集」は、長くその後の模範とされた。

　ほんとうにそうであろうか。次の平安時代の文化は奈良時代の文化とは多くの点でちがっており、外国文化の影響を脱した、より日本的な文化になっている。その時期においても奈良時代の仏教美術や万葉集は模範であったのだろうか。
　事実はそうではない。和歌の世界で長い間模範とされたのは平安時代の古今集以後の和歌であった。万葉集が再度注目されるのは江戸時代後期の国学運動の中であり、「ここに外国文化に毒されない日本人独自の心が表現されている」と考えられた。そしてその後万葉集を再度注目したのは、明治維新で西洋の詩が流入し俳句・短歌否定論が横行したのちの19世紀末の正岡子規であり、彼は万葉集の素朴で直截な和歌を模範として写実を唱えたのであった。そしてこれは同時期の日本主義的国粋主義文化の流れでもあり、次の時代の自然主義的

18 飛鳥・天平文化は「日本人の美意識」の古典ではない

文化の始発点ともなっている。

ともあれ万葉集が古典とされたのは近代日本国家成立時期なのである。

彫刻についても同じことが言える。奈良時代の写実的で精神的な彫刻と平安時代の彫刻とは大きくことなり、定型化された宗教的な神秘的な表現に代わっている。それは平安後期に確立した定朝様式であり、これが長く彫刻の模範とされた。平安時代以前、飛鳥・奈良時代の彫刻が注目されたのは19世紀末であり、時代の復古的・日本主義的雰囲気の中で、フェノロサに導かれた岡村天心によって再発見されたのである。

ここでも奈良時代を古典としたのは近代日本であり、この教科書の記述は、近代日本において確立された日本主義的美意識の単なる投影にすぎない。

美意識は時代によって異なる。平安時代中・後期のものが長い間模範とされたということは、ここが日本文化の原点だったことを示している。つまり長い期間にわたる朝鮮・中国との文化交流を経て、そこから学んだものが、政治的に日本列島が朝鮮半島から切り離され、そして中国の衰退によってその政治的影響からも脱した平安時代中・後期に変容を受けたもの。それが長い間「日本的な」文化だった。

しかるに近代日本国民国家建設時に、再度日本的なるものの原点を民族意識確立のために探究したとき、それが求めたものは平安時代の文化ではなく、その前の飛鳥・奈良時代であった。だがその時代はまだ日本国が確立しておらず、日本語も日本人も確立しておらず、その文化は日本的ではなく、朝鮮文化や中国文化の影響を色濃く持ったものであったことは歴史の皮肉である。

思うにこれは、国学運動が幕府体制＝武家の支配体制への反発と、時代の尊王主義の影響も受けて天皇主義の色彩を持っていたからであろう。

平安時代は武家の発生の時代であり、外見上、天皇の権威が極めて低い時代であったから日本的な時代とはされず、その前代の飛鳥・奈良時代が「日本的」なるものの源と考えたのだろうか。

ともあれ、新しい歴史教科書の著者たちの「天平文化こそが日本の『古典』である」という主張は、明治末に日本が日清戦争・日露戦争へと突入し欧米列

強に対抗して朝鮮・中国を侵略にかかった時期の日本主義的美意識を、そのまま繰り返しただけであり、日本歴史上の事実ではなかったのである。

注：05年8月の新版では、旧版で「飛鳥文化」「奈良時代の歴史書と文学」「天平文化」と三つに分かれていたのを統合し、「奈良時代の歴史書と文学」の項は解体して「歴史書」を「律令国家」の項に、そして「文学」は「天平文化」の中に挿入している。

「飛鳥文化」の個所では、「日本人の美意識にあった建築や美術品」という恣意的評価が削除され、さらに法隆寺に残された仏像や絵画の記述が簡略化されている（p 48）。

「天平文化」の個所は、旧版では「コラム：海を渡る危険」と題してあった部分を「遣唐使の派遣」と改めて本文に挿入し、その後天平文化の説明に入っている（p 49）。内容はほぼ同じであり「高い精神性をもった文化」という評価は同じである。しかし、天平文化を「日本の古典」とし「写実だけでなく、つりあいのとれた明瞭で気高い美を表現した時代」という恣意的な評価は削除されている。なお新版では、この文化の項のあとに、「歴史の名場面：大仏開眼供養」と題するコラムが挿入され、大仏開眼供養のさまを中心として大仏が作られる経緯を詳しく記述している。この開眼供養が「国際的祝祭」であったことなどは正確に述べられてはいるが、聖武天皇が大仏を作った真の理由や、大仏を作る費用を集めるために墾田永年私財法が定められて律令制が緩むことになった点、そして行基を中心として大衆的な信仰者の喜捨によってもその費用が賄われたことなどは全く記述されていない。ただこの祝祭が「律令国家の発展」を示すものだったと記述するのみで、極めて一面的である。

注：この項は、前掲、古田武彦著「法隆寺の中の九州王朝」、米田良三著「法隆寺は移築された―大宰府から斑鳩へ」（1991年新泉社刊）、米田良三著「建築から古代を解く―法隆寺・三十三間堂のなぞ」（1993年新泉社刊）、鈴木貞美著「日本の文化ナショナリズム」（平凡社新書2005年刊）などを参照した。

19 「政治宣言」の書
──古事記と日本書紀

　飛鳥・天平の文化を語るなかで、この教科書は、「古事記」「日本書紀」「風土記」「万葉集」のそれぞれの説明に1ページを割いている。他の教科書では1・2行の扱いであるから、これは異例のあつかいといえよう。日本国家の成立を重大な出来事としてとらえる観点からは、これは当然のことである。

　しかしここでもその扱いには問題がある。歴史書は現代でも極めて政治的なものであるが、国家が編纂した歴史書は、より一層政治的であることをこの教科書の著者たちは意図的に忘れたふりをしている。

　「つくる会」教科書は次のように記述している（p 65）。

　　奈良時代に入って、律令政治の仕組みが整うと、国家の自覚が生まれ、国のおこりや歴史をまとめようとする動きがおこった。まず「古事記」がつくられ、ついで朝廷の事業として、「日本書紀」が完成した。「古事記」は古代国家の確立期に、民族の神話と歴史をさぐる試みであり、文学的な価値も高い。一方、「日本書紀」は国家の正史として、天皇の系譜とその歴史をたどろうとした書である。

(1) 同じ性格・同じ内容の史書が同時期に作られたことの謎

　この記述を見ていると、古事記と日本書紀とは、その記述された内容と、編纂の目的が違う史書のように見えてしまう。だが二つとも実は編纂の目的も内容もほとんど同じなのである。この記述では日本書紀編纂だけが朝廷の事業として行われたかに書かれているが、古事記も朝廷の事業として編纂されたものであることは、太安万侶が書いた序文に「天武天皇の命で編纂された」と書かれている事からも明らかである。そして二つの史書はどちらも天地開闢の神話

から始めて、歴代の天皇の系譜とその歴史をたどろうとしているのであり、以上の点に関する限り、二つの史書は同じ性格を持っている。

多少違うところをあげれば、日本書紀の方がより内容が詳しく、その典拠とする資料を詳しく載せており、古事記はどちらかというと説話的な書き方をしているところが大きな違いである。そしてもう一つは、記述された天皇の時代の終わりの時代が違っており、二つの史書が違う時期に、違う資料に基づいて作られたことを表している。

ではなぜこの教科書は、古事記と日本書紀とがまったくちがった歴史書であるかのように記述したのだろうか。

これは、古事記は712年に太安万侶から献上され、日本書紀は720年に完成していることから、なぜ同時期に同じ性格をもった史書が二つも出現したかという謎をこの教科書の著者たちが解くことをできず、無理に説明を試みた結果だと思われる。

しかしこの謎を見事に解いた人がいる。前記の古田武彦であり、もう30年来自説を展開しているが、古代史学会は完全に無視している。

なぜなら二つの史書の謎には、日本の古代国家成立の秘密が隠されているからである。それは何か。以下に記述しておこう。

(2) 継体王朝の正統性を宣言した未刊の正史＝古事記編纂の事情

古事記も日本書紀も朝廷の編纂になった正史である。しかし正史としての地位を得たのは日本書紀であり、古事記はその序文にもかかわらず正史とはあつかわれず、鎌倉時代に真福寺の写本として世に出るまでは、忘れられた存在であった。

古事記はその天皇の年代記を詳細に見ると、説話を使って天皇の歴史を詳しく叙述した部分と、説話抜きで、簡単な事跡の列挙である部分とに分かれる。その分水嶺は、顕宗天皇と仁賢天皇の間である（巻末資料系図2「応神王朝の分裂」参照）。

大和天皇家はこの兄弟天皇が出る前に長い間一族内部の皇位継承の争いが続き、仁賢のあと、その子の武烈があとを継いで安定したかと思ったら、これが

とんでもない乱暴な王で人心は彼を離れ、その中で応神天皇5世の子孫と称するオオドの命が諸臣の支持をえて大王位についた（この事情を詳しく書いているのは日本書紀である。古事記・日本書記ともに武烈王朝を倒したオオド王の子孫が編纂したものなので、武烈が「乱暴な王だ」という記述は、王朝交代の正統性を主張するための虚構である可能性は高い）。彼は仁賢天皇の娘を后のひとりとし、間に生まれた男子にさらに前王朝の皇女を娶わせることで、女系を通じて前王朝につながり、その権威を引き継ごうとしているが、武烈に到る王朝とは別系統の出であることは明らかである（応神天皇は武烈にいたる王朝にとっても祖先ではあるが、オオド王がその5代の子孫ということが事実であっても、5代もたってみれば王家とは血のつながりでも疎遠なものとなる。大王の5世の孫までが王族なので、オオドがそう主張したとも考えられる）。

　したがって説話により天皇の歴史が明らかになっているのが顕宗天皇までということは、顕宗・仁賢・武烈王朝の混乱の中で、起きた出来事については全く記述していないということであり、オオドの命が継体天皇として即位するまでの経緯も書かれてはおらず、古事記のもとになった資料が、前王朝の時代に編纂されたものの引き写しであることを示している。

　古事記は天武天皇が諸家に伝わる天皇の系譜や事跡に関する書に誤りが多いので、それをただすため、稗田阿礼に命じて諸家の史書を精読・暗誦させ、それを大武大皇自ら誤りを正したものを再び稗田阿礼に暗誦させ、これを元明天皇の命により、太安万侶がそれを筆写してできたと序文に書かれている。そして天武は前述のように、白村江の戦いで九州の倭王朝が事実上亡びたあとその王位を簒奪した天智の王権を引き継いで、天皇位についた王である。

　天武天皇はおそらく、自らの王朝の始祖である継体天皇の正統性を確立し、あわせて自己の王統が昔から日本を統治してきた王統であるとするために、諸家に伝わる書を提出させて、それを元に継体王朝の正統性を証明する史書を書こうと意図したのであろう。しかし彼の手元には大和の記録はあっても、九州の倭王朝の記録はないので、大和における前王朝の史書を元にそれに修正を加える（前王朝の系譜の中にオオドの命を入れたり、顕宗・仁賢・武烈王朝の混乱の中での出来事の中で、自己の王朝に不利益なことを削除したりする）ところまでで、作業は中断したのではないだろうか。そして元明天皇の下で正史が

編纂されることになって、その資料の一つとして文字に写して提出されたのではなかったか。

　この意味で古事記とは、武烈にいたる王朝の正統性を宣言するために書かれた歴史書を改作し、継体から天武にまでいたる王朝が日本国の昔からの中心王家であったという形で、その正統性を宣言しようとして完成しなかった書といえる。

（3）天武の意思を引き継いだ完成された正史＝日本書紀成立の事情

　では日本書紀は何のために書かれたのか。それは古事記とその記述の内容の異同を比較してみればわかることである。
　古事記は神武天皇が即位してから以後、日本を全部支配していたかのような書きかたをしているが、言葉の上であり、全国を支配するにいたった経緯や、その過程での出来事、そして日本の各地での出来事を全く記していない。その記事は基本的に大和の中に限られ、詳しいのは、大和の王家の内部抗争の歴史である（例外が、倭建命の話と、仲哀と神功の熊襲「征伐」と新羅「征伐」である）。
　しかし日本書紀はその欠陥を補う資料を載せ、日本列島を統一していく過程を詳しく記述し、各地の出来事や外国との交渉の記録などを詳しく載せている。日本書紀には、蝦夷との交渉の記事と、百済・加羅・新羅・高句麗、そして唐との交渉の記録が極めて詳しく書かれている。さらに統一の過程での国家制度の制定の記録が詳細に描かれている。
　なにゆえ古事記にはない出来事を日本書紀は記述することができたのか。答えは明瞭である。天武天皇の時代には手元になかった資料が、この時代には手に入っており、それを元にして書いたということである。
　その資料とは何か。それは白村江の戦いで事実上亡びた九州の倭国に保管されていた資料。日本書紀の記述の中にたびたび出てくる「一書」。まずこれである。おそらくその正式の名称は「日本紀」（日本書紀に続く時代を叙述した正史が「続日本紀」である理由はこれで説明できる）。そして「百済記」「百済

本記」などのおそらく百済の歴史を書いた百済の正史が二つ目である。

　倭国は白村江の敗戦ですぐに亡びたのではない。天智は倭国王に代わってこの国を統治し、倭国が定めた法を遵守することを誓った。そのうえでそれに改定を加え、大和独自の法体系へと移行しようとした。そしてそれが完成したのは701（大宝元）年である。この年をもって倭国から日本国（大和朝廷は国の名をこう称した）へ権力が公的に移行したのだが、ことは簡単に行くはずがない。倭国王に忠誠を誓う豪族や官人が多くいたであろう。抵抗戦争は奈良時代初頭まで続いたようである。

　おそらく「一書」や「百済記」「百済本記」は、この戦いを通じて手に入ったものであろう。そして大和朝廷はすぐさま自己が日本の正統の王朝であるとする改変された史書の編纂に入ったのである。

　日本書紀は九州の倭国の王権を簒奪した大和の天皇家が、自己の正統性を宣言するために編纂された正史なのである。したがって大和の記録だけに依拠した古事記は正史とはされず、人々の脳裏から忘れ去られたのである。

　古田は以前から以上のような説明を展開してきた。しかし古代史学会からは完全に無視されたままである。

　なぜか。古田の説は「万世一系」とされてきた天皇家の歴史には嘘があることを、資料に基づいて明らかにしたからである。そしてこの説は、多くの古代史家の脳裏にある「天皇といえば大和天皇家」という思いこみを破壊する。

　そして「つくる会」の人々にとっては、古田の説は「神聖であるべき天皇」に対する「不敬」ですらあるのだろう。だからこの歴史書についての説明でも彼の説を完全に無視し、疑問に対して取り繕おうとしたために、先のような事実とも違った記述をなしたのである。

　古代国家が編纂した史書は、政治的な宣言でもある。歴史書をその背景をなす歴史と切り離して使うととんでもない間違いに陥るであろう。

　同様なことは風土記についても言える。風土記の中にはその地の伝承を詳しく載せたものと、その地の伝承を日本書紀の記述と照らしあわせ、日本書紀を基準として史実を判断するものとがあることが知られる。前者は倭国の時代に編纂されたものであり、後者は日本国になってから編纂されたものであることを古田は主張している。

またこの教科書では「勅撰」の和歌集としている「万葉集」についても古田は、その作者が名前のわかるものはほとんど大和の人であり、九州や瀬戸内海の人々が詠った歌がないことに疑問を持ち、歌の内容や描写から九州や瀬戸内海の人が作者であると推定される歌の全てが、その出典を「古集にあり」となっていることを発見した。ここからこの古集とは、倭国において選定された歌集であり、現在の万葉集は、その古集から九州や瀬戸内海の人々が歌った歌を削除してなりたったものであると主張した。なぜなら当時歌をたしなんだ中心階層は、倭国の王族と貴族であったのだから、そのままでは、大和が昔から日本の中心であったとする大和朝廷の主張が嘘である事が明らかになるからである。

万葉集もまた政治的に改変の手が加えられていると古田が主張していることは、注目すべきである。

注：05年8月の新版ではこの項は単独のものではなくなり、「律令国家」の項に挿入された（p 44）。文章の記述・表現は多少改められているが、内容は旧版とほぼ同じである。

注：この項は、前掲古田武彦著「失われた九州王朝」、「盗まれた神話」、「人麿の運命」（1994年原書房刊）、「古代史の十字路──万葉批判」（2001年東洋書林刊）などを参照した。

20　王朝簒奪者としての桓武天皇
──桓武朝成立の裏側を無視した天皇「信仰」的記述

平安時代初頭を、「つくる会」教科書は「平安京と摂関政治」と題して、その特徴をとらえ、それを四つの部分に分けて説明している。

最初の「平安京」の部分は、奈良時代末の政治抗争から桓武天皇が平安京に都を移すにいたった経緯を記述している。しかしこの記述は、この教科書の執

20 王朝簒奪者としての桓武天皇　185

筆者たちが、「日本史における天皇の位置と役割」を重視しているわりには、物足りない、今までの通説的理解にとどまっている。

　すでに述べたように、河内祥輔の研究以後、古代政治史を天皇を主語として語ってみる試みが続き、その結果天皇・天皇制についての理解が深まっているにもかかわらず、この会の人々は、その研究成果を一顧だにしていないことは、この項目でも今までと同じである。

　ではどのように記述し、そこのどこに問題があるのか。まず教科書の記述を見てみよう（p 68）。

　　8世紀の中ごろから、貴族どうしの勢力争いがはげしくなった。また、政治に大きな力をふるった道鏡のような僧もあらわれた。このような国政の混乱に対し、桓武天皇は、都を移すことで、政治を刷新しようと決意した。寺院などの古い勢力が根をはる奈良の地を離れ、これまでのしがらみを断ち切った改革を実行しようとしたのである。

(1) 桓武天皇は「聖王」ではない

　この記述のしかたでは桓武天皇は「政治の混乱を鎮め、政治を改革した聖王」というイメージになる。そしてそれは次の「律令制の拡大」の項に詳述され、「農民の負担を少なくした＝徳政」ものとされている。

　だがこのような記述は、桓武天皇自身が広めようとしたイメージであり、彼自身のもとで編纂された「続日本紀」の記述そのままでもあり、なんら批判的に歴史を検討していない態度である。

　河内祥輔の「古代政治史における天皇制の論理」や、保立道久の「平安王朝」という労作によれば、桓武天皇の行動の全ては、彼は天皇位につく資格を持たないのに資格を持つものたちを抹殺し、皇位を簒奪したという原罪に起因している。そしてこの事実を消し去るために意図的に聖王としてのイメージ作りがなされたのである。

　では桓武天皇の即位の事情を探ってみよう（巻末資料系図5「天武王朝」参照）。

（2）皇位継承者を抹殺するたくらみ＝貴族の争いの真相

　これは、その以前の「貴族の争い」なるものの実態を明らかにしなければならない。これは729年の長屋王の乱、740年の藤原広嗣の乱、757年の橘奈良麻呂の乱、764年の恵美押勝の乱などの諸事件をさしており、通常は藤原氏が朝廷を独占するために対抗する貴族を粛清したか、藤原氏内部の争いと考えられているので「貴族同士の勢力争いが激しくなった」と表現されている。

　だが一つ一つの事件を詳しく検討してみれば、「乱」と呼ばれる事件はかならず皇族が処罰されており、その皇族は聖武天皇またはその子孫に代って天皇位につく可能性を持った皇族であり、殺されたり、皇族の資格を奪われたりしているのである。したがってその乱を仕組んだ主体は聖武天皇や孝謙天皇であり、聖武天皇の系統の皇族にしか天皇位を継がせないために、対抗馬となりうる皇族の皆殺し・抹殺をはかったものなのである。

　そしてその結果、天皇位を継ぐ資格を持っていると多くの貴族に認められた皇族は、聖武天皇の娘の井上内親王を母とし天智天皇の孫である白壁王を父とした他戸親王だけとなった。

（3）正統な皇位継承者が「謀反」の罪で抹殺されて天皇になった桓武天皇

　ではなぜ、桓武は天皇になったのか。

　彼は白壁王と彼が井上内親王と夫婦になる前からの妻である高野の新笠という渡来系の氏族の女性との間に生まれた子である。したがって彼は母の身分も低いことから、天皇になる可能性などまったくない王族であり、3世王であることからやがて王族を離れ臣下にならなければならない運命にあった。

　しかし彼にもチャンスは巡ってきた。孝謙天皇（もう一度天皇になって称徳天皇と諡名された）が死の床についたとき、次の天皇候補は彼の腹違いの弟である他戸親王しかいなかった。しかし彼はまだ幼かったので、その父の白壁王が中継ぎの天皇に選ばれ、やがて即位した（光仁天皇）。もちろん皇太子は、他戸親王だったのであるが。

そして翌772年。皇后の井上内親王と皇太子他戸親王は、「天皇を呪い殺そうとした」との嫌疑をかけられて、皇后・皇太子を廃され、翌年には２人とも毒殺された。そして新たに皇太子となったのは山部親王（後の桓武天皇）であった。

この事件に桓武天皇がどう関わったのかはまったく記録がないのでわからない。あるいは光仁と桓武との合意により、ことはなされたのかもしれないし、この事件によって有力な貴族が処分されたとの記録もないことから、貴族の主力が聖武天皇の系統を天皇とすることを拒否し、光仁の系統を天皇とすることに合意した結果かもしれない。

ともあれ桓武天皇は、正統な皇位継承者が謀反の罪で抹殺されたことにより、天皇を継ぐ地位に立った。しかし彼の母の身分が低く、彼が本来天皇の地位につくべきものでなかったことには変わりはない。

（4）血を分けた同腹の弟まで殺した桓武天皇

桓武天皇の「原罪」はこれだけではない。皇統をめぐる争いは白壁に続き桓武が即位したことでは終わらなかった。桓武天皇は即位するや、残された聖武天皇系のただひとりの皇族である聖武天皇の娘の不破内親王とその息子の氷上川継を謀反の罪で流罪にし、その一党と目された藤原魚名や大伴家持らを処罰した。

しかし争いはこれで終わらなかった。785年。長岡京造営の責任者であり桓武天皇の腹心の部下である藤原種継が暗殺され、その首謀者は皇太子早良親王の東宮庁の長官であった大伴家持であることが発覚し、この事件に皇太子の早良親王も関与しているとの疑いがかかった。そして囚われた早良親王は全く食事を受けつけず、10数日にわたる絶食のはてに悶死した。

この事件に桓武天皇がどう関わったかは分からない。しかし彼がこの弟の死には罪の意識を感じ、のちに皇太子とした息子が病に倒れたときにはこの早良親王の怨霊のたたりだとして、淡路島の彼の墓所に使者を送るとともに、崇道天皇の諡名をおくったことから、もしかして弟とのあいだで、どちらの子孫が皇位を継ぐのかをめぐって争いとなり、自分の直系の子孫に天皇を継がしたいと強く考えた桓武天皇が弟を殺させたのかもしれない（この点は、巻末資料系図6「光仁王朝」参照）。

そしてこの事件の結果、あの聖武系皇統によって血塗られた平城京を離れ、自らの母の氏族である百済系渡来人の住居に近い場所に都を移すために建設が進んでいた長岡京は廃棄され、さらに北方の地に、新しく平安京が建設されたのである。

平安京の「平安」の言葉には、自らも含めた血塗られた皇位継承の争いの忌まわしい記憶からの脱却の願いが込められていたのかもしれない。

(5) 日本の聖王への挑戦＝桓武天皇の足跡

ともあれ桓武天皇の即位をめぐっては、異なる皇統の間に血なまぐさい皇位継承をめぐる殺戮戦があり、この記憶との決別の意味を込めて都の移動がなされたのであり、桓武天皇の皇位に対する自らの血の劣等感と皇位につくにあたっての原罪となった殺戮への贖罪の思いが、桓武天皇をして、「政治の刷新」をなさしめたのである。

彼は自らの3人の息子に彼らと腹違いの妹たちを娶わせ、そこから父・母ともに天皇の子という昔からの天皇の資格を持った孫が生まれることを期待し、自らが新しい王朝の創始者として君臨すべく、政務にも励んだ（巻末資料系図6「光仁王朝」参照）。

民の負担を軽くする徳政をおこなったのも、かれの曽祖父である天智天皇の故事にならったのであり、九州の倭王朝に代わって新たな王朝を築いた天智の権威を継承しようとの彼の熱意に基づくものであった。そしてそれは、血なまぐさい殺戮戦と度重なる造京・造仏事業で民を苦しめた聖武王朝との違いを際立たせようとの想いでもあったろう。またおそらく、大規模な都の造営と東北の蝦夷に対する戦いの展開も、日本史上での比類なき帝王の名を得んがためであった可能性が強い。

そうしてこそ、天皇の資格に欠ける桓武天皇が貴族たちに天皇として認められ、その皇統は長く続くと彼は考えたのであろう。

天皇の行動原理を「自己の直系の子孫に皇統を引き継がせたい」という思いにあると考えて歴史を分析してみると、天皇の姿がなんと人間的になることか。

そしてそのことにより、天皇も生身の体をもった普通の人間であり、権力を握った人間にありがちな自己中心的な激しい欲望を持った人間であるとともに、その権力は、少なくとも多くの貴族に支持されてこそ保てるという、弱い面を持っていたことも明らかになる。

このような天皇と天皇制の研究成果を全くとりいれず、天皇を神秘のベールに覆われたままにすることは、歴史を改変する行為に他ならない。

この意味で、天皇をほとんど無視して歴史を叙述する従来の歴史教科書の姿勢も、天皇の真の姿を極めようとしないこの教科書の姿勢も、どちらにも問題があることは、明らかであろう。

注：05年8月の新版では、「平安京」の記述は旧版とほとんど同じである（p 52）。変更された点は、「道鏡」に関する記述が削除されたことである。

注：この項は、前掲、河内祥輔著「古代政治史における天皇制の論理」、保立道久著「平安王朝」（1996年岩波新書刊）などを参照した。

21　「日本列島すべてが天皇家の統治下にある」という概念の虚妄さ

「平安京と摂関政治」の第2項目は、「律令制の拡大」と称して、大和天皇家の版図が、東北地方にまで広がったことを記述している。
「つくる会」教科書の記述を見てみよう（p 69）。

また、九州南部や東北地方などの辺境の地域へも、しだいに律令の仕組みを浸透させていった。特に東北地方に住む蝦夷の人々の反乱に対しては、坂上田村麻呂を征夷大将軍として朝廷の軍隊を送り、これをしずめた。こうし

て律令国家の領域は、さらに拡大した。

(1)「辺境」とはどんな地域のことか？

　この教科書の著者たちは、九州南部や東北地方のことを「辺境」と位置付けた。実は何気なく使用したこの言葉の中に、この教科書の著者たちの政治的立場が表明されている。
　ちょっと辞書を引いてみよう。たとえば広辞苑では「中央から遠く離れた国ざかい」と記述する。つまり中央があっての国境なのであり、この場合の中央とは、平安京に都を置いた桓武天皇治下の大和天皇家のことであり、辺境とは、この天皇家の統治が及ぶ範囲のはずれを意味している。つまり辺境という用語を使用することで、この教科書の著者たちは、蝦夷の住む地域は天皇家の統治権の下にあるべき地域と考えているということだ。

(2)「反乱」の用語に隠された大義名分論

　同じことが「反乱」という用語にも言える。反乱とは、「支配体制や上からの統率にそむいて乱を起すこと」である。つまり蝦夷の反乱という言葉を使用することで、蝦夷の人々は天皇家に服属すべき人々であり、彼らが住む地域は、天皇家の統治権下にあるべき地域と、この教科書の著者たちは考えているということである。

(3)「蝦夷」は「日本」の民ではない

　だがちょっと視点をかえてみよう。つまり辺境の民とされた蝦夷の人々から世界を見てみるとどうなるのか。蝦夷の人々が暮らす地域のはるか離れたところに日本という国があり、その異国が自分たちの地域に攻めてきて、この地域の領有権を主張した。この日本国との戦いに破れた蝦夷の人々は、独立の立場を捨て、日本国の統治下に入り、その辺境の民と呼ばれるようになったということである。

つまり蝦夷の地域は日本ではなかったのである。蝦夷と日本とは互いに異国なのである。
　そしてこのことは日本書紀にも明確に記述されている。いわゆる景行紀の日本武尊の東征伝承である。
　この景行紀に、突然「40年夏6月、東国の蝦夷がそむいて辺境が動揺した」と記述され、「蝦夷反乱」と表現されている。しかしこの「そむく」という記述が事実ではなく、天皇家の側からの大義名分にしたがった用語に過ぎないことは、日本書紀の次の記述からも明らかである。景行紀は景行天皇が日本武尊に与えた次のような言葉を載せている。

　「蝦夷は（中略）冬は穴に寝、夏は木にすむ。毛皮を着て血を飲み、兄弟でも疑い合う。山に登るには飛ぶ鳥のようで、草原を走ることは獣のようであるという。（中略）昔から一度も王化に従ったことはない」

　そう。蝦夷は天皇家の統治権下に一度も入ったことはない民なのだ。つまり「異国の民」。蝦夷は日本ではないことが、たくまずして天皇の言葉として語られている。ということは、この景行紀における蝦夷の反乱とは、単に蝦夷の人々が王化に従わないという事実を示すに過ぎないのである。

（4）蝦夷の国名は「日高見国」

　では蝦夷の人々はどこの国に属していたのか。このことを示す資料が同じく日本書紀の景行紀にある。

　「日本武尊は上総から移って陸奥国に入られた。そのとき大きな鏡を船に掲げて、海路から葦浦に回った。玉浦を横切って蝦夷の支配地に入った。
　蝦夷の首領島津神・国津神らが、竹水門にたむろして防ごうとした。しかしはるかに王船を見て、その威勢に恐れ、心中勝てそうにないと思い、すべての弓矢を捨てて、仰ぎ拝んで『君のお顔を拝すると、人にすぐれていらっしゃいます。神様でしょうか。お名前を承りたい』と言った。皇子は答えていわれる

のに、『われは現人神の皇子である』と。蝦夷らはすっかり畏まって、きものをつまみあげ波をわけて王船を助けて岸につけた。そして自ら縛についた形で服従した。それでその罪を許された。その首領を俘として手下にされた。蝦夷を平らげられ日高見国から帰り、常陸をへて甲斐の国に到り、酒折宮においでになった」

　蝦夷の人々の国は、陸奥国のさらに奥にあることがこれでわかる。そして蝦夷の人々が何人かの首領の下にあり、ひとりの王を戴く統一国家ではなかったこともわかる。そして日本武尊が蝦夷を亡ぼしたのではなく、その首長を手下にして、間接統治の形をとったことも、この資料から明らかである。
　では蝦夷の人々は、自分たちが住む地域のことをなんと呼んでいたのか。上の資料に突然あらわれる「日高見国」がそれである。戦いの行きの終点が陸奥の国のさらに奥にあり、戦い終わって蝦夷を服属させ、日本に帰る旅の始点が日高見国だからである。

(5) 蝦夷を服属させたのは「大和朝廷」ではない

　そしてもう一つ蝦夷の問題を考えるとき大事なことは、この日本武尊の日高見国への遠征と、その地の民の蝦夷を服属させた事件は、大和朝廷での出来事ではないということだ。
　この日高見国での話は、古事記にはのっていない出来事である。古事記における倭建命の事跡は、東京湾を渡って上総に渡ったあとはほとんど記述がなく、「荒ぶる蝦夷の人々を言向けした」と一言あるだけ。「言向け」とは「言葉で説いて従わせる」という意味であり、蝦夷との戦いはなかったということだ。そして日高見国遠征の詳しい記述が古事記にないということは、大和天皇家に伝わる記録には、日本武尊の日高見国への遠征の記録がないということである。
　つまり、これほど重要な出来事の記録がないということは、日本武尊の日高見国への遠征の出来事は、大和天皇家内の出来事ではないということであり、このとき蝦夷を服属させたのは、大和朝廷ではない。
　ではそれはどの国の出来事なのか。すでに述べたように、日本書紀は九州の

倭王朝の滅亡後に、その歴史をつづった史書が手に入ってから、大和天皇家内で編纂された史書であり、九州倭王朝の事跡を自己の歴史に組みこんで作った歴史改変の書である。したがって、古事記にはない日本武尊の日高見国への遠征の出来事は、九州の倭王朝の記録からの盗用といえる。

おそらく日本書紀の日本武尊の事跡は、古事記における大和の倭建命の事跡に、九州の倭王朝における日高見国への遠征の話を付け加えて成立したものであろう。

(6) 蝦夷服属はいつのことか？

ではこの日高見国が倭王朝に服属したのはいつのことであろうか。これは端的に言えば分からないということである。景行40年という年次は、日本書紀の編者が、おそらくその年にあたると考えて挿入した年次であるので、実年代である証拠はない。

仮にそれが実年代だと仮定すると、確実に年代を比定できる継体天皇あたりから逆算していくと、おそらくこれは西暦260年の頃。かの邪馬台国の女王卑弥呼が死んで、その娘の壹与が女王だったころである（古田の倭では春と秋とで年を区切るので1年が倍の2年となるという説に従い、天皇在位年数を半分にして逆算した。以下の推定年代も同じ）。

したがって蝦夷の服属は、かなり早い時期のことだったようである。

だが忘れてはならないのは、この服属は間接統治だったということである。倭王朝の政治制度を持ちこんだり、九州から官吏を軍隊とともに派遣したりして支配したのではなく、蝦夷の首長を服属させ、その統治権を承認するかわりに、貢物を納めさせるというものである。

日本武尊の日高見国への遠征以後の日本書紀における蝦夷関係の記事は、ほとんどが新年の参賀に蝦夷の首長が貢物を持って参上するというものだ。

(7) 桓武天皇が直面した「蝦夷反乱」とは何であったのか？

しかし問題は残る。桓武天皇は現実に蝦夷の反乱に悩まされ、たびたび大軍勢を派遣し、それが民を疲弊させるもとにもなったことは事実だからである。この蝦夷反乱とは一体何だったのだろうか。

この疑問は、日本書紀・続日本紀の蝦夷関係の記事を通観して、その内容を時代の移りかわりと関係づけて見てみると、かなり氷解する。

(a) 日本書紀による倭王朝の蝦夷征服戦争の経緯

日本書紀の蝦夷関係記事は、日本武尊の日高見国への遠征以後は、その122年後の仁徳55年の蝦夷反乱と、その199年後の敏達10年の蝦夷反乱を除き、蝦夷が朝貢してきたという2・3の記事ばかりである。

日本武尊の日高見国への遠征のあとは、その時の蝦夷の捕虜を大勢「神宮」の神領の三輪山に置いたが、暴れるのでこれを各地に移したという記事が続く。この三輪山は大和のそれではなく、常陸の三輪山であり、神宮は伊勢神宮ではなく鹿島神宮のことである。したがって日本武尊の日高見国への遠征は恐れをなして蝦夷が降伏したように書かれているが、実態は戦闘による侵略行為であったことがわかる。

仁徳55年（おそらく西暦382年ごろ）の記事は蝦夷との戦闘記事であり、この戦で朝廷側の将軍が戦死している。したがってこのころはまだ蝦夷の服属は形だけで、蝦夷の人々も激しく抵抗していたことがわかる。

そしてこの199年後の敏達10年（西暦581年）の記事は、蝦夷数千が辺境を荒らしたが、その首長の綾粕らを呼んで約300年前と同じように許すべき者は許し、殺すべきものは殺すと脅したところ、蝦夷の首長たちは恐れおののき、三輪山に誓って、永久の服属を誓ったとある。そしてこれ以後の記事は、東北各地の蝦夷が帰順してきたという記事ばかりで、倭王朝による蝦夷支配は実質的に6世紀末から展開したといえよう。

この後は帰順してきた蝦夷の首長に官位をあたえたり、郡の長官に任命し

たりして、早くも律令制を施行していることがわかる。さらに東北各地に柵を設けて、関東甲信越の各地から民を移住させ、各地の柵を蝦夷支配の軍事的拠点とし、移住民をその周辺に住まわせていわば屯田兵としたことが、日本書紀の記事からわかる。そして倭王朝はさらに軍を北に進めて、蝦夷を脅かす粛慎(みしはせ)（おそらくカラフトか中国の沿海州あたりの民）としばしば抗戦し、水軍をもって、その粛慎の地にまで攻めこんでいくのである。

これは書紀によれば 7 世紀斉明朝のことであるから、倭王朝滅亡の直前のことである。倭王朝は西で新羅・唐王朝と対立する一方で、その北の辺境である粛慎を討つことでこれを牽制するとともに、蝦夷・日高見国を完全に倭国化する政策をとっていたのだ。そして蝦夷の側はその南部の倭国に接する地域の首長たちが倭王朝に服属し、その律令の下の官吏となることで、戦いの矛先から身をかわし、生きつづけようとしていたのだ。

そしてこの動きは倭王朝の滅亡後も続き、天智・天武朝に継続したのである。

(b) 蝦夷・日本国関係の転機＝日本王権の存続の危機

しかしある意味で平和なこの時期には、やがて転機がおとずれる。

それは天武・持統朝の天皇家が正統な後継者を作れず、諸貴族が一致して推戴できる天皇が存在しないという王権の危機の顕在化とともに、蝦夷反乱という形で登場する。

元明天皇の和銅 2 年（709 年）、突然陸奥・越後の蝦夷に対する征討将軍の任命という形でそれは始まる。そして以後、最前線である出羽の国に東国の民を移し、柵を強化するという形で事態は進行し、元正天皇の養老 4 年（720 年）の陸奥の国での蝦夷反乱で按察使が殺されるという事件が起こり、大規模な征討軍の編制と侵攻という事態へと発展して行く。そしてこれが一応収まったのが、聖武天皇の神亀元年（724 年）のことである。ここでようやく征討軍が帰洛し、捕虜 144 人を伊予の国に、同じく捕虜 578 人を筑紫の国に、そして捕虜 15 人を和泉の国に配したところで終わっている。

実に 15 年にわたる戦い。これはなんであったのか。

これは文武天皇という一応諸貴族が推戴した天皇が早世し、その後継ぎであ

る後の聖武天皇が幼く、しかも彼はその血統が天皇を継ぐにふさわしいものではないという、日本王権の存続の危機に対応した出来事であった。

　おそらくこれは、この間、日本書紀にしばしば登場する、服属した蝦夷の民が、「俘囚から公民への戸籍がえ」を申請したことにあらわれているような日本国による蝦夷支配における差別の存在や、柵の建設と大量の移民による日高見国の日本国化への危機感が背景にあったであろう。

　蝦夷の人々が住む地域への律令制の浸透は、蝦夷の民族そのものの消滅の危機でもあった。蝦夷の人々は日本国における天皇をめぐる皇位継承の争いの勃発が予想された事態に対応して、日本国からの独立をはかったのであろう。

(c) 日本国からの独立を求める戦い＝蝦夷反乱の実態

　そしてこの戦いはその後も激しさをます。一度おさまったかに見えた「反乱」は、称徳天皇の宝亀元年（770年）8月、蝦夷の俘囚の長である宇漢迷公宇屈波宇（公(きみ)という姓を持っているからおそらくどこかの郡の長であろうか）らが、突然一族を率いて賊地（日本国の支配化にない蝦夷の地）に逃げ帰り、「同族を率いてかならず城柵を侵略しよう」と宣言したところから激化する。朝廷の威光に従って、朝廷の官吏としてその蝦夷支配に協力していた人々が反乱し、日本国に奪われた蝦夷の地の奪回に乗り出したからである。

　これに対する征討の動きは苦戦をきわめ、光仁天皇の宝亀5年（774年）には、征討軍の長官が、最前線の伊治の城に赴いたおりに、その軍に従っていた俘囚の長の伊治公アザマロによって殺され、伊治の城が奪われ、蝦夷の軍はそのまま、陸奥の国の支配の拠点であった陸奥国府が置かれた多賀城を陥落させるところにまで発展した。

　称徳天皇から光仁天皇へと到る時期は、王権をめぐる殺戮戦が行われていた時期であり、774年は、ようやく唯一の聖武天皇の血統をつぐ他戸親王を次の天皇候補と定めて、長い間にわたる王位を巡る殺戮戦を終えたのに、光仁天皇とその長子の山部親王（後の桓武天皇）の謀略により、その他戸親王が廃太子・殺害され、天皇を継ぐ資格がない山部親王が立太子したときであった。

　日本国の王位の行方が混沌とし、その中央での争いが激化する時期を見計らって、蝦夷の人々は総力をあげて、日本国からの独立をはかる戦いの火蓋を

切ったというべきであろう。

　桓武天皇が直面した蝦夷反乱とは以上のようなものであった。桓武天皇にとって蝦夷の反乱を押さえることは、自己の天皇としての権威を確立する行為でもあり、なんとしても負けられない戦であった。

(d) 朝廷の総力をあげた反撃の敗北
　多賀城陥落の翌年即位した桓武天皇は、意欲的に政治を改革し、蝦夷征討の準備を進めた。その過程で、諸国の国司が諸税を私的に流用している事態や最前線の陸奥の国の官吏たちが蝦夷との戦にそなえて国府などに運び込まれた兵糧米などを私し、都に送って巨額の利益をあげているなど、朝廷の官僚機構の腐敗した実態が明らかになった。桓武天皇はその腐敗を一つ一つ明らかにして関係者の処罰や再発防止策を講じながら、蝦夷再征の準備を着々と進めた。
　そして延暦7年（788年）3月、東海道・東山道・坂東の諸国の騎兵と歩兵5万2千8百余人を翌年3月までに陸奥多賀城に終結し、蝦夷征討を行うべきことが命令され、翌年（789年）3月、大軍が多賀城に集結し、北の蝦夷の地へと侵攻したのである。
　だが朝廷の総力をあげたこの戦いは、悲惨な大敗北を喫して終わった。6月の征東将軍の報告によれば、征討軍は北上川を渡って蝦夷の首長の阿弖流為の拠点の胆沢地方を攻め落とそうとしたが、かえって罠におちいり、戦死25人、川で溺死したもの1036人、矢にあたって負傷したもの245人、裸で川をわたって逃げ帰ったもの1257人という大敗北を喫した（続日本紀による）。
　そして桓武天皇の再度の侵攻命令を無視して征討軍は軍を解き、都に帰還してしまった。

(e) 懐柔策と征討によって制圧された30年にわたる「蝦夷反乱」
　しかし朝廷の征討軍5万余をわずか4千の軍で撃退したとはいっても、約20年にわたる戦いは蝦夷の側にも多大の損害と被害をもたらしたようである。乏しい戦果にいらだった征討軍は、蝦夷の村々の焼き討ちという策に出たからである。北上川流域の肥沃な地域も長い間の戦乱によって疲弊し、毎年の税す

らとれない状況になったことは、蝦夷の側にも朝廷の側にとっても多大な損害であった。

ここに再び、蝦夷の首長を懐柔し、官位と律令官制の中で郡の統治をゆだねるという懐柔策が台頭し、蝦夷の首長の主だったものを少しずつ切り崩していった。そして延暦13年（794年）、平安京遷都の年に、10万の大軍を投じてまだ従わぬ蝦夷の人々の制圧が図られた。この年の10月、征討軍は「斬首457人、捕虜150人、取った馬85匹、焼いた村75ヶ村」（「日本紀略」による）の戦果をあげ、一応終結した。10万の大軍を投入して得た戦果としては小さいが、焼き払った村75という数字は、「朝廷に従わねば皆殺しにする」という脅しとしての意味は充分だったとみられる。

さらに征討は引き続き、延暦20年（801年）には陸奥の国司で鎮守府将軍を兼ねていた坂上田村麻呂が征夷大将軍に任命され、4万の軍が動員され、蝦夷の拠点であった胆沢地方に攻め入った。そして翌802年にはその地に胆沢城が築かれ、さらに翌803年には多賀城にあった鎮守府が胆沢城に移され、30年に及ぶ蝦夷征討は、ここにほぼ終息した。

このときどのような戦いがあったかは記録にないのでわからない。だがこの戦いで朝廷に対して徹底抗戦を続けてきた蝦夷の首長の大墓公阿弖流為と盤具公母礼とは捕虜となり、802年7月に坂上田村麻呂は2人を伴って平安京に凱旋した。

この時、田村麻呂が2人の蝦夷の首長の助命を嘆願したということは、征討軍に降伏したもともと俘囚の長であり、「公」という姓を持って郡の官吏であった2人の首長を、律令制の元の地位につけることにより、蝦夷全体を間接統治によって治めようという構想があったことが伺える。

しかし桓武天皇は2人を許さず、河内の国の杜山で2人は処刑された。

だが、かつての間接統治の策はこの後復活をとげ、陸奥の国の胆沢以北の地域（いわゆる奥6郡）は、俘囚の長を郡の司として間接統治をしたことは、後の奥州安部氏の例でも明らかであろう。

30年以上にわたる日本国からの蝦夷独立の戦いは、朝廷の側の焦土作戦と懐柔策によって敗れ、ふたたび日本国の統治下に置かれたのである。

(8) 脈々と続く「蝦夷独立」の気概

しかし蝦夷反乱は潰えたとはいえ、蝦夷独立の気概は脈々とこの地の人々に受け継がれた。後の前九年の役や後三年の役における俘囚の長安倍氏や清原氏の朝廷の支配を脱しようとする行動、そして平泉に拠点を置いた奥州藤原氏の都の、王朝国家とは相対的に独立した動きなどがそれである。

そして彼ら俘囚たちや、その子孫たちが東北地方を「日ノ本」と称し、安倍氏の衣鉢を継いだ鎌倉時代以後の安東氏が「日ノ本将軍」と自称したことなどにも表れているように蝦夷独立の気概は脈々と受け継がれていく。

おそらく彼らにとって、数十年におよぶ戦いの結果、彼らを屈服させた平安京に都する朝廷の王である日本天皇が、本来の日本列島を統治する権限を中国王朝から認められた九州の倭王朝から王権を簒奪してできたものであるという記憶が、蝦夷独立の気概を支えた一つの基盤であっただろう。戦いに敗れ去ったとき、「九州の倭王朝（この王朝こそ日本と名乗った最初の王朝であった）の衣鉢を正しく継承するのは東北の蝦夷の民である」という屈折した自意識が生まれたのではないか。それがかの地を「日ノ本」と称させた所以であろうか。

(9)「日本は単一民族」という虚妄

新しい歴史教科書の著者たちは、このような日本列島征服史を征服された側から見るという視点をまったく持っていない。征服された蝦夷の人々にとって、都の朝廷や天皇は憎き征服者でしかない。この人々の痛みを感じることなくしては、これ以後の日本歴史を理解することはできないといっても過言ではない。

だが彼ら著者たちにとっては、そんなことはどうでもよいのである。彼らにとっては天皇によって統治された日本国の成立とその拡大こそが問題なのであり、蝦夷反乱の鎮圧は、この観点から見るとき喜ばしいことなのである。

おそらく彼らにとって、日本人とは「天皇を王として仰いだ単一民族」との

観念が支配的なのであろう。この日本は単一民族との虚妄の精神を持ちつづける限り、古代の日本列島にはいくつかの複数の王国があり、それぞれが異なる文化を持っていたという事実は、彼らの目には入らないのであろう。

　神武とその子孫によって征服された大和および近畿地方の民、そして大和王権の拡大の中で征服された出雲や吉備の民や尾張以東の東海・北陸・関東の民、さらには倭王朝の滅亡の過程で服属させた倭王朝傘下の北九州の民やその倭王朝に服属してきた南九州の隼人族の民。そしてその南の屋久島や奄美・沖縄の諸島の民や関東・東北の蝦夷の民、これらの民の苦渋と内に秘められた反天皇の気概には、彼らの目は及ばないのである。

　そして天皇家は、その各地の王国を征服していった侵略者の王であったという事実もまた、彼らの観念からは除外されるのである。

（10）「製鉄原料」「製鉄技術」に優れた「日高見国」

　最後になにゆえ朝廷は蝦夷の住む地域を何としても征服しようとしたかという点について考察しておこう。

　これについては、先に日本書紀の蝦夷関係記事を検討したときに、九州倭王朝の蝦夷支配が6世紀末から本格化したという事実が、全てを物語っている。

　蝦夷を再度服属させた事件として記録された年、敏達10年（581年）とはどのような年であったのだろうか。この約20年前の561年に新羅が任那ミヤ家を亡ぼし、倭国はその再建を画策し、571年（欽明32年）に任那再興の詔を発して、新羅と激しい戦いを演じていた真っ最中の年である。

　結局この任那再興はならず、この問題をめぐって対立を激化させた倭国と新羅とは、この後も戦火を交えていくわけだが、倭国が任那の復興に執心した理由は何であったか。それは任那とは加羅諸国の一部であり、加羅諸国の地は古来弁韓とよばれ、東アジアきっての鉄産地であったということである。つまり鉄産地である任那を新羅に奪われたということは倭国の生命線である鉄を新羅に奪われ、倭国は今後新羅との戦争が継続できないことになる危険が生まれたことを意味している。

まさにこの時期、倭国は蝦夷の住む日高見国に再度軍をおくり、そこを服属させた。そして7世紀前半を通じてそこに柵を設け、関東甲信越の各地から民を移動させ、日高見国の倭国化を進めた。そして663年の白村江の戦いにおける敗戦で事実上滅亡するまで、何度と無く蝦夷征討の軍を起こし、その北の粛慎を討ったのは、そこが新羅・唐の北辺にあたるという地政学上の位置の問題だけではなく、そこ蝦夷の民の住む地域が、日本列島においては、出雲と並ぶ鉄の産地だったからである。

日本最初の西洋式製鉄が行われた釜石の北方の山地は、餅鉄といって鉄の純度70％以上の磁鉄鉱の産地である。また山地に砂鉄や鉄鉱石を含む地域を流れる川の水には鉄分が多く含まれ、これが川辺に生える葦などの植物に吸収されてその地下茎のまわりに「すず」と呼ばれる鉄の純度70％程度の水生の褐鉄鉱が数多く出来る。現在でも多くの製鉄遺跡や採鉄遺跡を残す東北地方は、これらの鉄原料をつかって高度な製鉄が行われていた地域と考えられている（この点については柴田弘武の著書「鉄と俘囚の古代史」、および、弥生時代における古代製鉄の可能性については、真弓常忠の著書「古代の鉄と神々」に詳しい）。

任那・加羅の産鉄を失った倭国は、その穴を生めるため、日本列島屈指の産鉄地域である日高見国を征服すべく、たびたび大軍を送ったのである。そして倭国滅亡を受けて、日本列島の統治権を唐帝国から承認された日本国もまた、鉄を求めて蝦夷の人々が住む地の征服をはかった。さらに蝦夷の人々は日高見の国の独立を守るために、その鉄をつかった優れた武器を鍛え、その武器と優秀な馬とを持って、朝廷の軍と長期にわたって対峙し続けたのであった。

日高見の国の鉄製武器の優秀なことは、日本刀の原型となった蕨手太刀が5世紀の東北の

写真2　釜石市立鉄の歴史館所蔵の餅鉄

地ではじまったことや、この湾曲した太刀が騎馬戦での使用に優れており、陸奥の俘囚との戦いを経験した源氏傘下の武士たちが、その優秀さに学んで、湾曲した日本刀を作ったこと、さらに後世の武士の大鎧(おおよろい)の原型が同じく蝦夷の俘囚との戦いの中で、彼ら俘囚の皮で鉄の短冊をつづった軽い鎧の優秀さを学んだ武士たちが、関東の地ではじめて大鎧を完成させたことからもうかがわれる。

　蝦夷の国である日高見の国は、当時の最先端技術である製鉄技術と鉄製品製作技術の先進地域であったのであり、馬の産地ということともあいまって、当時の最先端の軍事技術である軽装騎兵の国であったことが、桓武天皇のもとの朝廷軍を長く苦しめ得た原因でもあった(朝廷軍の主力である坂上氏などの渡来氏族の騎馬軍団の武装は、重い鉄鎧で武装し、馬まで鉄の鎧で武装した重装騎兵であり、少数の重装の騎兵を中核にした重装備の歩兵部隊からなる征討軍は、蝦夷の軽装騎兵の前には、機動戦力という点でははるかに劣っていた。ここに征討軍が大軍を催しても、少数の蝦夷軍団を制圧できなかった一つの理由がある。それゆえ桓武天皇のもとでの征討の過程では、この蝦夷の軽い鎧に対抗できる皮の鎧が何千となく関東地方で作られ、多賀城に送り込まれたのである。関東はかつて蝦夷の住む地であったために、蝦夷の人々と同じ技術を持っていたからであろう)。

　　注：05年8月刊の新版では、「律令国家の立て直し」と改題している(p 52)。記述内容は「辺境」「反乱」などの用語も含めほぼ旧版と同じであるが、坂上田村麻呂についての詳しい記述は削除された。

　　注：この項は、前掲、古田武彦著「真実の東北王朝」、菊池勇夫著「アイヌ民族と日本人」、柴田弘武著「鉄と俘囚の古代史─蝦夷『征伐』と別所」(1989年彩流社刊)、真弓常忠著「古代の鉄と神々」(1997年学生社刊)、宇治谷孟著「全現代語訳：日本書記・上下」(1988年講談社学術文庫刊)、宇治谷孟著「全現代語訳：続日本紀・上中下」(1995年講談社学術文庫刊)などを参照した。

22 摂政・関白は王家の家長不在の中で王権を代行した
——「天皇はあやつり人形」ではなかった

「平安京と摂関政治」の第3項目は、「摂関政治」と称して、藤原氏の権力意思によって天皇が単なる御飾り＝あやつり人形になったということを記述している。
「つくる会」教科書の記述を見てみよう（p 69）。

　都が平安京に移り、朝廷の仕組みが整って、天皇の権威がいっそう安定してくると、天皇が直接、政治の場で意見を示す必要が少なくなった。一方藤原氏は、たくみに他の貴族を退け、一族の娘を天皇の后にして、その皇子を天皇に立てることで勢力を伸ばした。
　やがて9世紀の中ごろから、藤原氏は、天皇が幼いころは摂政として、また成長したのちは関白として、国政の実権を握るようになった。10世紀後半からは、ほとんどの時期、摂政・関白が置かるようになる。そこで、このころから、摂政・関白が実力を失う11世紀中ごろまでの政治を、摂関政治とよぶ。摂関政治は、藤原氏という貴族が、天皇の外戚となることで、天皇の権威を利用して行った貴族政治である。

　これが平安時代政治史の通説的理解であり、この新しい歴史教科書に限らず、どの教科書でも同じように記述されている。
　また、この平安時代政治史の通説的理解が、前後の時代にも敷衍され、天皇というものは単なるあやつり人形なのだという理解が、今日の常識になっている観すらある。だがこれでは歴史上のここかしこに現われる「戦う天皇」の姿の性格を捉えることはできないし、現代史も理解できない。さらには、天皇という存在が日本歴史に不可欠のものであり、天皇とは国民の幸せを考えて国民とともに歩む存在であるというこの教科書の主張（昭和天皇の記述で著しい）

と、平安時代の天皇の理解は、大きな齟齬をきたしてしまうのである。

　では天皇はあやつり人形という通説的理解はどこが間違っているのか。以下に詳述してみよう。

(1)「直系王朝の安定」の下で出現した幼帝と摂政

　教科書の記述の「天皇の権威の安定」とは、何を指しているのであろうか。これは摂関政治の前提になっている、成人していない天皇＝幼帝の出現と摂政の補任という最初の事態が、いかなる状況の下で起きたかを究明して見れば明らかとなる。以下、河内祥輔の「古代政治史における天皇制の論理」と、保立道久の「平安王朝」とを参考にして記述してみよう（巻末資料系図7「嵯峨王朝と摂政制」参照）。

　天皇になるには、成人していることと天皇にふさわしい血筋の生まれ（第一義的には父母ともに天皇の子）が歴史上の貴族の間における確認事項である。しかしこの条件を備えた候補者がいないとき、もしくは複数いたりしたときには、臨時の措置として最初は傍系の王族を中継ぎとして立てた。
　しかしこれは新たな皇位継承戦争を生み出したので、次に考えられたのは女帝を立てることであった。女帝の条件は前天皇の同母の姉妹か次期天皇の母または叔母で天皇の娘という条件であった。
　歴史上初めて未成年のまま即位したのは、858年に即位した清和(せいわ)であった。父文徳(もんとく)が32歳で死去したとき、清和はまだ9歳。彼はすでに成人している兄惟喬(これたか)親王をさしおいて即位した。それは清和の母が藤原良房(よしふさ)の娘であったからである。藤原良房は桓武天皇の子どもたちの間で皇位継承の争いが起きる中で、次男嵯峨(さが)天皇の系統を直系皇統とするに尽力した忠臣である。したがって嵯峨の子仁明(にんみょう)は良房の妻に嵯峨の娘を娶わせ息子の文徳の妻にその娘を配し、この関係は仁明の子文徳にも受け継がれた。この時期に母を藤原良房の系統とするという直系皇統の継承の新たな条件が出来あがっていた。
　仁明・文徳と続く直系王朝の出現は長い皇位継承の争いに揺れていた平安貴

族にも容認された。そして病弱な文徳が幼子清和を残して死去する可能性が見えた857年、文徳は功臣藤原良房を太政大臣という、天皇を輔弼する最高の地位につけた。

こうして幼帝清和は藤原良房の監督を受ける形で即位し無事成人した。そして老年に達した良房は太政大臣のままで政治の第一線から退いたのである。

その彼を再び政治の第一線に引き戻したのは、866年に顕在化した貴族内部の政治闘争の再燃。2年前に元服した清和には後継ぎが誕生する気配がないことにより、直系皇統が途絶える危険が見えたことにより皇位継承の争いが再燃した。応天門の変である。ここで争いをおさめ、皇統を安定させる任を帯びて再登板した良房に与えられた役目が摂政。律令官制の臣下の最高位としての太政大臣では貴族上層部の争いを裁く権威としては不足と見て、本来王族にしか許されなかった摂政に任じて事態の収拾をはかったものであろう。

この事実に、藤原良房が仁明王朝にとって王族にも等しい位置を占めていたことがうかがわれるとともに、太政大臣・摂政とも王権の危機に伴う危機管理の臨時的役職という性格を帯びていることが見て取れる。

そして876年、清和は退位して上皇となり事実上の院政を敷き、8歳の陽成が即位し、その養育と指導の任にあたる摂政に良房の子息基経が任じられた。このとき基経が人政人臣ではなく摂政であったのは、彼の上に年長の左大臣がいたからである。しかしこの摂政は危機管理の役ではない。上皇清和は27歳。意欲的に政治を進めていたので、彼がこの後に若くして死去しなければ、この時点で院政が成立し、摂政は院政の下での幼い天皇の養育・指導の任に限定されたであろう。

その摂政を天皇にかわって政治全般を輔弼する職にしてしまったのは、またしても天皇家の家長である清和の死。880年。清和は31歳で死の床についてしまった。そしてまだ13歳の陽成に皇統を託さねばならなくなった清和は、父文徳の例にならって藤原基経を摂政を兼ねたまま太政大臣に任命した。

以上のように最初の幼帝と摂政の補任の例を検討して見るとき、直系皇統を実現し皇統の安定を図らねばならないときに天皇（または上皇）が死去した際

に、その皇統を守る役目として、皇統と深い関係にあった藤原良房の流れに摂政が託されたのであり、それは当初は律令官制の最高位としての太政大臣の職とセットであった。

(2)「皇統の危機回避」の功労としての関白補任

では関白とはいかなる事情で生まれた職であろうか（巻末資料系図 7 と系図 8「光孝王朝と藤原北家」参照）。

歴史上最初の関白補任は、887 年に宇多天皇が即位したとき、藤原基経が任ぜられたことに始まる。ときに宇多天皇 20 歳。ここに政治上の重要事項を直接天皇に奏上し、あわせて天皇から下される全ての判断を直接事前に相談にあずかるという、律令官制の圏外でその上に立つ職が生まれたのである。

しかしこの基経の関白補任は、その前の 884 年の光孝天皇即位と、そのときに基経が実質的に後に関白と称せられたと同じ権限を与えられたことにその前例があり、この出来事の意味を探ることが必要である。

では光孝はいかにして即位したのか。端的にいって、彼の即位は彼自身にとっても晴天の霹靂であったし、貴族層全体にとっても晴天の霹靂であった。即位の事情はこうである。

883 年に陽成天皇が、天皇の居所である清涼殿において、乳母子である源益とふざけていて、彼を打ち殺してしまったことにある。神聖な場での殺人。しかも聖なる人である天皇自身の殺人。これは天皇の権威に関わり、天皇を頂点とする貴族の支配の根幹に関わる問題である。権威の回復のための前後策を貴族層が練る中で、貴族層は皇統を仁明天皇の代にまで遡り、新たな候補者を選ぶことになる。せっかく直系皇統が成立し政治的な安定を生み出した文徳・清和・陽成の王朝であったが、今回のスキャンダルだけではなく数多くのスキャンダルに彩られていたこの王朝が避けられ、その始祖である仁明にまで遡って、なるべく陽成とは血縁的に遠い存在が選ばれたのである。

光孝天皇。時に 55 歳。仁明天皇の第 3 皇子に生まれ、老年に到るまで静かに暮らしてきた。そして突然貴族層の要請によって即位した彼は、すぐさま自

分の子どもたち全員を臣籍に降下させ、自分は次の適当な候補が見つかるまでの中継ぎの天皇であることを示し、同時に藤原基経を実質的な関白の地位につけたのである。

　光孝に即位を要請した貴族の筆頭が基経であり、仁明から陽成までの皇統の安定に尽くした良房・基経の権威は光孝をも凌いだのである。そして3年後、適当な候補者が見つからない中で光孝が死去するや、次に選ばれたのは光孝の第7子であった宇多であった。彼は一度王族から臣下の貴族になっていたのだが、光孝の子どもの中で唯一官職につかず、その王族としての経歴を汚していなかったので選ばれた。そしてこの宇多天皇も父光孝に従い、藤原基経を関白につけ、国政全般をゆだねた。

　関白が成人した天皇にかわって国政全般を見るという事態が生まれたのは、直系皇統が廃絶し、政治的に不安定な状況が生まれたからであり、その不安定な状況に終止符を打ち、再び皇統を安定させるには、前代の皇統の安定に功労のあった藤原基経の権威に頼らざるを得なかったし、その皇統継承に功労があったことへの慰労の意味もあったのである。そして彼の地位は、彼の死去と、宇多院政の開始とともに終止符を打たれた。この意味で関白の職も、皇統の危機に際しての臨時的職であった。

（3）続く皇統の危機と皇統の鼎立

　では臨時の職であった摂政と関白が再び設けられるようになった理由は何であろうか。それは光孝・宇多・醍醐と直系が続いた天皇制が再び危機に陥ったからである（同じく巻末資料系図8参照）。

　その最初は930年に即位した朱雀天皇のときである。醍醐天皇は息子に譲位して上皇となり、息子朱雀に藤原忠平を摂政として、院政を敷こうとした。天皇が生前に譲位し上皇となって政治に介入する意図は、自己の思うままに皇位継承を成し遂げることである。律令官制の最高位としての天皇は貴族の合意に縛られる職であり、皇位の継承も天皇の一存で決まるものではない。だが貴族の価値観は、天皇制が直系相続を続けることで安定することを望んでいる。そこで天皇は生前に譲位してわが子を天皇につけ、やがてその天皇の子を皇太

子につけることで、自己の皇統を安定させることを考えたのである。そのためには律令制に縛られる天皇ではなく、官制の外部にある上皇という自由な立場で動くということが考えられた。これは醍醐が最初ではなく、清和もこれを考えたし、醍醐の父宇多も考えたことである。しかし清和は自身の死によってその望みは潰え、宇多は実子の醍醐との対立によってその望みを絶たれた。

　この天皇が上皇となって自由に動くとき、その子である天皇は幼子であることが望ましい。しかし幼子では天皇が律令制に基づいて政治決定することは出来ないので、その補佐として、上皇は自己の縁戚にあたる有力貴族を摂政に任じ、自分が自由に動きかつ天皇を意のままにあやつる枷として摂政が必要であったのだ。そして天皇を、成人してもなお上皇の意のままに動かさねばならない。すなわち天皇の后は上皇がしかるべき家から選ぶのであり、次の皇太子も上皇が選ぶからである。したがって成人した天皇を輔弼しかつ上皇の意思に従わせる役として関白が必要なのである。こうして、天皇制の危機に際して補任された臨時の職であった摂政と関白が院政の始まりとともに常設の職となる予定であった。

　ただしその権能は、あくまでも上皇の政治意思を体現する範囲でのことである。

　しかし醍醐のところでは、またしてもこの試みは潰えた。朱雀に譲位した直後に醍醐が46歳の若さで死去した。そして天皇朱雀はまだ幼く後継ぎはない。ここに再び直系皇統の断絶の危機が生まれ、院政の下での限られた権能を有する摂政のはずが、王権の危機を救う役を担うこととなる。しかもその後成人した朱雀にはいっこうに後継ぎが生まれる気配はない。この中で貴族内部の皇位継承を巡る争いが再燃し、その中で東国にあった桓武天皇5世の孫である平将門が「新皇」と称して武力で皇位を狙おうとする。

　この危機を乗りきるために、貴族層は摂政藤原忠平に太政大臣の職を兼ねさせ、危機脱出の権限を与える。そして忠平は944年に朱雀の同母の弟を皇太子とし、2年後朱雀に譲位させて19歳の弟の村上を即位させる。そして950年。生まれた子どもを立太子させ、直後に太政大臣・摂政藤原忠平は死去する。これで皇統を安定させるはずであった。

しかしうまく行かないものである。村上が譲位して院政をしき、息子の冷泉(れいぜい)を即位させてその祖父である藤原師輔(もろすけ)を摂政にという村上の思惑は、960年にその師輔が60歳であっけなく死に、摂政の人材を失ってしまい、譲位は延期された。そして967年村上の死を迎え、即位した青年天皇冷泉(れいぜい)に皇統の安定の期待は託された。だが即位したあと冷泉は精神を病み、しかも後継ぎが生まれないという事態が再度出現した。
　ついに貴族層は969年冷泉から中継ぎとして弟の円融(えんゆう)に譲位させ、生まれるであろう冷泉の後継ぎの男子を期待した。
　こうして天皇家の家長が死去し、まだ若い上皇と天皇とが皇統を継ぐという事態が続くことで、天皇の母方の有力者である摂政が、皇統の維持のために大きな権能を有するようになった。そしてこの事態は、年の近い兄と弟である冷泉上皇と円融天皇の双方に男子が生まれ、兄弟での皇位継承の争いがおこり、それを解消するために、以後円融系と冷泉系の2つの天皇家が鼎立(ていりつ)することでかえって貴族内部の争いに火をつけてしまった(巻末資料系図9「村上王朝の分裂」参照)。しかも代々の天皇が若死にするという事態が続くことで、この結果ますます天皇を補佐する摂関の職が重要となり、摂関の職が常設され、大きな権能を有するようになった。

(4)「皇統の正常化」とともに縮小される「危機管理」としての摂関の権能

　こうして10世紀中ごろから、摂関の職は常設されるようになった。王権の危機に際しての危機管理のための臨時の職であった摂関が、王権の危機が永続することで、律令官制の上に立つ常設の職となった。だがしかし、その権能はあくまでも王権の危機管理である。王権が安定し、父から子・孫へと直系皇統が安定して継続する事態が生まれれば、この職の権能は必然的に縮小される。
　そしてこれは1016年に藤原道長(みちなが)によって皇統の鼎立が解消され、後一条天皇が即位したところで実現へと一歩踏み出した。通常道長の時代は、摂関政治の絶頂期と捉えられている。それはこの教科書でも例外ではない。だが道長・頼通(よりみち)と続く摂関家の栄光は、長い間続いた皇統の鼎立と皇位継承の争いを鎮めた功績によるものであり、天皇家の側から皇統の安定のために道長流の藤原氏

が選ばれた結果でもある。

　したがってそれは、そのあと後朱雀・後冷泉・後三条と直系皇統が実現し、後三条において「両親ともに天皇の子」という安定した皇位が実現することで、院政の出現・摂関の権能の縮小という事態へと続いていく序曲となった。

　平安時代政治史を彩った「操り人形としての天皇」や「藤原氏の陰謀」という歴史の見方は、根本的に誤っていたのである。

　平安時代は長く続いた王権の危機の時代。その危機を乗りきるために天皇家の側から選ばれた高貴な家系としての藤原氏が、政治を安定させる天皇家の家長の不在という危機の中で、その代理として皇統の安定に尽くしたのが平安時代であった。

　以上の新しい見方を提起した河内祥輔の前記の著書が発行されたのは、1986年である。あれからすでに15年。天皇を主人公とした古代政治史の見直しが進められている今日において、この新しい歴史教科書を始め、教科書はまったくこの研究成果を取り入れようとしていない。それはおそらく、天皇の役割を過小評価しようとする潮流が戦後の歴史学の主流であることと、それに抗して現われた「つくる会」のような潮流が、天皇主義を唱えながらも依然として「玉としての天皇」という天皇利用史観に彩られていることに原因があろう。

　どちらの立場でも、日本の歴史における天皇の役割は、正確にとらえきることはできない。

　　注：05年8月刊の新版の「摂関政治」の記述は、ほとんど旧版と同じである（p53）。変わった所は、摂関政治の時期である「10世紀後半から11世紀中ごろ」という数字が削除されたこと。これによって年表で確認しないと時期がわからなくなった。あとは道長が絶頂期に詠んだとされる和歌が旧版にはあったのが削除されたことが異なる点である。

　　注：この項は、前掲、河内祥輔著「古代政治史における天皇制の論理」、保立道久著「平安王朝」などを参照した。

23 中世の始まりとしての10世紀

　新しい歴史教科書は、「平安京と摂関政治」の節の最後に、「地方政治の転換」という項目を取り上げている。次のような記述である（p 70）。

　10世紀に入り、人口が増え、新田が不足したために、班田収受が行き詰まると、朝廷は地方政治の方針を大きく転換した。国司に税の確保を求めるほかは、あまり干渉せず、地元の政治をまかせるようになったのである。一方、国司は税の確保を有力農民にまかせたので、国司と結んで大きな勢力をもつ農民もあらわれるようになった。このような時代の動きは、やがて新しい社会の形成につながっていく。

　すなわち、「朝廷が直接地方を治めるのではなく、地方の有力者に税の確保をまかせ、個々の国司がその地方の有力者を統括して、税の確保をはかるという政治の変化が、新しい社会の形成につながった」という認識である。では、その「新しい社会」とは何だろうか。この歴史教科書には、これについての明確な説明はないが、文脈上のつながりからして、「律令国家の展開」の節の中の次の項目である荘園の成長にあらわされた社会であり、その中から成長した武士を中心とする社会であると思われる。「つくる会」教科書は次の「院政と武士の登場」の項目で以下のように記述する（p 71）。

　　荘園と公領
　10世紀以降、地方政治が変質していくにつれ、各地に有力農民が成長し、豪族として勢力を伸ばしていった。彼らは税をまぬがれるため、自分が開墾した土地を荘園（そのころの大規模な私有地）として貴族や寺社に寄進し、みずからは荘官（荘園の管理者）となって支配を強めた。一方、国司の管理

下にある公領も、まだ多く残っていた。国司は、地元の豪族を役人に取り立てて、税の確保に努めた。荘園がもっともさかんにつくられたのは、12世紀のころである。

（1）政治の変質が社会の変化をまねくのか？

　しかし以上のような認識でよいのだろうか。朝廷に地方政治をまかせられた国司が、地方の有力農民に税の確保をまかせるには、このような政治のしくみの変化の以前に、「有力農民が地域の農民を統括し税を徴収できるほど力を伸ばす」という事実がなければいけないわけである。
　つまり「有力農民の成長」という社会の変化が先にあって、それに伴い、この新たな勢力に地方政治の実権を移すという統治機構の変化があったというのが実態ではなかったか。教科書の記述は逆さまなのだ。

　ではその「有力農民」とは何か。「つくる会」教科書は何も語らない。
　しかしヒントはある。この有力農民は「自分の力で土地を開発できる」力を持っているのであるから、もともとその傘下に多くの人をかかえ、開墾に必要な鉄製農具などの工具を調達する力のある人々ということである。
　ではこのような人々はどのようにして現われたのか。教科書には「新たに出現した」との記述はないわけだから、これ以前から存在したということになろう。それは誰か。直ちに想起されるのは、律令制の下で、郡の統治を任された「郡司」たちの下で村（里）の長をつとめた「里長」たちである。
　郡司をつとめたのは、その地方の共同体の長から成長した伝統的な「王」である豪族たちであり、里長は、鉄製農具の普及と灌漑農耕の普及にともなって成長した有力農民であった。どちらも律令制の下でも多くの奴婢（下人）を抱え、たくさんの班田を支給されていた。しかし郡司は地方政治の実行者として役職につき、その役職に伴った「職田」を支給されるという特権階層であるが、里長にはそれがない点が大きな違いである。
　この非特権階層である有力農民が郡司らの旧来の豪族を超えて地方政治の表舞台に登場したところ、この層に税の確保をまかせ、やがて地方政治の実権を

も任せるという事態の変化であったのではないだろうか。税の徴収を任された有力農民、あらたな豪族層は、税収の単位としての「名田（みょうでん）」を束ねるものということで「名主（みょうしゅ）」と呼ばれたのである。

(2) 律令国家体制の変質・もしくは崩壊

では、このような事態はどのような意味があるのだろうか。

ここで想起すべきことは、この教科書が「律令国家の出発」の項で、「多数の農民に一様に平等の田地を分け与え、豪族の任意とされていたまちまちの税額を全国的に一律に定めたこの制度は、国民生活にとって、公正の前進を意味していた」（p 56）と律令国家体制を評価したことである。これは言いかえれば、「律令国家体制が、成長しつつある有力農民層を、従来の王である郡司層をこえて、直接国家への税の負担者として位置付けたことにより、国家体制の中で正当な位置を与えた」ということになる。

これを逆の面から言いかえれば、「地方政治の中で、有力農民の成長によって統治力の衰えた地方の王たちを、統一国家の建設ということによって彼らに特権を与え、国家の下での地方政治の担い手に位置付けることで、彼らを救った」と評価できる。つまり律令国家体制は、「地方の王たちと有力農民の関係を、統一国家の下で固定化し、現状維持をはかった」体制であるわけだ。有力農民の側から見ると、権利を認められた側面と、これ以上の社会的地位の上昇を抑えられた側面とがあったわけである。

したがって10世紀ごろになって、朝廷が地方政治を委任した国司が、その政治の根幹である税の確保を有力農民に任せたということは、有力農民が律令国家体制の枠を乗り越えて成長し、地方政治の実権をもかつての王である郡司層から奪い取るほどになったということである。言いかえれば、有力農民の力が律令国家体制をも変質、もしくは崩壊させてしまうほどに発展したということである。

（3）有力農民層の成長の基盤は？

では有力農民層、名主と呼ばれた人々の成長の基盤は何であろうか？　これはおそらくは、製鉄技術の発達と普及、そして鉄製農具による農法の普及、さらに商品経済の拡大であろう。

平安時代のはじめに、東北の日高見の国を屈服させ、蝦夷の首長を律令官制の下に統合した朝廷は、日本全国各地に、蝦夷の人々を集団的に移住させた。その場所の多くは「別所」と呼ばれ、砂鉄の産地である。おそらくここに移住させられた人々は、蝦夷の優れた製鉄・鍛治技術をもった人々であったにちがいない。

こうして全国に移植された製鉄・鍛治技術を基盤として急成長したのが、有力農民層であろう。この人々はのちには「長者」として物語などの文献にも登場し、絵巻物などにも描かれるようになった。彼らの屋敷の内には、多くの職人が抱えられ、その中には製鉄・鍛治職人の姿もあった。

また、こうした鉄製農具を持った人々が社会的に大きな力を持つようになるもう一つの基盤に、743年の「墾田永年私財の法」の施行がある。この法律の適用対象は、当初は新たに開墾された田畑であったが、次第に荒れ果てた公田を再度開墾して農耕を可能にした場合にも適用されるようになり、私有田の拡大に、法的な基盤を与えたのである。

この法律によって、巨大な社会的力を持つ大貴族や大寺社だけでなく、地方の郡司や有力農民たちも、自己の傘下にある人々と鉄製農具を使用して開墾した結果、全国に私有田の割合が増え、その中で皇族や有力貴族、そして大寺社の私有田は免税措置がとられ、ここに荘園が成立した。そして荘園の成立と拡大は、公田の減少と税収入の減少を生みだし、ついには902年の荘園整理令による規制すら必要になったのである。

しかしこの法による規制も効果はなく、不輸租の免田が増えることを国司の権限で規制させたことが、かえって国司の権限による免田荘園の増加につながり、この結果として、朝廷は税の徴収を国司に委任し、定められた税額を納入している限りは国司の権限に介入しない方向へと、統治機構を変化させたので

ある。

　また律令国家の租税の徴収は米だけではなく、さまざまな地域の特産物を調（ちょう）や「にえ」として献上させていた。その中味は布や鉄・鉄製品、さまざまな道具類、そして多くの海産物などであった（この一覧は第 30 節補遺 1 の (2) に掲載した）。この現物での税は、税を納める正丁（せいてい）（成人の男子）が家族の労働で手に入れる場合と、交易によって専業の生産民から手に入れる場合とがあった。すでに平安時代中期から国府の周辺に市が立ち、そこで各地の特産物が売買されていたことは、近年の発掘の成果として明かになりつつある。この商品経済の拡大は、鉄製品を占有し豊かな生産を可能とした有力農民たちにさらに富を蓄えさせる基盤を提供したことであろう。

　そして税の徴収と運搬が、しだいに国家の手からこれらの有力農民に委譲されるに従って、税を運ぶ「運送業者」も彼らの間から生まれる。これも有力農民層の力を強めさせる基盤となろう。

　有力農民層は単なる農民ではない。彼らが諸文書において「百姓」と呼ばれていたことからもわかるように、彼らは農民であるとともに、手工業者であり海民であり運送業者でもあり商人でもあった。

(4) 地方政治の変質は中央政治の変質と一体

　そして、この地方政治の国司そして郡司やその下の有力農民層への請負の体制は、中央政治の変質も伴っていく。

　すなわち、律令国家体制は、太政官（だいじょうかん）の下に様々な職掌の官司が縦の関係で服属し、太政官の指揮の下に動いていたが、やがて 10 世紀から 11 世紀の諸改革によって、様々な官司が個々に分立し、それぞれが自己完結的な業務を遂行するようになる。そしてそれぞれの業務がそれぞれに固有の収益と結び合わされ、収益を伴ったそれぞれの官司の職が、一定の限られた貴族の一族によって、代々受け継がれていくようになる。

　つまり律令官制のそれぞれのポストが、家職（かしょく）（家に代々受け継がれる職）となり、一定の氏族（貴族）の請負となったのである。それゆえ律令官制の頂点の組織であった太政官も解体され、太政官の最高決議機関であった議政局（ぎじょうきょく）

の諸ポストもが、これらの貴族の中の最高位をしめる有力貴族たちの家職となり、代々大臣をつとめる家や、代々納言（なごん）をつとめる家が生まれ、議政局も決議機関から、貴族層の利害調整機関に変質していった。

そしてこの変化は同時に天皇位をも一定の血筋の皇族が独占する（直系皇統の継続）傾向をつよめる動きと一体となり、院政の出現とそれの補完物としての摂関制の確立という事態を生んでいったのである。

（5）中世の幕開け

10世紀における地方政治の転換は、単なる統治機構の一部変更などではない。律令国家体制を支えていた社会体制の変化に伴う、律令国家体制を解体・再編成していく過程の一部だったのだ。そしてこのことが中央集権的な強力な中央統制の政治を崩壊させ、地方毎の独立した動きを可能とする基盤となり、中国の唐王朝の崩壊による東アジアの激動ともあいまって、日本の政治の流動化を生み出し、武力の地方化・私物化が進行して、やがて「武士の時代」という「地方の時代」の幕を開けるのである。

この意味で10世紀における地方政治の転換は、中世という時代の幕開けでもあった。

新しい歴史教科書も含めて多くの教科書は、「摂関政治の成立」「地方政治の転換」「荘園の成立と拡大」「武士の発生」「院政の成立」を平安時代としてくくっており、しかも、それぞれの関係をしっかりと明記していない。だが上に述べたように、これらは一体のものであり、古代社会の質的変化に基づく、国家統治機構の改変だった。すなわち中世社会の成立と、それに対応した統治機構としての「王朝国家」体制の成立ということである。

社会体制・国家体制の変化を基準として時代を区切るならば、これらの出来事が始まった10世紀をもって、新しい時代の始まりとして記述すべきである。

　　注：05年8月の新版では、旧版の「地方政治の転換」と「荘園と公領」を統合して「公領と荘園」という題で記述している（p 53）。記述内容はほぼ旧版

と同じである。

注：この項は、前掲、柴田弘武著「鉄と俘囚の古代史―蝦夷『征伐』と別所」（1989年彩流社刊）、佐藤進一著「日本の中世国家」などを参照した。

24 平板な武士像：
「武門貴族」と「国の兵」の合体を捉えられず

　新しい歴史教科書は、「院政と武士の台頭」の項の最初に、「武士の登場」と題して、以下のような武士の発生の過程を記述している（p 71・72）。

　社会が大きく転換する中で、武士と呼ばれる集団が、しだいに力をもつようになった。そのおこりは、国司となって地方におもむき、そのまま住みついて勢力を伸ばした皇族や貴族の子孫を中心に結集した武装集団である。そこには、狩りをなりわいとして弓や馬を扱いなれた者などが、加わっていたらしい。
　やがて彼らの武芸が注目され、朝廷の武官として宮中の警備に当たったり、貴族の護衛につくようになった。また、地方では国司の指揮下に入り、盗賊の取りしまりや、税を都に運ぶときの守りにつくなどの働きをした。こうして彼らは、武士としての身分を認められるようになった。
　武士は、血すじがよく指導者としての能力にすぐれた者を棟梁として、主従関係を結び、武士団をつくった。中でも強い力をもつようになったのは、天皇の子孫の源氏と平氏だった。

　昔は、武士とは有力農民が武装化し、それが源氏や平氏という武門の棟梁の傘下に入って武士団を形成したという形でとらえられていた。しかし、この見解は、多くの武士がその系図において都の貴族を祖先としていることとの整合

性がなく、また有力農民が武士化した過程が証明できないために、近年の研究の深まりの中で否定された。

　この教科書は、近年における研究の深まりを反映して上のような記述となったのである。

　しかし「つくる会」教科書の記述は、武士の発生についての新たな研究成果を中途半端にしか反映しておらず、あいかわらず従来説に従って武士の複雑な成り立ちと性格をあまりに単純化している。そして、そのことでかえって武士の多面的な性格をとらえきれない結果となっており、その後の武士の行動の意味をとらえられない結果を生み出している。武士の発生は、教科書が記述するよりももっと多様なのである。

（1）武門の系譜を引く権門貴族

　武士の発生の中で、その棟梁となったのは、結果として見れば源氏と平氏という王族出身者であるが、これは結果であって、その当初においては多様な貴族出身者で占められていた。彼らの系譜をたどれば、その多くは、古代以来の朝廷の軍事の守りを司った、物部や大伴の氏族や新来の渡来氏族に行きつく。そして彼らは、平安初期の、東北の蝦夷にたいする度重なる遠征の過程で、軍事を家職とする軍事貴族へと脱皮していった。

　さらに10世紀ごろの官司の一定の貴族の家職化の過程は、天皇位の一定の家系への固定化とそれを支える貴族の創出という過程と平行するものであったため、源氏と藤原氏という、天皇家ときわめて近しい貴族がつくられた。そしてこの氏族が、各部門にも進出することになり、軍事貴族においてもやがて、源氏・藤原氏の者が上席をしめるようになっていった。

　そうなると、軍事貴族であるというだけでは中央でうまみのある役職にかならずしもつけるわけではない。このため彼らは当時大きな権限をあたえられ、租税徴収といううまみの多い国司となって、地方へと下向する動きをするようになる。そしてこれに、9世紀から10世紀におきた九州・中国地方への異民族の来襲や各地での俘囚の反乱とが、中央軍事貴族の地方への土着化を促進し、

地方での「国の兵＝くにのつわもの」との合体の道を進めたのである。

　この軍事貴族としての武士は兵＝つわものとよばれ、蝦夷鎮圧や京都の治安などをつかさどる鎮守府(ちんじゅふ)将軍、近衛(このえ)・衛門府(えもんふ)官人、検非違使(けびいし)庁官人などであった。そして彼らの下には、殺生を業とする狩猟・漁労民や、殺害・放火犯といった体制外に放逐された非法者の集団などが、手足として組み込まれて存在し、貴族間の私闘、地方領主間の紛争、地方領主・荘園(しょうえん)領主と国衙(こくが)の紛争、あるいはおのおのの利害遂行のための物資輸送などに際し、弓馬や船や甲冑(かっちゅう)で武装した代理人として働いていた。この時期の彼らの日常生活は、例えば「今昔物語集」巻19―4話には、源満仲(みつなか)が通常従者たちを指揮して山野に狩りを催し、また河海に網を張っていたさまが描かれているが、これはそのありさまをよく伝えており、騎馬戦闘集団としての能力がこれによって常時磨かれていたことが知られる。また、源為義(ためよし)の子為朝(ためとも)の従者たちが非法者の集団であり、通常無頼の徒として生活していたという伝承も、この一面をよく伝えている。この草創の時代における武士の生き方は当時「兵(つわもの)の道」とよばれ、強固な主従関係や家名の発揚よりも、合戦を業とする者としての武士個人の潔さや人間的度量を尊ぶ気風が強かった。「今昔物語集」をはじめ平安時代の合戦譚(たん)に、武士の戦闘能力や敵対関係にある武士相互の心の交わりを褒めたたえ、父子骨肉の死闘を当然のこととして描いているのは、この時代の武士の価値観をよく示している。(以上、小学館の日本大百科全書の「武士」の項による)

　新しい歴史教科書の「狩りをなりわいとしたものも加わっていた」との記述は、以上のような認識をもとに書かれているのだが、「彼らの武芸が注目されて朝廷の武官」となったのではなく、その発生の当初から武士の中核部分は朝廷の武官であったのだ。

(2) 国の兵との合体

　軍事貴族としての棟梁たちの下に「郎党」と呼ばれる武士の一群がいる。彼らはどのような系譜を引くのであろうか。

彼らこそが、各地方で武力を蓄えた兵(つわもの)であり、当初は、都の軍事貴族の討伐の対象になった者たちである。
　この者たちが歴史の表面に登場した背景は何か。それこそ907年の中国は唐王朝の滅亡にはじまる東アジア規模での動乱の時代であり、荘園制の広がりとともに、律令国家体制が弛緩し、中央からの統制が揺らいだ結果でもある。
　この始まりは792年に陸奥(むつ)・出羽(では)・壱岐(いき)・対馬(つしま)など周辺諸国との軋轢の絶えない地方を除いての軍団制の廃止に伴い、郡司の子弟など、弓馬の道に優れたものを健児(こんでい)とし、国々に100人程度置いたことにある。8世紀末の唐王朝や新羅との戦争、そして9世紀初頭の東北の蝦夷との戦争、これらの打ち続く戦争で軍団として動員させられた農民の負担は耐えがたいものであった。これらの戦闘が一旦終息した時期をとらえて、この負担を軽減しようとしたものがこの健児の制度である。
　そしてこの国々で組織された健児が、その後の各地での俘囚の反乱や異民族の来襲の中で、それぞれが武力を蓄え、俘囚をその配下に加えたり、国家権力の庇護を失い自らの生活をまもるために武装した有力農民や商業民・職能民をもその配下におさめ、やがて各荘園や国衙領からの年貢や租税の運送を警備し、その仕事を請け負うことを通じて、地方において大きな武力を備えた勢力へと成長した。国家権力もその実力を認め、国の兵として国衙(こくが)毎に組織し、彼らも国衙の官人として地方政治に食いこんでいったのである。
　この過程で彼らは、国司など、中央から派遣された役人と税の徴収などをめぐってしばしばぶつかっている。988年の「尾張の国の郡司・百姓らの解文(げぶみ)」として有名な、尾張国司藤原元命(もとなが)の苛政を訴えたことなどはそのよい例である。ここに見える「百姓」は、近世以後使用された農民という意味ではなく、文字通り「さまざまな姓＝職掌の人々」を指しており、農民も商人も漁労民も職人も含まれていた。
　そしてこの事態の中で、国司と国の兵の間に入って、その利害を調整しつつ国の兵を自らの配下に組み込んでいったのが、国司として地方に赴任しながら、この国の兵たる地方の豪族と縁戚関係を結んで地方に土着した王臣家の子孫たる、武門貴族の一団だった。
　10世紀半ばの承平(じょうへい)・天慶(てんぎょう)の乱の中での平将門(まさかど)や藤原純友の動きはその典

型であり、この乱の鎮圧の過程を通じて、国の兵たちは、軍事貴族であり中央の官人として武士(もののふ)と呼ばれた人々を棟梁とした、武士団を形成していった。このとき、各地方の武士団の棟梁となり、国の兵を郎等として組織した軍事貴族は主に、桓武平氏と藤原氏であり、その広がりは北は陸奥・出羽の俘囚の地方から南は薩摩・大隅の隼人の国まで、ほぼ全国にわたっていった。

そしてこの平姓の軍事貴族と藤原姓の軍事貴族は、都の軍事貴族としてよりも、各地に土着する道を選び、国の兵としての性格を強め、次第に、中央からの独立傾向を強めて朝廷と衝突するに至った。11世紀の奥州における前九年の役の安倍氏、後三年の役の清原氏、そして東国の平忠常の行動などは、その例である。だから、承平・天慶の乱の平将門・藤原純友はその先駆けなのだ（一方武門源氏は、都において都の防衛や国家的反乱を討伐することを任務とした軍事貴族として栄達した）。

(3) 天皇家の一族としての意識をもつ武士の棟梁

源氏と平氏とは、つねに武士の棟梁として、並び称せられるものとして描かれている。新しい歴史教科書もそうである。しかし、こう記述したのでは、武士の棟梁についての、一種の誤解を生み出してしまう。

その最たるものは、源氏や平氏は武士の棟梁なのだから、貴族ではなく、武士としての意識をもち、武士として行動したという理解である。

一般に信じられてきたこの考えは、じつは、完全に間違っている。

武士とは、貴族から独立した階級ではない。上にも述べたように、武士(もののふ)とは、貴族の中で軍事部門を担当し、都の官人として高い地位についたり、国司の一員として地方に下ったりした、高級貴族の一団のことである。したがって、彼らの郎党となった国の兵たちとは、その意識も存在形態も違う。そして棟梁たちの中でも、源氏と平氏とは、彼らが天皇の子孫であったことから、他の軍事貴族とは違って、天皇の一族（王族）としての意識を持っており、その意識に基づいて行動する。また、彼らが武士の棟梁として大きく飛躍したのは、皇位継承の危機が生じ、それが武力による決着を必要とする事態が頻繁に起こる中で、その武力を統括する王族として、皇位継承の争いに介入することを通じて

であった。したがって彼らの栄枯盛衰は、彼らが支持した王朝の栄枯盛衰と一体である。

たとえば10世紀の天慶の乱における、平将門の行動と平貞盛(さだもり)の行動である。

従来将門の行動は、中央貴族の苛烈な政治に対する地方武士の反発を代表するものとして捉えられてきた。そして貞盛の行動は、摂関家の走狗として描かれてきた。

しかし将門が蜂起した939年（天慶2年）がどのような年かを考えて彼らの言動を検討すると、まったく違った様相を呈してくる（巻末資料系図8「光孝王朝と藤原北家」参照）。

この時期は、皇太子が15年もの間空位に置かれたという、皇統の継続に不安な影がさしていた時期である。930年の醍醐天皇の死去をうけて即位した朱雀帝はわずかに8歳。そして937年の朱雀の元服後に入内した熙子(ひろこ)女王との間に男子が生まれず、光孝・宇多・醍醐と続いた皇統が途絶える危険が生まれた。さらにこの男子が生まれない状況は、かの菅原道真の怨霊の祟りだとのうわさが都に流れた。なぜなら道真こそは、宇多・醍醐父子の争いの中で、宇多の息子に娘を入れ、その夫とその間に生まれた子を次代・次次代の天皇候補とするために宇多を支える貴族として登場し、それを嫌った醍醐・藤原時平によって、宇多上皇とともに排除された人物だったからである。呪われた家系である醍醐の系統に天皇位を継がせるのではなく、別系統の皇族に天皇位を移すという構想が生まれたことを、道真怨霊説は物語っている。

「平安王朝」の中で保立道久は、将門の行動を以下のように評価している。「将門が左大臣正二位菅原朝臣の霊魂から新皇の位を賜ったと称して蜂起したこと」や「柏原帝王（桓武天皇）の5代の孫なり。たとひ半国を領ぜむに、あに悲運といわんや、昔は兵威を振いて天下をとるもの、皆、史書に見えたり……と呼号したことは、きわめて重要である。そこには自己を王胤と意識し、桓武に立ち戻って醍醐・朱雀の権威を疑い、武力をもって国土を分割することを辞さない歴史意識があらわれている」と。

24 平板な武士像：「武門貴族」と「国の兵」の合体を捉えられず

　都において皇統の継続が危うくなっているという状況を前提に、この皇統の危機の原因を道真の怨霊に求める当時の風潮が、皇統を別系統に求めようとする傾向であるととらえて将門の言動を見たとき、従来は意味不明だった「新皇」の呼称の意味が明瞭に立ち現われたのである。

　ということは、この平将門を討った平貞盛の行動は、朱雀の弟である村上の立太子・即位を推進し、皇統を醍醐系で継続させようとした藤原忠平と行動をともにしたということであり、貞盛は醍醐系皇統を支持したということになり、その皇統の確立とともに、武門の棟梁として飛躍したといえよう。貞盛流の桓武平氏は皇統の危機に際して危機におちいった醍醐の皇統を支持して戦ったのである。

　そしてこのことは、武門源氏についても言える。彼らも従来説では「摂関家の家人・走狗」として権力闘争に関わり、摂関家に対立する貴族を追い落とす実行犯として立身したと理解されてきた（巻末資料系図8・9参照）。しかし事実を詳細に検討すれば、摂関家が支持する病弱な冷泉帝を退位させてその弟の為平親王を立太子・即位させようとした源高明を密告して失脚させた、969年の安和の変における源満仲の行動は、自身が支持する冷泉とその子花山に皇位を継承させるべく、この皇統と深い関係にあった藤原兼家と図って動いたものとして捉えた方が理解しやすい。

　そしてこの王族としての武門の棟梁の行動意識が、のちに、その配下の地方武士たちの行動意識とずれてくるのが、戦乱の世としての平安後期から鎌倉期である。

　「王族としての意識を持つ武門の棟梁」。この命題を念頭においてこそ、のちの保元・平治の乱における源氏・平氏の行動や、その後の後白河と平清盛の確執、そして源頼朝と関東武士との確執と頼朝・頼家・実朝の死の謎も理解できる（この点は後述）。武士を貴族とは違った単一の階級として見るという従来の平板な武士理解では、中世初頭の動きは理解できない（この点も後述）。

　注：05年8月の新版では、「武士の登場」「武士の台頭」という二つの項に分割して記述されている（p 54・55）。しかしここでも在地豪族としての「国の兵」

と「武門貴族」としての武士の棟梁という異なる階級の結合としての武士の成立がきちんと捉えられておらず、記述は整理されたとはいえ、旧版と内容はほとんど変わらない。

注：この項は、前掲、保立道久著「平安王朝」、福田豊彦著「平将門の乱」（1981年岩波新書刊）、石井進著「鎌倉武士の実像―合戦と暮らしのおきて」（1987年平凡社選書刊）、網野善彦「中世前期の都市と職能民」（2003年中央公論新社刊「日本の中世6 都市と職能民の活動」所収）などを参照した。

25 「新たな直系皇統創出」としての「院政」の登場

「つくる会」教科書は「院政と武士の台頭」の２項目めとして「院政」をあげ、以下のように記述している（p 73）。

> 11世紀のなかばすぎに、藤原氏を外戚にもたない後三条天皇が即位して、みずから国政の実権を握った。これによって、天皇の外戚として権力をふるっていた藤原氏の勢いはおさえられた。後三条天皇は、さまざまな改革に乗り出した。中でも、藤原氏の荘園を含む、多くの荘園を停止したのは大きな事業だった。
> 　その遺志を受けついだ白河天皇は、皇位をゆずったのちも、上皇として天皇の後ろ盾になり、強力な政治を行った。上皇の御所や上皇自身を院といったので、上皇が主導する政治のありかたを院政という。

この記述は新しい歴史教科書のオリジナルではない。どの教科書にも記述されているものであり、真実の姿からは遠い。しかし、他の教科書とは違って、歴史における天皇の存在に大きな意味を持たせているこの教科書が、このよう

な通説的理解に一片の疑問もはさまないことは、かえってこの教科書の天皇理解が極めて平板なものであることを物語る。そしてこのことは、新しい歴史教科書が、天皇の歴史における真実の実像を明らかにする作業に基づき、日本の歴史における、天皇の真の位置を明らかにするという学問的態度をとらず、ある政治目的のために、天皇を利用主義的に使っているにすぎないことを明らかにしてしまう。

では、この歴史的に「院政」として把握された事態は何だったのか。

まえに「摂関政治」などの項でも述べたが、天皇には、自己の血統に皇統を継続して伝えたいという意思が連綿として継承されている。そしてこのことはまた、天皇を自らの政治的統合の象徴として担ぎ上げている貴族層にとっても必要なこととして認識されており、天皇の歴史は、皇位継承の歴史といっても過言ではない。

そして歴史的に見て、天皇が生前に譲位して上皇となり、その血統につらなるもので天皇・皇太子を独占するという事態が生まれたのは、その天皇が、自己の血統のみに天皇位を継がせることが不可欠であり正しいという強烈な意思を表明した場合に限られている。さらにその天皇自身が、天皇としては権威を確立していないので、その権威を確立するために、天皇位の独占を図った場合が多かった。

では、後三条の場合はどうだったのか（巻末資料系図9「村上王朝の分裂」参照）。

(1)「皇統の統一者」としての自覚：後三条天皇の場合

後三条天皇が即位したのは、1068年のことである。彼は本来天皇位につくべき人物ではなく、異母兄の後冷泉が子どもがいないままに死去したので、やむなく即位したという事情である。ときに35歳。天皇としてはかなり晩年になってからの即位である。

ただ彼には、自分こそ正統の皇位継承者であるという意思があった。

これを理解するには、彼が天皇位につく以前の皇統の継承の歴史をつかむ必

要がある。
　それは天皇位の継承は、969年の安和の変以後、冷泉と円融という、村上天皇の息子たちの系統の対立と、皇統の迭立が続き、貴族層を二分する激しい対立を招いていたことである。そしてこの対立は藤原道長によって1017年に、円融系の後一条天皇の皇太子となっていた冷泉系の敦明親王を退位させ、皇太子に後一条天皇の弟の敦良親王（後の後朱雀）を立てたことで、一応終息した。
　しかし皇統を継いだ後一条も後朱雀も安定した継承者を生み出せず、以後50年の間、貴族層の間には、皇統の今後について大きな不安が渦巻いていた。
　このような中で即位した後三条は、父は円融系の後朱雀、そして母は皇太子を退位させられて小一条院と称していた敦明親王の妹である禎子内親王。まさに血脈的に円融と冷泉の両皇統の血を、統一する存在だった。
　すでに壮年に達していた天皇は、だからこそ、長い不安な政争に満ちた時代に終止符を打ち、明るい新時代を出現させるために、次々に新政を行っていった。有名な延久の荘園整理令（1069年）もその一つである。（以上、保立道久著「平安王朝」による）

（2）限定された目的のために出された「荘園整理令」

　だがこの荘園整理令を「藤原氏の荘園を含む多くの荘園を停止した」というように、無限定的に評価して、あたかもこの天皇が藤原氏の権力を削減する「英断」を下したかのように評価することは間違いである。
　平安時代にたびたび出された荘園整理令は、荘園そのものを廃止するのではなく、一定の年限を区切って設立された荘園を見直し、直接国庫に入ってくる税を増やし、それをある目的のために使おうというものである。言いかえれば、特定の事業の財源確保のために、律令制からすれば、本来臨時の例外的措置である免税特権を持った私有地（＝荘園）の一部解除を行ったに過ぎない。
　延久の荘園整理令の場合は、1045（寛徳2）年以降の新立荘園の停止が中心であり、これは後三条の父である後朱雀の死去以後に設立された荘園を対象とするという、ごく限定されたものなのである。そしてこのとき確保された財源は何に使われたかというと、1059年に焼失した大内裏の再建のためであった。

25 「新たな直系皇統創出」としての「院政」の登場　227

　この焼失した大内裏は、9世紀の後半、清和・陽成天皇の時代に作られたもので、長く平安王朝の象徴となっていたものであった。これを再建するということは、嵯峨・仁明・文徳・清和・陽成と続いた直系王朝と、その後の光孝・宇多・醍醐・村上と続いた直系王朝、この2つの王朝の権威を、100年続いた皇統の迭立の時代を隔てて継承するという意味をもっていた。

　こういう意味で、延久の荘園整理令は、新たな直系王朝をつくるという宣言であったのであり、藤原氏をも含む、多くの貴族の荘園を停止したのはその結果であって、目的ではないのだ。

(3) 後三条が「院政」をしいた目的は？

　では、この後三条が「院政」を敷いた目的は何であったろうか（巻末資料系図10「院政と皇統の分裂」参照）。

　後三条が譲位したのは、即位から4年後、大内裏の大極殿も完成した、1072（延久4）年の12月。即位したのは後三条の長子の白河。そして皇太子は、まだわずか2歳の後三条の第2子の実仁であった。

　この譲位の目的は、後三条とその女御基子との間の長子である実仁を将来皇位につけ、その系統に天皇位を継承させるためであった。なぜならば、この女御基子は、かの冷泉王朝の廃太子小一条院敦明親王の孫娘であり、後三条の母方の皇統の血を引くものであったので、2人の間に生まれた実仁は、廃止された冷泉王朝と、継承された円融王朝の結合のさらなる象徴だったからである。

　したがってこのとき皇位についた白河21歳は、いわば実仁が成人するまでの中継ぎであり、皇統を、後三条・実仁……という具合に、冷泉と円融の結合した王朝に継承させるためのものなので、政治の実権は、今後も後三条の手に握っておく必要があったのである。

　後三条院政の目的はかくのとおりであり、自らの母の系統をこそ、正統王朝として認識していた後三条の新たな直系皇統づくりの第一歩であったといえよう。

　ではその後の白河の院政はいかなる意味があるのか。

(4) 新たな直系づくりを目指した白河院政

これは先に述べた、白河即位の事情を考えて見るとよくわかる。

彼は本来中継ぎの天皇であり、自らの血脈に皇統を継承できるはずのない天皇である。その彼がなぜ「院政」を敷いたか。

これは、彼の父後三条が、その新たな直系皇統を作り終える前に死去したという事実に依拠している。後三条は譲位の翌年、1073年に糖尿病で死去した。そして後三条は遺言として、皇太子実仁の即位の後は、その同腹の弟である三宮輔仁（すけひと）を皇太子につけることを白河に伝えたという。つまり後三条は、死に臨んでもなお、冷泉王朝の血を色濃く引く皇族に、皇位を継承させようという夢を抱いていたのだ。このことは彼の忌み名の「後三条」という名前にもよく現されている。彼は生前からこれを名乗っていたといわれ、冷泉王朝の最後の天皇である三条天皇の正当な後継者という意味がある。

しかし白河は、父の遺志を継がなかった。1082年に皇太子の実仁が死去すると、彼は代わりに三宮輔仁（14歳）を皇太子とするのではなく、実子の堀河（8歳）を立太子させ、即日自分は譲位して、堀河を即位させた。つまり彼は父後三条の遺志に逆らって、自己の血脈に皇統を継承させるべく譲位し、院政を敷いたのである。

だが白河の新たな直系皇統づくりはやさしい道のりではなかった。即位した堀河が10年後に後継ぎがいないままに重病となるや、皇統の先行きに不安を感じた貴族たちは三宮輔仁の担ぎ出しを図ったのである。すなわちときの関白藤原師通（もろみち）と左大臣の源俊房、そして武門源氏の棟梁である源義家らである。

このときは堀河がすぐに回復し、やがて成人して結婚し、1103年には後継ぎの鳥羽が生まれて即立太子したので、白河の皇統は安泰になった。そして白河と鳥羽の母は閑院流藤原氏であったことと、白河の后が村上源氏の出であったことから、白河王朝の側近的貴族として、閑院流藤原氏と村上源氏が政治の表舞台に登場したのである。

だがこのことはまた、政治の表舞台から排除された摂関家藤原氏が、自らの

復権を狙って、白河の皇統とこれに対立する三宮輔仁の皇統とに股をかけて婚姻を通じ、あらたな皇統の分裂の種を生んでしまった。そして問題をさらに複雑にしたのは、有力な王族であり、武門源氏の棟梁であった源義家以下の清和源氏の直系が、清和源氏の祖である源満仲以来の伝統を受け継いで、冷泉王朝の流れをくむ、三宮輔仁を支える姿勢を堅持していたことである。

　これにより、立身出世をのぞむ都の貴族の間には、白河皇統に危機が訪れるや冷泉王朝の復活を待望する世論が起きやすい事態を生んだ。同時にこれは、地方政界での勢力伸張をねらう地方豪族＝武士の間にも、王朝交代を待望する世論が形成されやすく、この２つの潮流が、武門源氏の棟梁である清和源氏源義家流を通じて結合し、大きな勢力となって白河皇統の前に立ちふさがることとなったのである。

　白河皇統はけして安定しなかった。それは長い100年の皇統の迭立と政治闘争の暗い時代と決別し、新たな円融・冷泉両皇統の統一の期待をになって登場した後三条の王朝の正統性を否定したところに成立していたが故に、貴族層の多数派を、必ずしも形成していたわけではなかったからである。

　ここに白河が長期間に渡って院政を敷き（1082年から1129年の47年間）、政治の実権を握り続けた理由がある。この間には、1107年に堀河天皇が29歳で死去し、5歳の鳥羽が即位せざるを得なかった事態もある。だからこそ白河は、彼の王朝に対立する三宮輔仁を支える武門源氏の源義家の奥州での戦い（後三年の役）を「私戦」として恩賞を与えなかったり、義家への荘園寄進を禁止（1091年）したり、源氏に対抗する武門の棟梁として、桓武平氏、平維盛流の平正盛を抜擢して、源義家の息子の源義親を討たせたりしたのである。そしてとどのつまりは、1113年に、三宮輔仁の護持僧であった仁寛が、鳥羽天皇の暗殺を図ったとして逮捕流罪とし、これに連座する形で、最大の政敵・三宮輔仁を蟄居させ、政界から追放してしまった。

　まさに白河の院政は、自己の血脈に皇統を継承させるための、血まみれの戦いの連続であった。

　最後に二言申し添えておこう。
　一つは、なぜこの時代に、上皇が大きな権力を振るうとともに天皇家に最も

近しい貴族として摂関家藤原氏が存在できなかったのかということについて。

それは単純な話である。摂関家藤原氏がかの絶大なる地位を得たのは、直系皇統を成立させるための婚姻を通じた子孫の形成という役割を果たしてきたからである。しかし関白道長以後は、その地位を得ることに失敗した。それは道長の嗣子頼通が女子に恵まれず、ために閑院流藤原氏の娘を養女として天皇・皇太子に娶わせる以外になかったことに端を発している。そして頼道の嗣子たちが早世したために、庶子である師実を嫡子とせざるをえなかったり、その師実も、その嗣子師通が早世したりと、直系皇統を支える有力貴族としての任に耐え得なかったことに原因がある。

だからこそ、摂関家藤原氏を母としない後三条天皇が生まれたのであり、その後の天皇の多くが閑院流藤原氏を母とし、摂関の地位は置かれたにしろ、天皇家を支える有力な外戚貴族ではなかった故に、大きな力を振るえなかったのだ。

そして二つ目は、天皇を生み出す役割を得た閑院流藤原氏は、その始祖である藤原公季は藤原師輔を父とし、村上天皇の妹である康子内親王を母として生まれたもので、村上天皇の息子たちとともに宮中で養育されたゆえに、王族としての色彩が強く、独立した貴族としては行動しえなかった。そして白河・鳥羽と相次いで天皇をその血脈から生み出したにも関わらず、その氏の長者たちが早世し、外戚として力をふるえなかったことも、白河以後の院政において、上皇が大きな権力を振るえた背景ともなった。

この意味で、「院政」を藤原氏の摂関政治との対比でしか描いていない従来の定説は、きわめて皮相なものであり、天皇の占める歴史的地位を充分に把握したものとは言えない。そして、新しい歴史教科書の記述も、その範囲を出ていないのである。

注：05年8月の新版の「院政」の記述はいくつかの語句表現の改定以外は旧版とほとんど同じである（p 54）。

注：この項は、前掲、河内祥輔著「古代政治史における天皇制の論理」、保立道久著「平安王朝」などを参照した。

26 「個人救済仏教」の
　　先駆けとしての平安仏教
――「仏教の新しい動き」の新しさとは何か

　平安の文化の最初の項目は、「仏教の新しい動き」であり、ここに最澄の天台宗と空海の真言宗の始まりのことがくわしく述べてある。

(1)「仏教の変化」は視野の外に ―― これまでの記述の特色

　日本の文化・日本人の精神文化を考えるときに、その軸ともなってきた宗教を考察することは不可欠のことである。しかし従来の歴史教科書では、宗教の問題を表面的に記述するだけで、それがいかに日本人の精神に大きな影響を与えてきたかということを考えるに必要な深い記述はされてはこなかった。
　この点についても「つくる会」教科書は、従来のものと軌を同じくしている。
　日本人の精神生活に大きな影響を与えた仏教については、この平安時代の文化のところの記述が始めてまとまったものであり、あとは各所に簡単に触れただけで、詳しい説明がないのが現状である。
　ちなみにこれまでの個所で仏教について触れているのは以下の個所であり、その全文は以下のとおりである。

　(a)　p 40：「大和朝廷の自信」：538 年に、百済の聖明王は、仏像と経典を日本に献上した。
　(b)　p 40：「釈迦と仏教」：仏教とはインドの釈迦（紀元前 6 〜同 5 世紀）が説いた人生に対する教えである。釈迦はある日、老人が倒れているのを見て、人間が年をとったり、病気になったり、苦しんだりすることを知り、また、人間が利己的な性格から逃れられないことを悟った。やがて家族も財産も捨てて出家した釈迦は、わずかなもので満足し、他人を助け、愛することが大事であると説いた。

(c) p 45：「**聖徳太子の政治**」：聖徳太子は、仏教や儒教の教えを取り入れた新しい政治の理想をかかげ、それにしたがって国内の政治の仕組みを整えようとした。

　仏教が入ってきた6世紀前半に、豪族たちは、これを外国の宗教であるとして排斥する勢力と、むしろ積極的に受け入れようとする勢力との二派に分かれ、政治抗争を引き起こした。（中略）

　聖徳太子は、蘇我の馬子と協力しながら政治を進めた。仏教への信仰をまず基本に置いた政治だった。

　(d) p 57：「**律令政治の展開**」：聖武天皇は、仏教に頼って国家の安定を祈願し、全国に国分寺と国分尼寺を建て、東大寺の大仏をつくる詔を出した。

　(e) p 64：「**飛鳥文化**」：聖徳太子や蘇我氏は仏教を深く信仰し、世に広めた。太子は渡来文化を深く研究したが、その思想の中心になったのは、仏教の教えである。十七条憲法にも、仏教の考え方が取り入れられている。

　太子の影響を受けて、飛鳥時代に仏教を基礎とする新しい文化がおこった。これを飛鳥文化という。

　(f) p 66：「**天平文化**」：奈良時代、仏教は朝廷の保護を受けていっそう発展した。当時の僧は、インドや中国から伝わった仏教の理論を研究し、平城京には東大寺、興福寺などの大きな寺院が建てられた。このころ、遣唐使を通じてもたらされた唐の文化の影響を取り入れながら、世界にほこりうる高い精神性をもった仏教文化が花開いた。奈良の都で、貴族たちを中心に発達したこの文化を、聖武天皇のころの年号をとって天平文化とよんでいる。

　あちこちに別れて記述されている仏教に関する記述を通読してみると、日本では仏教は政治に利用されてきたということ、つまり統一国家をつくり維持するための思想として利用されてきたことがわかる。しかしこの記述には疑問がある。

　それは、「わずかなもので満足し、他人を助け、愛することが大事」だと説いた仏陀の教えが、なぜ政治に利用できるのかということである。「つくる会」教科書の仏陀の教えについての記述は、「個人の心のあり方・生きかた」を説いたものと規定しているように思われるが、それが何で政治に利用できるのか

という疑問を、当然ながら生み出す。そしてこれについてこの教科書は、答えをまったく用意していないし、ヒントすら記述していない。

なぜ答えになっていないのか。
それは「つくる会」教科書の仏教に関する記述が、仏陀の教えが彼の死後歪められてしまい、仏陀の教えとは違った新しいものに変わっていったという事実をまったく無視しているからである。

①真実の仏陀の教えとは？
　仏陀は悟りを開いたといわれる。何を悟ったかというと、「それは言葉では表現できない真理である」ということになっている。しかしこの答え自身が、仏陀の教えが歪められた結果そのものなのだ。
　仏陀は「縁起の理を悟った」と法華経には明確に記述されている。つまり事物には全て原因と結果があり、事物はその原因と結果の繋がりによって（これが縁起）、常に変化しているということ、これを仏陀は悟ったということである。だから彼が何とかして人々を貧困や病から救おうとしたとき、それをなすには、貧困や病の原因を辿ってそれを除去しなければならないということになる。そして貧困や病は相互に原因と結果である場合が多いし、これらの背後には社会自体のありかた、つまり貧困を生み出す競争や差別といった社会の構造そのものがあり、それを正すことなくして貧困や病はなくならない。
　つまり仏陀は、瞑想や修行によっては人々を救うことはできない、社会を変革しなければならないということを悟ったということになる。仏陀は社会変革者だったのである。そして彼が変革しなければならないと考えていた社会は、バラモン教によって正統化されていたカーストによって差別された社会であり、その社会の下で、急速に拡大していた貨幣経済の影響による競争の激化により、全ての社会階層を襲っていた貧困層と富裕層への二極分化の圧力であった。釈迦が問題としたのは、身分差別と競争や拝金主義であった。だから彼は、「人は皆平等であること＝平等に救われるべきこと」「欲を捨てること」などを説いて、社会を変えるべきことを人々に説いたのであった。

②変革思想から現状容認の心得への変化

　だから彼の思想は、当時の下層民や差別に苦しむ人々に急速に受け入れられていった。しかし彼の思想はあまりに急進的であった。だから彼が在世中からさまざまに非難されたし、彼の弟子たちの間でも現実社会への妥協の道を探る動きが出ていた。そしてそれは仏陀の死によって加速された。

　幸い彼の教えは反語によって構成されていた。一旦は社会における多数派の教えを認めることからはじまり、その論理を発展させることを通じてそれに反問し、それを乗り越える形をとっていた。つまり論争の教学である。

　だから彼の教えは一見するところ既成の思想を容認するかのような体裁をとっていた。それを逆手に取られたのである。彼が否定した輪廻転生（りんねてんしょう）も、彼が否定した絶対の存在としての神や霊魂も、そして彼が否定したはずの身分制度までもが、全て彼はそれらを肯定していたと、年月が経つにつれて彼の教えは改変された。そして最後には、移り行く現世はどうにもならないものとして諦め、厳しい修行の結果人間存在の真理を体得した者＝僧侶から人生のあり方について教えを請い、僧侶に帰依することで来世に生まれ変わり苦しみから救われるとする教えに変えられてしまった。これでは社会変革の思想ではなく、現状肯定の思想であり、「心のありかた」を説く思想に過ぎなくなる。

　「つくる会」教科書のｐ40における仏陀の教えは、この段階のものだったのである。

③再度の思想の変化

　しかしこの動きにも変化が生まれた。紀元前後に「仏陀に戻れ」という運動が生まれた（これがのちに大乗仏教と呼ばれるものになる）。仏陀死後の仏教では真理を悟れるのはごく一部の厳しい修行を積んだものだけであり、これらの人々に頼らねばその他の人々には救いが訪れないことになる。

　これに対して、仏陀の初期の教えを探求する動きの中から、「すべての人は悟りを開くことができる素質を持って」おり、それは仏を信じ、仏による救いを求めて、さまざまな功徳を積むことで誰でも悟りの境地に至れる。僧侶は、このことを人々に教え、そこへ導いていくのがその存在の意義であるという新たな思想が生まれてきた。この思想では僧侶ではない俗人にも僧侶より緩いが

さまざまな戒律を守ることが義務付けられ、それをきちんと行えば、功徳を積み悟りを開くことができ、自らの力で救いへの道へ至れるという考えになり、ある意味での大衆的な社会改良運動を準備したのである。

　実は日本に入ってきた仏教はすべてこの新しい思想としての仏教であった。だからそれは仏の力で全ての人々を救済するという思想であり、だからこそ、この教えを政治指導者が護持しそれを推進すれば、彼自身が社会的救済者となり、彼の国家は仏教国家となって人々を救うという大義を掲げたものになっていく。それゆえ政治と仏教が一体になれるのである。

　このような仏教の変化を「つくる会」教科書は踏まえていない。だから先のような表面的な記述になってしまったのだ。

　　注：これ以外の「つくる会」教科書の仏教に関する記述には疑問がある。それは、飛鳥文化や天平文化を「仏教文化」と規定することである。たしかに仏教を国の統一のイデオロギーにつかったこの時代の支配階級が残した文化は、極めて仏教色が強いものになる。支配階級が自らの権威を仏教の権威で飾るのだから、彼らの文化は必然的に仏教的な色彩を帯びる。この意味では「仏教文化」である。だがこれは同時に、外来の文化でもある。飛鳥文化は、それが模範とした高句麗や百済や新羅などの朝鮮で花開いた仏教文化の模倣であり、新たに学ぼうとした北魏・隋の北方遊牧民族の影響も受けた中国文化の模倣でもある。そして天平文化は、唐に花咲いた国際色豊かな中国文化そのものである。そしてこれらの外来文化の基層にはそれぞれの文化を成り立たせていた宗教の影響も強く、飛鳥文化の場合では、中国の道教の色彩も色濃いことは近年の研究で明らかになっている。そして天平文化の場合にも同じく道教の影響が強いし、さらには拝火教（ゾロアスター教）や景教（ネストリウス派キリスト教）の影響が見られることも指摘されている。だから飛鳥文化や天平文化を規定するには「仏教色」を中心として「仏教文化」とするのでは偏った規定であり、それはむしろ様々な宗教が混在した「国際色豊かな外来文化」であったと規定したほうが事実に近いと思われる。「つくる会」の人々は、日本文化が外来文化そのものであったという事実を極めて忌み嫌う。

どうしても外国の文化を学んで取り入れたという形にしたいようである。この姿勢が「仏教文化」という規定を生み出したのではないだろうか。

注：05年8月刊行の新版でも仏教のあつかいはほとんど変わっていないが、最初の仏教伝来のところで仏陀の教えについて概説することをやめ、文明の発生のところで「仏陀がはじめた仏教」という記述になった（p 23）。しかしここで仏陀の教えの概略も説明されないので、ますます仏教とは何かがわからなくなってしまった。

（2） 天台宗や真言宗はどこが新しいのか？

さて、前書きが長くなってしまったが、本論の平安時代の仏教についての記述の当否に戻そう。

「つくる会」教科書は、平安仏教の始まりについて、次のように記述している（p 74）。

> 奈良時代の仏教は、経典の研究を中心に、政治と深く結びついたものだった。青年僧の最澄（伝教大師）と空海（弘法大師）は、このような仏教の形にあきたらず、9世紀のはじめ、遣唐使とともに唐に渡った。帰国後、最澄は、比叡山に延暦寺を建てて天台宗を、空海は、高野山に金剛峰寺を建てて真言宗を広めた。貴族の間では僧をよんで祈とうを行うことが流行し、天台宗・真言宗がしだいに浸透していった。

この記述では、最澄・空海ともに従来の仏教にあき足らず新しい仏教を求めて唐にわたり、そこで学んだものを元にして、天台・真言の2宗を起こしたということはわかる。しかし「従来の仏教のどこに飽き足らなかったのか」という肝心の動機がわからないばかりか、天台・真言の2宗はどこが新しいのかもまったくわからない記述である。強いて言えば「政治と深く結びついた」ことを嫌い、「祈とう」を行うことが新しいのかと推測できるだけである。

注：この点は批判があったのか、05年8月刊行の新版では、この記述の最後に「新しい仏教は政治からはなれ、僧は山中での学問や修行にはげみ、国家の平安を祈った。のちには、人々のために祈とうを行うようになった」という一文を挿入した（p 56）。これによって最澄や空海は「政治と結びついた仏教」にあき足らず、政治から離れて山中で学問や修行にはげむ新しい仏教を作ったというふうに「つくる会」教科書の著者が理解していることが明らかになった。しかしこの理解では間違いである。この点については以下に詳述する。

①「政治と深く結びついた仏教」についての誤解

そもそも奈良時代の仏教の「政治と深く結びつく」ということを、教科書の著者たちはどう理解しているのだろうか。最澄や空海だって政治と深く結びついていた。最澄の庇護者は桓武天皇であり、彼が世に出たきっかけは天皇に近侍して宮中で読経などの役を務める「内供奉(ぐぶ)」という役についたことであった。それをきっかけに、彼は法華経の講義を行うなど学僧としても世に出たのであった。そして天台宗の教えを深めるために唐に渡って帰国した後も、朝廷の庇護をうけて天台の教えに基づいた鎮護国家の根本道場としての比叡山延暦寺の下に、各所に鎮護国家の道場を建設しようと動いていた。そして天台宗がその後も朝廷の庇護を受けていたことは周知の事実である。

一方の空海の庇護者は桓武天皇の息子の嵯峨天皇であり、空海は朝廷の庇護の下で高野山金剛峰寺をたて、のちには都の東寺を貰い受け、これを教王護国寺と改称して真言の教えに基づく鎮護国家の要とした。また彼はのちには東大寺の別当にも任ぜられ、国家仏教の本山をも手の内に納めた。

「新しい」とされる天台・真言の二宗も深く政治と結びついていた。この点では奈良仏教と全く同じであり、どちらも「鎮護国家」がその任務とされたこと、どちらも国家公認の宗教であったことなど、まったく性格を同じくしている。

思うにこの教科書の著者は、仏教が「政治と深く結びつく」ということを異なった側面で捉えているのではないだろうか。それは奈良時代に道鏡が法王に列せられ、皇位継承の争いに介入したというあたりのことを「政治と深くかかわる」現象だと捉えているのではないだろうか。それなら平安仏教にはこの側面はない。しかし道鏡の動きは奈良仏教に一般的なことではなかった。その項

で説明したので詳しくは述べないが、あれは直系継承者を失った、もしくは直系継承者がまだ幼いため、自らの皇統の継承を仏法の力で守ろうと孝謙天皇が考えたことであり、仏教が皇位継承に介入したのではなく、天皇家の側が皇位継承に仏教を利用したのである。これはある意味で例外であった。

では仏教のありかたとして奈良仏教と平安仏教はどこが違うのか。次にこの問題に移ろう。

② 「新しさ」が全く捉えられない記述

「仏教の新しい動き」のところには天台・真言の2宗の教えが全く書かれていない。この点については、「つくる会」教科書は、P 78・79 の 2 ページにわたって、「人物コラム」という形で最澄・空海の人と教えを詳しく記述しているので、これを検討してみたい。

ここには最澄は 15 歳で出家したが 20 歳のときに比叡山にこもり、ここで法華経を根本経典とする天台宗を学びたいとの思いを強くし、唐にわたってそれを学んだということが伝記的に記述されている。そして最澄の教えは、以下のように記述される（p 78）。

> 最澄の考えは、世に生を受けた者はみな、差別なく仏（迷いを解いて、真理を自分のものにした者）になることができるというものだった。

これは間違いではない。ただしこれだけでは、従来の仏教とどこが違うのか全く不明である。何しろ奈良時代の仏教が、仏になるということをどう捉えていたか、この教科書はまったく記述していないのだから、比較のしようがない。

では空海の場合はどうだろうか。空海は僧侶ではなく学者の道に入ったが途中での神秘的な体験により仏教に帰依し、唐に渡って「インド伝来の正統な密教（仏教の流派の一つ。容易に知ることができない秘密の教えという意味）」を学んだということが記述され、次に彼の考えを以下のように記述する（p 79）。

空海の教えは、人間が現世での肉体のまま、宇宙の理法と一体化することで、仏になれるというものだった。

これも正しい記述だが、奈良仏教とどこが違うのか全くわからないことは最澄の場合と同様である。そして最澄と空海の２人の考えがどう違うのかを理解することすら、この記述では明らかではない。

結局約３ページにわたって記述してあるが、平安時代の仏教がどう新しいのかまったくわからない記述になっており、他の教科書に比べると詳しくはあるが、ほとんど意味をなさない記述になっている。

注：この点は、05年８月刊行の新版は大きく書き改められている。しかしそこでも「新しさ」は明示されていない。新版の記述は、仏陀の教えを削除したのと同じように、人物コラムという形では空海だけにしたが、そこでは彼の教えの内容については言及しないという形で、仏教の教えに踏み込まない記述に後退してしまった（p 57）。

（3）平安仏教の特質とは何か？

①天台と真言は違う教え

そもそも天台宗と真言宗を二つならべて「新しい仏教」と記述することがおかしい。そもそもこの二つは同じ仏教といっても根本的に異なる教えの宗派なのだ。

こういうと、天台宗は「台密」と呼ばれ、真言宗は「東密」と呼ばれて同じ密教であり、加持祈祷を生業としたはずだというお叱りを受けるかもしれない。ちょっと詳しい人はそう言うだろう。

しかしこれは、最澄と空海の時代のことではない。最澄は密教も学んだが主なものはあくまでも天台の教えであり、空海は密教を学んだのである（最澄が学んだ密教は日本に伝わった密教の教えの一部であり、唐でも正式に学んだわけではなかった。だから空海から、そしてその後の真言宗徒から、最澄の密教、天台の密教は正統なものではないという批判を受けた。空海は中国において密教の寺院に学び、密教の正統な継承者としての印加も受けているというわけである）。

天台宗が密教の色彩が強くなるのは、最澄死後の話である。ときの人々（主として貴族であるが）は密教の加持祈祷を好み、そのままで仏になれる道を好んだため、天台は朝廷の支持を失う危険を生じた。そのため最澄の弟子たちは、中国へ渡って直接「正統な」密教を学ぶことに務め、それを延暦寺の修法の中心に置いたため、天台宗とはまるで密教であるかのようになったのである。天台宗の僧侶が加持祈祷を務めたのは後の話なのだ。

②天台と法相の「三一論争」

　では天台宗はどのような教えを持ち、奈良時代の仏教とはどう違うのだろうか。この点が一番よくわかるのは、最澄と、会津の法相宗の学僧である徳一菩薩（大師）の論争である。この論争は816年ごろから821年ごろまで行われ、翌822年の最澄の死去により終結（決着はつかなかったが論争を終えた）した論争である。

　ことは仏教の、特に大乗仏教の根本にかかわる、悟りの問題である。
　最澄＝天台宗の立場は、この教科書がしっかりと記述しているように、「だれでも悟れる＝仏となれる」というものであり、悟りに至る三つの道（＝乗）である声聞・縁覚・菩薩の教えは、仏がそれぞれの立場の違いに合わせて説いた「方便」としての教えであり、真実は一つ、誰でも悟れるのである。だからこそおのれひとりの悟りをもとめるのではなく、一切衆生を救済しようとつとめる行い（＝菩薩行）こそ肝要であると説いた。
　これに対して当時、会津磐梯山麓にあった恵日寺に拠点を置いて活動していた徳一菩薩が痛烈な批判を浴びせ、その論争は手紙の往復や著述による反論の応酬、そして最澄が東国に下って対面する論争へと激しい論争に発展した。
　では徳一の反論とはどのようなものであったのか。徳一の立場は当時の南都仏教教学の中心であった法相の立場にたつものであった。
　法相では、誰にでも悟りをひらき仏となることのできる素質（＝仏性）があるという立場をとらない。人々には生まれながらにして仏性に関する異なる立場がある。それは、仏の教えを聞いて悟る者（＝声聞）もいれば、仏の教えによらずに自ら悟りを開く者（＝縁覚）もいるし、悟りを開いて人々を救う菩薩になる

ことが定められている者もいる。そしてこの外には、いづれの悟りを開くかは定まっていない者もいるし、どれにもなれない＝悟りを開き仏になることができない者もいるという立場をとる。修行を行うことが悟りを開くことの前提にあるのだから、悟れる人もいるし悟れない人もいる、悟りに至る道は人それぞれというわけである。だからこそ仏陀の教えは人それぞれの立場によって異なるし、悟れない人を救うためにこそ菩薩の道があるというわけである。したがって人はそれぞれ立場が違うのだから、声聞・縁覚・菩薩の三つ道こそ真実の仏の教えであり、誰でも悟れるという一つの道こそ、人々を救うための方便に過ぎないとする。

　この法相の立場からすると最澄＝天台の教えは理想主義にすぎず、現実から乖離(かいり)しているという批判を、徳一は理路整然と最澄にぶつけたのである。そして論争は終始徳一優勢で推移し、この過程で最澄は、天台の教えの根本である「一乗真実＝誰でも悟れ、仏になれるという教えこそ仏陀の真実の教えである」をさらに理論的に深め、その教えの理論の基礎を固める必要を悟り、その作業に入っていった（道半ばで彼は倒れたわけであるが）。

　この徳一の立場が奈良仏教の正統な理解であり、最澄の考えは、それと正面から対峙したのであった。

　といってもこれは、奈良仏教が大衆の救済を目指さなかったということではない。徳一が「菩薩」と当時から呼ばれていたことからわかるように、彼は奈良時代の 行基(ぎょうき)菩薩のように、実際に人々の生活の場に分け入って、大衆の救済のための事業に努めている。しかしこれは奈良時代の仏教教学においては少数派である。多数派は、世俗から隔絶された寺院の中で、国家公務員としての平安な豊かな生活を保証される中で、仏教哲学の理論的研究にいそしむのが僧侶の務めであり、人々の救済といっても、それはさまざまな国家的行事の中での読経などの作法しか意味しなかった。だから「つくる会」教科書は、「奈良時代の仏教は、経典の研究を中心に」（p 74）と記述したのだ。

　　注：「つくる会」教科書は、行基菩薩の活動について一言も述べていない。かの奈良東大寺の大仏は、国家によって、許可をえずに布教するという法律を犯した悪僧と呼ばれた行基菩薩を、東大寺の大仏師に任じて、諸国の大衆の喜

捨や労働の提供によって完成したという事実にはまったく口をつぐんでいる。大仏はまるで国家の手だけによって完成したかのようである。

　この行基菩薩の活動は、徳一の活動の先例であり、この活動からの遊離が最澄をして奈良仏教から決別し比叡山にこもって法華経こそ真実の仏陀の教えであるという悟りに至らせた根本の原因であったと思う。「つくる会」教科書は、この大衆とともにあった仏教者をまったく描かない。ここには大衆の生活など歴史ではないかのような傲慢な政治主義が仄見える。

　最澄の新しさは、そうではなく、大衆の生活の中に入って、実際に彼らを救済することを仏法修行の根幹に置いたことにある。そしてその理論的根拠を、誰にでも悟りをひらき仏になることができるという法華経の教えに置いたわけではあるが、彼の当時の理論的水準では、学問追及や修行中心ではなくて、大衆の実際の生活の場での救済事業こそ仏道修行の中心であるということを理論的に裏付けるには至らなかった。

　さらに彼はこのような大衆救済としての仏教を目指したのであるが、貴族たちが好んだのは、法の力による個人的救済、それも現世での生身での救済であったため（＝これこそ密教の教えである）、やむを得ず、密教を学び、これも大衆を救済する行法の一つとして天台に取り入れた。しかし、彼の死後、この密教こそ天台の中心というべき状態に変化し、最澄が目指した大衆救済の仏教は、理論的にも実践的にも後代に委ねられたのであった。この最澄の目指したものの直接的継承者が、浄土教を開いた源信であり、さらに浄土宗を開いた法然やその弟子の親鸞、そして日蓮宗を開いた日蓮であった。この意味で最澄の目指した「新しい仏教」は後の鎌倉仏教の先駆けでありその基礎であったのであり、のちの日本仏教の基礎ともなったのである。

②バラモン教の深い影響をうけた密教

　では空海が開いた真言宗とはどのような教えであったのだろうか。

　仏教では縁起の考えかたにより、全て万物は常に流転し変化すると捉える。つまり一切の存在は固定的なものではなく永遠の存在などはないということになる。これが仏教でいう「無我」であり、同じ教えを大乗仏教では「空」と呼ぶ。

したがって仏教は極めて現世否定的な様相を帯びる（仏陀の現代社会批判から始まったのだからあたりまえであるが）。それゆえ、今まで述べてきた「悟りを開き、仏となる」ということも現世でのことではない。死後の来世のこととなる。

これに反して密教は現世を肯定し、永遠なる存在を認め、現世において人は生身の身体のまま悟りを得、仏となることが出来る（＝即身成仏(そくしんじょうぶつ)）と考える。密教の絶対者である大日如来は永遠の宇宙的実態であり、瞑想の中での自我がこの宇宙的な大日如来と一体になることにより、自我も永遠性を獲得できると考える。そしてこの世の物質的精神的な具体的・現象的事実の世界がそのまま根本的原理と認められ、それが大日如来の本質的ありかたであると考える。この原理に基づいて、身体・言葉・心の働きと仏の働きが合致することによって、自我と仏が合一し、体験として即身成仏すると考えるのである。このときに様々な術法を使い、この行いを加持という。

この密教の教えはインドでいえば、釈迦の唱えた仏教ではなくてバラモンの教えおよびそれの影響を受けた仏教と言ってよい。そして日本では神道や山岳宗教の教えとも同質である。古来の日本人の信仰では、この世の外に絶対神をたてず、万物に神が宿るという思想に典型のように、現世肯定的なところがある。そしてさまざまな修法によって神と一体となるとすることが多いが、これも密教と同じである。

密教は、他の仏教諸派と根本的に違う。だから密教はこの教えを釈迦如来から口伝で伝えられた秘密の教えと称している。これをするどく論破したのが、やはりかの徳一菩薩であった。

徳一は815年に「真言宗未決文」を表し、空海からの手紙に反論している。要旨は簡潔である。「秘密に伝えられた秘法なるものが存在しうるのか。これが釈迦のおしえであるということをどうやって証明できるのか」ということである。先に説明したように密教は仏教とは根本的に違う。インドでいえば釈迦が対立したバラモンの教えの影響をつよくうけている。空海はまったく反論できず、ただ居丈高に罵るのみであった。

注：真言宗の真言とは、ほんとうの言葉（マントラ＝真言）を唱えることによって災いを除き、煩悩を絶つことができるというものである。これはバラモン教の時代にさまざまな呪法を述べた言葉（短い句をマントラ、長い句をダラニとよぶ）を唱えることによって様々な呪法をおこなう傾向に始まり、初期仏教の時代にもこれは引き継がれたが、釈迦が呪法を禁じたことから、仏教の主流ではなく、大乗仏教の中でこの考えを述べた経典を雑密経典と呼んだ。このマントラや陀羅尼を唱えることを正規の仏法の行法とすることは、7世紀に成立した「大日経」「金剛頂経」の中で、真言を唱えるなどの行法を行うことで即身成仏ができると唱えたことに始まる。つまり真言密教は、大乗仏教の根幹である諸人の救済と全ての人は仏になれるという考えを継承しつつ、バラモン教以来ヒンズー教にも伝承されたマントラや陀羅尼の行法を取り入れることによって、現世において諸人を救済できる方法を編み出したところに、その仏教の新しさがあったわけである。

しかし密教のもつ現世肯定的で加持祈祷によってこの世で悟りを開くことができるという教えは、平安時代に一世を風靡した。真言密教は怒涛のごとく拡大し、諸派はその前にひれ伏し、天台宗の総本山である延暦寺も自ら密教を取り入れ、台密と称して加持祈祷をこととした。

空海の教えの新しさとはそのようなことであった。

「つくる会」教科書は、他の教科書とは異なり、仏教の教えに踏み込んだ記述をしている。しかし残念ながら仏教教説とその歴史的変化についての理解に欠けるために、仏教が日本の歴史に果たした大きな役割を正しく評価することが出来ていない。

注：この項、R・S・シャルマ著「古代インドの歴史」（山川出版社 1985 年刊）、高橋富雄著「徳一と恵日寺」（1975 福島文庫刊）、高橋富雄著「徳一と最澄」（中央公論新書 1990 年刊）、高橋富雄著「徳一菩薩」（2000 年歴史春秋社刊）、末木文美士著「日本仏教史」（新潮社 1992 年刊）、袴田憲昭著「本覚思想批判」（1989 年大蔵出版刊）、袴田憲昭著「批判仏教」（1990 年大蔵出版刊）などを参照した。

27 「唐風」を基礎とした「国風文化」

　「つくる会」教科書は古代の最後の個所で、「平安の文化」と題して、平安時代文化を概観しようとしている。内容としては「仏教の新しい動き」「国風文化」「仮名文字の普及と文学の発展」「浄土教と仏教文化」「院政期の文化」の各項目にわかれているが、通常はこれは国風文化として理解されているので、この項目を中心に考察してみたい。新しい歴史教科書は「国風文化」と題して、以下のように記述している（ p 74）。

　　9世紀に入ると唐は衰え、894年菅原道真の進言を受けて、日本は遣唐使を廃止した。その結果、貴族を中心に宮廷の洗練された文化がおこり、唐文化の影響を離れて日本化していった。これを国風文化とよぶ。国風文化は、藤原氏の摂関時代にもっとも栄えた。

　この記述には二つ誤りがある。一つは「唐の衰微と遣唐使の廃止」のみを国風文化成立の背景としたことと、二つ目は「唐文化の影響を離れて日本化」したのが国風文化と捉えた点である。

(1) 律令国家体制の変質

　たしかに国風文化の誕生の国際的背景は、唐帝国の衰微と周辺諸国の自立化である。
　8世紀末から9世紀・10世紀にかけて周辺諸国ではそれぞれ中国文化の影響から自立し始め、多くの新しい国家や王朝が成立した。そしてその中でそれぞれの民族の独自性についての自覚が芽生え、西夏・遼東・金などではそれぞれ西夏文字・契丹文字・女真文字が作られたところに、中国文化を消化した上

での独自性の発露が象徴されている。

　この意味で、8世紀末に天武系王朝から天智系王朝へと皇統が変更され、平城京から長岡京、そして平安京へと都が移され、この中で平仮名の発明と普及に代表される国風文化が形成されたことは、日本における中国文化からの自立と捉えられる。

　しかし国風文化の成立は唐の影響からの自立だけではなく、律令国家体制の変質により、地方の自立と都における貴族社会の成立という内的な変化があったことを見逃してはならない。

　都を拠点にする中央王権が直接に地方を統治する体制が緩み、地方はそれぞれの国府を拠点とする在庁官人の職を世襲するようになった地方の有力者によって経営されるようになった。そして中央に集まる豪族たちは、それぞれが王として統治してきた本貫の地を離れて都に拠点を置き、都に集められた富の分配とそれによる王権の装飾に熱中し、消費階級としての貴族へと変化する。そして都に集まった貴族たちは、それぞれが都で王権に奉仕することで獲得した官職・位階によって得た富を背景として、奢侈的な生活を送るようになった。

　さらにこれらの貴族からなる中央王権は、地方の国司を世襲するようになった中下級貴族（受領層）に国々の税の徴収と管理とを委託し、地方の統治といっても国司の任命と非常事態時の軍事指揮官の任命という形での人事権の行使に特化していった。

　この意味で平安京における天智系皇統の成立はあらたな王朝の成立といっても過言ではなく、その王権を飾る意味で、平安時代になると文化活動そのものが王権の盾として重視され発展したのであった。これが国風文化成立の国内的背景である。

(2)「唐風」あっての「国風」

　また国風文化を「唐文化の影響から脱したもの」とのみ捉えるのも誤りである。

　平安時代以後の文化は、「唐風」と「国風」とが並立している。そしてその

「唐風」とは中国文化そのものではなく、遣唐使による実際の見聞やそれによってもたらされた文物を通じて日本の貴族層によって理解された理想型としての「唐風」であり、「国風」は、その「唐風」を理解・吸収した上で、それを基盤として新たに再編された「日本的」な文化であった。

①平安時代初頭の「唐風」化

平安時代初期の桓武・嵯峨天皇の時代には文化の積極的な「唐風」化が図られた。

宮中の儀礼も唐風に改められ、官職や建物の名前に至るまで唐風に改められた。だがその唐風は、日本的に変形された唐風なのであった。

この時代には、中国の王朝にならって「続日本紀」以後の正史が編纂されたが、それは漢文で書かれたという意味では唐風であったが、中国の正史でいえば帝記にあたる部分だけで成り立っており、中国の正史にある列伝や様々な分野の歴史は排除されるという、きわめて日本的なものであった。さらにこの時代には、日本的に作りかえられた法制度を背景として「弘仁格・式」などの法令が編纂されたり、最澄や空海などの中国渡海僧によって新しい仏教がもたらされたのだが、それは南都の高僧達との間による論争の過程を経て日本的に理解され直した新しい仏教であり、その仏教の理論書などが編纂されたりしたのである。

そして、これらの文化活動は、大皇の名において行われるという王権主導のものであり、この流れの中で勅撰の漢詩文集がいくつも編纂され、文化活動も王権を装飾するためのものという性格が、ここにはよく表されている。

②「唐風」を基礎にした「国風」の出現

そして9世紀後半から10世紀、いわゆる摂関政治の形をとって皇統の継続が安定するとともに、初期の唐風を消化した上でそれを参考にした形で「国風」が注目され発展する。この動きの背景には、王権が安定したことによって唐風文化によって王権を装飾し国際的に自立する必要性が薄まり、文化活動そのものが王権の総覧の下ではあるが、官職が個々の貴族の家によって相伝されるようになったことを背景として、個々の文化活動においてもそれを相伝する貴族の家が生まれ、文化活動が個々の貴族の個人の感情の発露という性格を示すよ

うになったことがあげられよう。

　この動きが漢詩における私家漢詩集の出現であり、貴族社会の公私の場における「古歌」の尊重とそこから発展した和歌の発生である。そしてここでも文化の王権による総覧の傾向が進み、「古今和歌集」に代表される勅撰和歌集に結実したのであった。

　この古今和歌集に結実した和歌には、その主題や表現の方法、そして対象の認識方法などにおいて漢詩文の影響が大きく、それを自分のものとした上で成り立ったものであることがよく分かる。そしてこれは万葉集のように個人の直接体験に基づいた個人的感情の自由な発露という傾向から、題を設けて歌を詠んだり、絵画を見てそこから主題を設けて歌を詠んだりという形で、直接的体験から離れて論理的客観的に対象に迫るという漢詩文の傾向を下敷きにしたものに変わった点によくあらわれている。

　このように「国風」は「唐風」を基礎として内包しているのであり、和歌と漢詩も一対のものであったのである。このことは男性官人も宮廷女官もそれぞれ漢詩と和歌とを嗜み、中国と日本の故実に関する豊かな知識をもとにして詩作を行っていたのであり、後に発展した「朗詠」「今様」などの歌謡において漢詩と和歌とがそれぞれ交換可能なものとして使われていたことなどにもよくあらわれている。

　同じことは絵画にもいえる。「大和絵」は「唐絵」を前提にしており、両者の違いは絵に描く対象の違いに過ぎず、技法的には両者は同一である。

　すなわち唐絵は、理想としての中国の宮廷のさまや神仙が住む山野河海を描くものを指しており、このような絵は、宮廷の公的な場を飾っていた。これに対して大和絵は、日本の風物、とりわけ唐絵の神仙が住む幽谷の情景とは対照的な、穏やかな山並と四季の風物を描いたものであり、このような大和絵は貴族の私的な世界を彩っていった。そして日本的な風物が好んで描かれるきっかけには、唐絵の中で晩唐期以後の農村風景などを好んで描いたものの出現とその招来があり、日本における唐絵も次第に、穏やかな農村風景や文物を描いたものに変化していった。

　また、この時代に盛んになった物語にも、中国の文学が背景にある。それは

中国において小説と呼ばれた怪奇談などを中心とした短編がたくさん生み出され（これを院政期において編纂したのが今昔物語である）、この怪奇小説の枠組みを利用して書かれたのが、初期の物語である竹取物語などであったのだ。そしてこの物語文学がしだいに歴史叙述をも含んだものに発展して、中国の正史に倣った紀伝体の歴史書（例えば日本書記や続日本紀など）では充分に人々の生き様や心根などまでに分け入った記述はできないという認識を生み出し（紫式部日記における日本書紀批判によく示されている）、物語は理想としての歴史認識をも叙述するものとなり、その典型・頂点に源氏物語が生み出されたのであった（源氏物語は理想としての貴族社会・貴族政治・貴族の生き方を歴史的に叙述したものでもある）。さらにここから歴史書としての物語に特化した栄花物語のようなものが作り出され、さらには中国の正史に倣った帝紀と列伝とその他の歴史からなる大鏡という歴史書も生み出された。この流れの末に後期院政期における平家物語の成立がある。

　このように物語文学の誕生と発展の背後にも唐風と国風の相克と発展の過程があったのである。

　さらにこの時代に発展してきた物語と絵画の結合としての絵巻にも唐風と国風の相互関係がよく示されている。

　絵巻物の起源は、中国で行われていた画巻という絵画様式であった。これの日本の絵巻との違いは、中国のものが風物を横長の広大な画面にパノラマ的に描いたのに対して、日本のものは物語における時間的推移を横長の画面に表現したところにある（中国における画巻の伝統をよく示したのが室町後期における雪舟の水墨巻物である）。そして絵巻の中でも、宮廷における様々な儀式や政治的事件を描いたものは絵画的には「唐絵」に属し、物語や縁起を描いたものは「大和絵」に属していたのであった。

　このように国風文化は唐風を基盤としてその技法や考え方・物の見方を採用した上で、「日本的」なるものを描いていた。そしてこの変化に大きな影響を与えたものが、晩唐期における戦乱を背景として生まれた文化人の山野への隠遁生活への憧れの中から生まれた隠者の文化であり、その代表としての白楽天（白居易）の詩文やそれを描いた絵画が大量に日本に招来されたことでもあった。

(3) あいまいな「国風文化」の記述

「つくる会」教科書の「国風文化」の記述にはもう一つ問題点がある。それはこの時代の文化こそが「日本的な文化」の成立そのものであったことについてのあいまいな記述である。

国風文化と呼ばれる平安時代の文化は、先に述べたような唐風を基礎として生まれたことを確認した上で、はじめての日本的な文化であった。このことは、あいまいな言い方ではあるが、教科書の以下の記述でも示されている。

「国風文化」の項：（p 74）
- 貴族たちは……寝殿造の邸宅に住み、服装も日本風に変った。
- 絵画では、日本の山水や人物を題材とした大和絵がえがかれ、寝殿造の中の襖や屏風を飾った。

「仮名文字の普及と文学の発展」の項：（p 75）
- 平安時代に入ると、仮名文字が普及し、……仮名文字を用いた文学が発達した。……最初の勅撰歌集となる「古今和歌集」がまとめられ……仮名を使った最初の日記文学である「土佐日記」を書いた。

「浄土教と仏教文化」の項：（p 76）
- 日本の神は仏が仮に姿を変えてあらわれたものとする、本地垂迹説が唱えられ、仏と神をともにうやまう神仏習合がさかんになった。

「院政期の文化」の項：（p 77）
- これらの絵巻に見られる、いきいきとして動きに満ちた人物や自然の表現は、絵画の世界の革新であった……。

この時代の文化が、従来のものとは大きく違ったものであり、文化における革新期であったことが不充分ながらも語られている。しかしこれが現在につな

がる日本文化の始まりとは明確に記述してはいない。

　他の教科書では（たとえば私が授業で使っていた清水書院のものでは）、「国風文化」は「唐風の文化が消化され、日本の自然や生活にあった、独自の文化が生まれ、長くのちの世につたわった」と記述し、ここが日本文化の始まりと、明確に記述している。

　しかし新しい歴史教科書は、この点はあいまいである。なぜこの教科書では、「日本文化」のはじまりとはっきりと書かないのか。

（4）日本的なる文化＝天平文化？

　その答えは、とても単純である。

　この教科書では、日本文化の古典＝日本的なるものの始まりを、天平文化に置いているからである。この教科書の天平文化の項では以下のように記述している（p 67）。

> 　天平文化は、日本の「古典」（古い時代につくられて、現代でも文化的価値の高いすぐれた芸術作品。西洋美術ではギリシャの紀元前5世紀ごろの美術やイタリアの15・16世紀の美術について使われる）とよぶにふさわしい。

　そして同じく奈良時代の文化の個所で、「日本語の確立」とか「日本の神話」とかの項目をたて、あたかもこの時代に、日本的な文化が成立したかのような記述をしている。

　だがこの部分の記述にも問題がある。ページの見出しだけ読むと、あたかも天平時代が日本的なる文化ができた時代のように見えるが、個々の記述を吟味して行くと、そうではない。

　たとえば、「日本語の確立」（p 58）の所では、この時代に「万葉仮名」とよばれる音表記法が生まれたことを記し、中国語を表す漢字の音だけ借りて、違った言語である日本語を表記することが始まったことを述べ、これがのちに、「平仮名」という日本独特の文字の発明にいたったと記述している。つまり「日本語の確立」の個所では、奈良時代に漢字の音を用いて日本語を表記すること

が始まったと書いてあるだけで、平仮名が始まったとは言っていない。衆知のように「平仮名」が始まったのは平安時代であり、それが広く普及したのは平安時代の中頃、9世紀になってのことである。つまり文字表記という面では、奈良時代は、日本的な文化の芽が生まれたに過ぎないのである。

また前にも述べたが、天平文化が日本の「古典」とされ、たとえば「万葉集」が和歌の模範とされたのは、江戸時代後期から明治にかけて、言いかえれば、近代日本の国民国家が成立する過程であった。それまではむしろ和歌の原点は、平安時代中頃の「古今和歌集」であり、この時代こそが、平仮名の成立と普及の時代であり、平安の「国風文化」こそが日本の古典＝日本的なるものの原点なのである。

ではなぜ、日本的なるものが芽生えはじめた時期をもって、日本の原点とし、その日本的なるものが確立した平安中期を強調しないのであろうか。

(5)「律令国家」成立を「日本」の自立と見たことによる歪み

この原因ははっきりしている。

新しい歴史教科書は、奈良時代、律令国家の成立をもって、日本が中国や朝鮮から自立した国家を形成したとする歴史観に立っているからである。そしてこの歴史観は、教科書の随所で展開されている。

たとえば聖徳太子の政治の項（p 45）で、「聖徳太子は隋の皇帝への国書で、対等の立場を強調することで、隋に決して服属しないという決意表明を行った。……わが国は、中国から謙虚に文明を学びはするが、決して服属はしない—これが、その後もずっと変らない、古代日本の基本姿勢となった」と述べ、その後の歴史の展開とは、完全に矛盾する見解を述べている。また、「律令国家の出発」の項でも（p 54）、「東アジアで、中国に学びながら独自の律令を編みだした国は日本のほかにない」とか、「日本における律令と年号の独自性は、わが国が中国に服属することを拒否して、自立した国家として歩もうとした意思を内外に示すもの」などと、当時の世界情勢や各国の置かれた状況を無視して、日本民族主義を過度に宣伝している。

しかし律令国家の成立をもって、日本が中国や朝鮮から自立した先進国となったと見る見方は、まったく事実と反するものであることは、先に、各項目の批判の個所で述べた通りである。

　新しい歴史教科書が、平安時代こそ日本的なものが確立した時期だと明快に述べられない原因は、奈良時代の律令国家の成立期がそれだとし、事実を無視してイデオロギー的に宣言してしまったことからくる、歴史認識の歪みの結果なのである。

　ではなぜこの教科書は、平安時代ではなく奈良時代を「日本の自立」の時期と見たのだろうか。

(6)「天皇の権力が衰微した」かに見える平安時代

　この原因も、極めて単純である。
　この教科書の執筆者たちは、天皇の位置を過度に強調する。「天皇の存在なくして日本国はない」とまで言いきっているようである。
　そしてこの観点から見るとき、平安時代はたしかに日本的な文化や政治が広がった時期ではあるが、肝心の天皇の地位が、極めて希薄な状態に見える時代である。いわゆる「摂関政治」の時代。天皇は幼く、その外戚である藤原氏が権力を握っているかに見える時代。これでは、天皇を日本および日本人・日本文化・日本国の中心と考えるこの教科書の執筆者たちにとって、平安時代を「日本のはじまり」とすることは、あまりに受け入れがたいことだったのである。
　それに比べてその前時代である奈良時代は、政治も文化も色濃く中国・唐の影響を受けてはいるが、天皇の権力の強さは、歴史上に燦然とその輝きを誇っている。だから彼らは、日本的なものの萌芽が生まれた奈良時代を、歴史の事実を無視して、日本的なものの確立した時代と強弁したのだ。
　その結果、平安時代の「国風文化」の位置付けが、きわめてあいまいになってしまった。

　一つ付言しておこう。このようなジレンマに陥ったのは、この教科書の執筆

者が初めてではない。近いところでは幕末の尊王思想の元祖とされた本居宣長や自称その弟子の平田篤胤らも同じジレンマに悩んだ。だからこそ彼らは、和歌の原点をそれまでの古今和歌集から万葉集に移し、歴史書の原点を、日本人の歴史観に大きな影響を与えた仏教思想・説話や中国の歴史の影響を受けた平家物語ではなく、まったく忘れさられていた古代の歴史書、それも完全な漢文体で書かれ、中国史書の引き写しの多い日本書紀ではなく、説話の趣の強い古事記に置いたのである。「天皇主義者」にとって平安時代は、摩訶不思議な理解しがたい時代だった。

しかし彼らの「天皇の権力が衰微した時代」という平安時代認識は、全くの間違いであったことは、先に述べた。

(7) 中世文化の幕開けとしての「国風文化」

じつに平安時代こそ、奈良時代に成立した古代日本的なものが、それがさらに社会の変化によって、さらに大きな変化を被り始めた時代だった。「摂関期」における末法思想の広まりやそれを基礎とした浄土教の広がり、また院政期の文化に見られるような、庶民的なものの侵入など、中世的な時代の特徴をすでにもっており、平安時代の後半からはすでに過渡期としての中世の様相を呈している。

そして天皇の存在も、「摂関期」から「院政期」の形態も、この時代の変化に対応したものであり、この時代の後半期から次の鎌倉・室町時代を通じた社会の激変の中で変容をとげ、平安時代後期の「院政期」のような形で日本の文化・社会・政治に深く関わっていき、大きな存在になっていった時代なのであった（この項はのちの中世の個所で詳述）。

この意味で平安時代中頃以後の文化である「国風文化」は、古代の文化というより、中世文化の幕開けとしたほうが正確であろう。

> **注**：05年8月の新版の「国風文化」の記述は「国風文化と国文学の発達」と題して、若干書き改められている（p 56）。「国風文化」の成立が唐の衰微と遣唐使の廃止に由来するかのような記述は書き改められ、「その後、日本の風土や生活

にあった」文化が発達したという記述になっている。しかしこれが律令国家体制の変化と緊密な関係にあったことや「唐風」の吸収とそれを基礎にした「国風」であることは、まったく記されていない。

注：この項は、笹山晴生著「唐風文化と国風文化」（1995年岩波書店刊「講座日本通史第5巻古代4」所収）、佐野みどり著「王朝の美意識と造形」（1995年岩波書店刊「講座日本通史第6巻古代5」所収）、五味文彦著「中世文化とは」・佐野みどり著「物語る力──中世美術の場と構想力」（2002年中央公論新社刊「日本の中世第7巻・中世文化の美と力」所収）などを参照した。

28　浄土教の興隆の意味
──都市の発展と共同体の崩壊

(1) 矮小化された思想的・社会的背景

平安時代の文化は、国風文化の記述に続いて、「浄土教と仏教文化」の説明に入る。ここは一つ前の項目の「仏教の新しい動き」に続く動きであり、中世日本の文化の最初の項である「民衆的な仏教の高まり」の前段をなす項である。それぞれと繋がった一貫した記述がなされ、仏教の変化がその背景とともに、思想的変化としてもきちんと捉えられているのか、その辺を見ておこう。「つくる会」教科書の記述の大要は以下のようである（p 76）。

平安時代の中ごろになると、天災や社会の乱れから人々の不安が増し、末法思想（仏教が衰える末法の世になると、世の中が混乱するという考え方）の広まりもあって、浄土教がさかんになった。浄土教は、阿弥陀仏を信仰し、死後、極楽浄土に生まれ変わることを願う教えである。源信の「往生要集」は、

その代表的著作である。貴族たちは、浄土へのあこがれを胸に、阿弥陀堂を建て、阿弥陀仏の仏像を安置した。(中略)阿弥陀信仰は、都の貴族からしだいに庶民にも広まり、地方へと広がっていった。

　この記述だと、浄土教が広がったのは、天災や社会の乱れから人々の不安が増したことと、末法思想が広がったことが背景にあるということになる。これについての具体的な説明がないので、教科書の記述を通観すると、ここでいう「社会の乱れ」とは、武士が起こり、彼らの力が増してきて各地に戦乱が巻き起こり、貴族の支配にかげりが差してきたことを指すと推理されるであろう。そしてこの浄土教（＝阿弥陀信仰であるように書かれている）が、さらに貴族から庶民に広がっていったと記述されていることから、天災や戦乱で庶民（語の通常の意味から農民など下層の人を指すと思われる）にも社会的な不安が広がっていたことが、この信仰が始まったことの背景だと理解できよう。
　このような記述の傾向は、どの教科書にも見られ、通説的理解のように思われるが、はたしてこれでよいのだろうか。
　この記述だと浄土教は貴族と庶民に広がったように思えるが、のちに絵巻などで見るように、武士の世界にも阿弥陀信仰は広がっており、武士の館にも阿弥陀堂が設けられ、阿弥陀仏の仏像が祭られており、日々礼拝を武士は欠かさなかったこと、さらに今昔物語などにも明らかなように、多くの武士が阿弥陀信仰をもち、極楽浄土へ生まれることを願い、中には出家してしまう者もいた。このような事実をどう理解するのだろうか。

　　注：もしかするとこの教科書の筆者たちは、武士＝禅宗、貴族・庶民＝浄土教という「通説」的理解に立っているのかもしれない。これなら記述に矛盾を感じないだろう。だが事実と違うことはどう説明するのか。

　さらに庶民に広がった阿弥陀信仰と貴族の間に広がった浄土教との間に、教科書は区別を設けていないが、後にみるように、庶民の間に広がったのは空也上人の例に見られるように口称「念仏」であり、貴族の間に広がった「浄土教」とは区別されるべきである（この違いがきちんと説明されていない）。この区

別がされていないと、この浄土教・阿弥陀信仰の流れの中から生まれてきた浄土宗・浄土真宗・時宗の意味もわからず、全部一緒のものになってしまって、なぜ名称が違うのかという疑問だけが残るようになってしまう。

またこの記述だと、前代に始まった「新しい流れ」である真言宗や天台宗との関係もよくわからない。浄土教の代表的思想家である源信は天台宗の僧侶であったわけだが、その天台宗の始祖である最澄の「すべての人には仏となれる要素がある」という教えとの関係もよくわからない。そしてこの新しい仏教の流れが都で始まったことの意味もわからなくなる。

> 注：平安京は当時最大の都市であった。そこには貴族と武士と庶民が大勢住んでいた。その全ての人々の間に阿弥陀信仰は広がっていった。この信仰が都市で始まったことに大きな意味があるのだが、都市ではじまったことが全く記述されていないので、このことの意味を考える手がかりすらない。

要するにこの記述だと、浄土教・阿弥陀信仰というものがどのような社会の変化や思想の変化に基づいて生まれてきたものなのかが「戦乱と天災」に単純化されてしまい、その発生の意味も矮小化されているのである。

教科書の文化史の記述は項目の羅列になっていて、どう学んでよいのか、どう教えていいのかよくわからないことが多い。だからしばしば暗記物になってしまう。浄土教の発生についての「つくる会」教科書の記述は、その典型のようなものである。

(2) 都市的空間の広がりが背景にある

浄土教という大衆の救済を直接めざす傾向が仏教に生まれた背景には、平安京を始めとした都市的空間が広がったことが背景にある。

平安京は日本最大の政治都市であるとともに、諸国の税が集まる全国的流通の要の都市でもあった。したがってここには貴族という、流通を背景にして消費生活に基盤を置く人々がたくさん住んでいただけではなく、その流通を担う人々や、財貨の生産に携わる人々がたくさん住んでいた。さらに飢饉などの天

災が起きれば、周辺の農村からも大量の人々が流入する。ここには日本中の財貨が集まるわけだから、飢えをしのぐおこぼれがあるだろうということである。こうして平安京には、富を求めて流れ込んだ人々が溢れた。またこの人々は自らが今まで属していた共同体を離れて都市へ来たのであり、彼らの繋がりは商品を商うことによっていたので、旧来の共同体に暮らした人々よりは「個人」として社会の中で孤立する存在であった。

また一方都市住人としての貴族の間でも「共同体」は壊れつつあった。共同体としての「氏」の一体性は壊れ、その中に形成された「家」が活動の基盤になった。貴族たちが「摂関家」とか「羽林家」など、独占する官職などの違いによって区別された家をなしていたことにそれは表現されている。したがって貴族たちも人間関係が共同体を通じてというよりは個人を単位とした繋がりになり、「個人」を巡るさまざまな軋轢も生じてきた。

つまり都市においては人々は個人として存在し、従来のような共同体、しばしば神から連なる血縁的共同体という絶対の後ろ盾を失い、個人として人生のさまざまな苦難に立ち向かっていかなければならない状況になっていた。しかもあいつぐ飢饉や戦乱がこれらの人々の上に降りかかってくる。

これが人々が、人生のよりどころとしての絶対的存在である神（＝仏）を熱望する背景である。そして阿弥陀仏は仏教の諸仏の中でも「絶対的」存在の一つである（人々が絶対神を求めたということを背景としてとらえると、平安時代を通じて絶対神である大日如来を本尊として、加持祈祷によって個人を救済する真言宗の隆盛の意味もよくわかる）。

(3) 人々の救済を忘れた「堕落した」仏教

そして浄土教が生まれるもう一つの背景が、既存の仏教の「堕落」である。世俗を嫌い深山幽谷に入って修行に励んだ平安仏教も、密教的な加持祈祷をその中心として都の貴族たちの心の平安と国家鎮護を祈るようになると、しだいに大乗仏教の大衆の救済という側面からは逸脱しつつあった。

当時の僧侶は国家の認可を得ないと僧侶になれない仕組みになっていたが、これにより多くの貴族の子弟が僧侶となる道が開かれ、僧侶としての地位は出

身門閥に左右されるようになり、有力な僧侶たちは出家後も貴族としての優雅で贅沢な生活を保障され、広大な荘園を持つ領主として君臨していった。そして下級の僧侶たちは、その荘園の管理者として動くようになり、武器を携帯したり、妻帯して酒色におぼれたりするものも多数出てきたのであった。教科書には必ず載っている「僧兵」についての記述や絵巻など、僧侶が堕落した姿といえる（p 73）。

いわば僧侶が僧侶としての戒律を破り、大衆の救済を旨とする社会的な役割すらも放棄するに至ったのである。そしてこの状態に対する批判が起こったときには、これを合理化する思想が持ち出された。これが末法思想であった。釈迦の死後数百年とか数千年たつと仏の教えも廃れて世は乱れるという思想は昔からあったし、天台宗の開祖である最澄はすでに末法の世に入っているという認識を持っていたそうである。

その認識を「堕落した」僧侶たちは、「末法の世になれば仏の教えも廃れてしまうのだから、僧が戒律を守らないもの当たり前」と居直る状態であった。つまり彼らは末法の世である現世を肯定し、堕落を堕落でないと言いくるめようとした。一方で彼らの足元に広がる巨大都市平安京には、人生のよすがをもとめて救いを求める都市住民が多数存在するというのに、この人々の救済をなすことなく。

（4）世捨て人＝遁世僧が始めた浄土教

この状況を見てなんとかしたいと思った僧侶たちが、僧としての地位も名誉も捨てて俗世間から離れ、真の仏の道を捜し求めはじめた。このような僧のことを遁世僧(とんせい)と呼ぶ。彼らは末法の世の中でも僧侶としての厳しい戒律を守りながら修行に励み、大衆を救うための方策を模索した。この遁世僧の中で、天台宗の中から出てきた僧侶たちの間に広がったのが浄土教である。

浄土教、阿弥陀仏にすがれば死後極楽浄土に往生できるという思想はインドですでに生まれており、日本には7世紀には入っており、以来各地に阿弥陀仏をまつるお堂ができて信仰としては広がっていた。そしてその行法として、阿弥陀仏を心に念じるという意味での「念仏」は、最澄によって比叡山に持ち

込まれ、さらに彼の弟子たちによって座禅や瞑想・称名念仏などを加えた行法として洗練されていった。天台宗から遁世した僧侶たちは、この浄土教を大衆救済の思想としてさらに洗練し広めようとしたのである。

（5） 呪術としての口称「念仏」：空也の場合

　この浄土教の思想を、日本の大衆の中にある伝統的な思想と結合させて広めようとしたのが空也であった。彼は平安京の市の辻などで布教を行ったが、彼の場合の阿弥陀仏の世界に入る手段は、口で「阿弥陀仏」の名を唱えることであった。

　天台宗でも阿弥陀仏の名を唱えることはなされている。しかしそれは阿弥陀仏の像の前で、座禅を組んだり何十日間も像の周りを回ったりして精神統一する中での称名であり、修行としての「念仏」であった。しかし空也は、口で阿弥陀仏の名を唱えることだけで極楽に救われるとした。いわば日本人の中に古くからある「言霊」信仰（＝言葉を一旦口に出してしまえば、その言葉によってあらわされるものを支配することができる、すなわち真実の言葉はその実体をつかむ魔力を持つという思想）をもとにして、阿弥陀仏にすがるという意味での念仏を行ったのである（彼の場合は著作が残っておらず、口称念仏だけで極楽に行けるということを仏教教理として証明することができていない。これをなしたのがのちの浄土宗の開祖たちであった）。こうやって彼は悩める個人を救おうとした。そして空也の言霊としての口称念仏を直接継承したのが、浄土宗の一派、のちの一遍の時宗であった。

（6） 修行としての「念仏」：源信の場合

　天台宗の僧侶であった源信が理論化した浄土教では、「念仏」の意味が修行としての意味合いを持っていた。彼の場合は天台宗の念仏の伝統に沿っていたというわけである。

　彼は極楽浄土に行くための五つの正しい修行（正行）をあげている。それは「1：阿弥陀仏を礼拝する　2：阿弥陀仏を讃嘆する　3：悟りを求める心を起

こす　4：阿弥陀仏の姿を心に念じる　5：正行をなした善根をすべての者の救済と自分の悟りのためにふりむける」というものである。つまり天台宗では、座禅などを含むさまざまな行法の一つとしてこれらの「念仏」をあげていたのだが、源信は様々な行法の中の「念仏」だけで極楽往生ができると説いたわけで、出家者ではない在家の信者が自らの力で極楽往生する道をより簡略にした。彼もまた悩める個人の救済を「念仏」によって行おうとしたのである。

　そして源信によって集約された浄土教は、天台宗だけではなく真言宗にも、そして奈良時代以来の正統仏教である法相宗にも広がり、それぞれの教派の中に阿弥陀信仰が組みこまれ、「念仏」によって「極楽浄土」へ生まれ変わる道筋が求められることになった。この動きの中でさらに理論的追求がなされ、そこからのちに浄土宗という新たな宗派・教団が生まれたのである。

(7) 都市住人としての武士：武士に浄土教が広がったわけ

　武士もまた都市住民である——というと違和感があろう。従来説では、武士とは農村に住むものと理解されていたからである。しかし彼らの館が「農村」の中のどのような場所にあったかを思い起こせば疑問は氷解する。彼らの館は、「荘園」や「公領」の中の交通の要地にあり、しばしば彼らの館の前には市が立っていた。

　彼らは下人に田畑を耕作させ、自らもまた耕作に従事してはいただろう。しかし彼らの生業は、「荘園」や「公領」の土地の管理であり、治安の維持であり、さらには税の徴収と運搬（国府まで、または都まで）。つまり彼らは農業生産者というより、その余剰で食べている消費生活者としての管理者・流通業者・運輸業者であり、この意味で都市的住民である。

　彼らが住んでいた場所は「荘園」「公領」の中の都市的地域である。

　そして彼らの間でも共同体は崩れつつあり、「家」を単位とした生活になっていた。同じ清和源氏といっても様々な家があり、相互に抗争しながら利権を争っていたことにそれは表れている。

　彼らの生活も家を単位とした「個人」の繋がりであり、さらに彼らは殺生を生業とする。この殺生は仏教では魔道に落ちる所業であり、これらの行いをす

るものには救いは用意されていない。
　だから彼らは個人としての救いを求めたのだ。

>　注：都市というと平安京しか思い浮かばないから、地方にもたくさんの都市があったことが忘れ去られている。国々には国府が置かれていて、そこは政治都市であると同時に、税を集め運搬する集散地でもあった。さらに郡には郡の役所が置かれた都市的地域があったし、街道には駅が置かれた都市的集落があった。また「荘園」にも荘官という管理者が住み、税を集める役所があり、これも都市的地域であった。これに街道の要地や河や海の港にできた都市や、寺社の門前にできた都市を加えれば、かなりのものになろう。都市は鎌倉時代になって突然生まれたのではなく。国家の発生とともにあったのである。

　このような修行としての念仏を背景にして生まれたのが、阿弥陀堂を中心として栄えた貴族文化としての仏教文化である。

〈補1〉 神と仏の融合

　「つくる会」教科書のこの項の特色として、神と仏とが一体となったことの理論としての「本地垂迹説」を紹介していることがある。こう書いてある（p76）。

>　また同じころ、日本の神は仏が仮に姿を変えてあらわれたものとする、本地垂迹説が唱えられ、仏と神をともにうやまう神仏習合がさかんになった。

　神と仏が一体となっているのは日本の信仰の特色である。このことを記述したことは正しい。ただ唐突であり、今までの記述と何の脈略もない。また神仏習合は日本に仏教が伝わったときからのことであり、この平安時代になって盛んになったことではない。奈良時代においても寺院にはかならず付属宗教施設であり寺の守り神としての神社が存在した（この形の始まりは、九州の宇佐八幡宮だとの説もある）。この中で神仏習合が行われていたのであり、それを理

論的に集約して本地垂迹説という形でまとめたのがこのころであった。そしてそれを可能にしたのが、日本仏教の中で、「人はすべて仏となることができる」という立場が主流派となり、これがやがて木も草も石も生き物だけではなく全てのものが仏になれるという思想を生み出すに至って、仏教の理念が、日本の古来からの神道の理念と重なってきたことにある。つまり天台宗の思想が発展し、浄土教を生み出すという過程での進化が、神仏習合の理論的基礎を与えているのである。

〈補2〉 完全に無視された浄土教文化の極致としての平泉

　最後に一つ補足しておきたい。この教科書の記述では、浄土教文化の代表として、宇治平等院鳳凰堂が示されている。しかしその地方への波及の象徴であり、その極致ともいえる奥州平泉の文化については一言も触れられていないのは問題である。

　平泉には平等院鳳凰堂の拡大模写ともいうべき無量光院を初めとした浄土教文化を体現した寺院が多数建立され、その中に現存物として中尊寺金色堂があることは周知の事実である。この平泉の浄土教寺院の建築や諸仏は、京の工人や仏師によって作られたものであり、仏像は京で作ったものを部材に解体して船で平泉まで運んだものが多く、ほとんど都の文化そのものである。

　奥州藤原氏の政庁のあった平泉は、東アジア交易ネットワークの北の拠点であり、ここには北は蝦夷ヶ島・オホーツク・カムチャッカからたくさんの毛皮や海産物が運び込まれており、それが、奥州の産物である金や馬とともに京を通じて全国に流通していた。また西からは西国の陶器や中国の陶磁器も大量に運ばれ、日本列島における一大流通拠点でもあった。また、平泉周辺は豊かな稲作地帯でもあり、これらの富を背景にして奥州を治めていた奥州藤原3代は、ここに半ば朝廷から独立した「平泉幕府」ともよぶべき軍事政権を築き上げていた。その財力と文化の粋をつくしたのが、毛越寺や金色堂などの浄土教寺院群であった。

　平安時代においてすでに日本では、全国的な商品流通が行われ、それを支える陸上・海上交通が盛んであった。これに乗って都の文化は日本中に広がっていったのであり、浄土教文化も広がっていった。平泉の浄土教文化は、このよ

うな列島全体にわたる交通・流通・文化ネットワークがあったことの表れであり、その最も豊かな表現である。これを全く無視することは、「つくる会」教科書が、その叙述において大和・京中心主義であり、日本の周縁部へのまなざしに欠けるという欠陥をもっていることの表現である（なお平泉文化については、斉藤利男著「平泉―よみがえる中世都市」や、荒木伸介・角田文衞他著「奥州平泉黄金の世紀」、入間田宣夫・豊見山和行著「北の平泉、南の琉球」などに詳しい）。

＊

　「つくる会」教科書は、部分的には意欲的な踏み込んだ記述が多い。本項「浄土教」の部分もその一つではあるが、どうしても文化史の記述は項目羅列的傾向が強く、記述がばらばらで一貫性に欠け、その時代の文化のありかたから何を読み取ろうとしているのかがあいまいである。

> **注**：05年8月の新訂版では記述が少し変化している（p 57）。ここでは「天災や社会不安から、末法思想が流行した。これを受けて、念仏を唱えて阿弥陀仏を信仰すれば、死後、極楽浄土に生まれ変わることができると説く浄土教がさかんになった。浄土教は、空也や源信によって広められた。有力な貴族は、浄土へのあこがれを胸に、阿弥陀堂を建て、阿弥陀仏の像を安置した。（中略）阿弥陀信仰は、都の貴族からしだいに地方へと広がった」と書き改められている。よりすっきりとした説明になっており、阿弥陀信仰が都から広がったことは記述されたが、庶民に広がったことは削除されて人的広がりの意味を考える手がかりが失われてしまった。また、前代や後代への繋がりが欠けていることは、まったく改善されていない。さらに念仏を唱えることが浄土教だとしてしまったことで、空也の活動との違いや、後の浄土宗などとの違いもかえってわからなくなっている。また、新版では、浄土教文化の代表の一つとして、中尊寺金色堂が写真入りで紹介されている。しかしここでも列島全体にわたった交通ネットワークを背景にして浄土教文化が広がったことは、一言も触れられていない。

> **注**：この項、前掲末木文美士著「日本仏教史」、斉藤利男著「平泉―よみがえる

中世都市」(1992年岩波新書刊)、荒木伸介・角田文衛他著「奥州平泉黄金の世紀」(1987年新潮社刊)、入間田宣夫・豊見山和行著「北の平泉、南の琉球」(2002年中央公論新社刊:「日本の中世5」)などを参照した。

29 聖・俗を統合する王への脱皮を図る後白河王権
——院政期の文化の性格

(1) 院政期文化＝「民衆的な文化のはじまり」でよいのか

　平安時代の文化の最後に、「院政期の文化」が独立した項目としてたてられている。これは教科書としては珍しい構成である。ではどのような特色を持った文化として記述されているのだろうか。

> 　院政のころ、貴族の間では、優美で繊細な作風の美術が好まれ、華麗な装飾をほどこした仏画や仏像がつくられた。

　これが「つくる会」教科書の記述のはじまりである (p 77)。具体的には何を指しているかというと、高野山の「阿弥陀聖衆来迎図」の図版が掲載されているので、これは前項の阿弥陀信仰を背景にした貴族の間での仏教美術を指していると思われる。
　そして次に行を改めて、「絵画の革新」ともいえる「民衆世界を描いた」絵巻の登場について描写する (p 77)。

> 　一方、地方の豪族や武士たちの勢力が伸びてくると、彼らの生活が文化にも影響をおよぼすようになった。12世紀に入ると、絵巻物が発達し、動物の姿を借りて、当時の世の中を風刺した「鳥獣戯画」や、民衆の信仰の姿を

えがいた「信貴山縁起絵巻」、迫力のある火災の場面が出てくる「伴大納言絵巻」などがえがかれた。これらの絵巻に見られる、いきいきとして動きに満ちた人物や自然の表現は、絵画の世界の革新であったといえる。

つまり民衆的世界の伸張によって、「絵画の革新」といえるいきいきとした表現で描かれた「絵巻物」が院政期に盛んになったと言っているのだ。
だがこのような規定で良いのだろうか。

(a) 絵巻の性格付けの一貫性のなさ

この記述を読んでみると、三つの絵巻の性格付けがばらばらであることに気がつく。
「鳥獣戯画」はその内容とともに制作の意図がきちんと記述されているが、「信貴山縁起絵巻」になると、これでは民衆の信仰の姿を描いたかのような誤解を受ける。

この絵巻の主題は、かつて醍醐天皇の病を祈祷によって治した霊験あらたかな僧侶である信貴山の命蓮上人の一生を描くこと。とりわけ彼が、金属製の鉢を里に飛ばして托鉢をさせるような余人がなし得ない術を使うことが紹介され、それが世情に知られるようになったきっかけは、鉢が里の長者の米倉ごと山に運んできたことだったとする。そして彼の霊験が都にも知られるようになり醍醐天皇の病がいかなる薬でもいかなる加持祈祷でも治すことが出来なかったときに、命蓮は信貴山から降りることもなく、山上で祈祷したのに、帝の病を治したということが、この絵巻の主題の中心である。そして彼は名誉や栄達、そして財貨には興味がなく、帝からの褒美もすべて辞退して、のちには50年もの間行き別れになっていた姉と再開して、2人して信貴山上で庵を結んで、仏道修行に明け暮れて過ごしたと記述する。

この絵巻には、たしかにこのような聖を信仰する里の民の姿が描かれてはいるが、それは主題ではない。その民人の暮らしの描写を含めて、絵巻の描写がとても自由で伸び伸びしており、生き生きとした筆致であることは、鳥獣戯画と同じではあるが。

さらに三つ目の「伴大納言絵巻」の記述に至ってはひどいものである。「迫

力のある火災の場面が出てくる」では、この絵巻の主題とも無関係で、どんな絵巻か知ることすらできない。

　この絵巻は、醍醐天皇の時代に、応天門という宮中の象徴的建物が付け火によって炎上した事件の次第を描いたもの。そしてこの経過が生き生きとした筆致で描かれている。「迫力のある火災の場面」とは絵巻の冒頭の応天門の火災の場面であり、炎を描いた絵としては日本屈指のものではある。

　この時代を代表する三つの絵巻の記述があまりにいいかげんであることは、ここに民衆的世界が反映されているというこの教科書の主張に、いささか疑問を持たせるであろう。

(b) 12世紀になって絵巻が発達したわけではない

　さらに、特にここにあげられた三つの絵巻は全て、後白河法王が彼の権力の象徴として作らせた蓮華王院（れんげおういん）(現在の三十三間堂のあたりにあった広大な寺院。三十三間堂はその中心的な建物である)の宝蔵に納めさせた絵巻であると推定されている。したがって後白河の在世中はこれらの絵巻は宝蔵に秘蔵されており、めったなことでは外部に持ち出されなかったものである。これを「民衆的世界の文化」と単純に呼べるのだろうか？

　絵巻がさかんに描かれたのは、何も12世紀になってからのことではない。源氏物語などの王朝時代の物語の記述にもあるように、すでに10世紀頃には、たくさんの絵巻が描かれ、貴族の間で供覧されていた。この絵巻の多くは物語絵巻であった。そしてこれらは今日どれも現物が伝えられていないので、どのような画風のものであったかを直接知ることができない。

　この教科書が「絵巻がさかんになった」という12世紀とは、後白河が絵巻をたくさん書かせた時代であり、そのいくつかが今日でも伝えられているので、絵巻流行の盛期であるかのように思われるだけである。事実は、後白河がかつての絵巻が盛んに作られていた時代のように今の時代をしようと考えて、大量の絵巻を作らせたのだ。

　後白河がこれらの絵巻を作らせた目的を見ることなく、「つくる会」教科書

の記述は書かれているように思われる。

(2) 後白河は何のために絵巻を作らせたのか？

(a) 後白河が描かせた絵巻の性格

　後白河法王が蓮華王院の宝蔵にたくさんの絵巻を所蔵していたことは、貴族のさまざまな日記によって明らかであるし、今日でもいくつかが残されており、それは日本絵画史を飾る名品ばかりである。
　彼が作らせたとされている絵巻と、現存する蓮華王院所蔵絵巻と伝えられる絵巻は、以下のようである。

　○貴族の日記などでわかる絵巻
　・保元相撲(すまい)図絵巻　　　保元3（1158）年7月の大内裏での相撲会を描いたもの
　・保元城南寺競馬(くらべうま)絵巻　保元3（1158）年4月の後白河が鳥羽殿で開いた競馬の模様を描いたもの
　・仁安御禊行幸絵巻　　　仁安3（1168）年10月、高倉天皇の大嘗会の一連の行事を描いたもの
　・承安五節絵巻　　　　承安7（1171）年11月の新嘗祭における五節舞姫進献のありさまを描いたもの
　・年中行事絵巻　　　　保元2（1157）年に突貫工事で長く失われていた大内裏を造営し、さまざまな宮中行事を復活させる中で、宮廷年中行事の百科事典として描かせたもの
　・玄宗皇帝絵巻
　・末葉露大将絵巻
　・後三年合戦絵巻

　このうちの最初の四つの絵巻は、後白河が実際に再生させた宮廷行事を記録に留めたもの。そして次の年中行事絵巻は、それも含めたすべての宮廷行事の

百科事典として有職故実に基づいて描いたもの。総じて後白河が復興させたいと願っていた平安中期の帝王が主催する行事を描いたものである。

その次の二つは物語を描いたもの。最後は合戦絵巻である。

○現存している後白河時代の絵巻
・年中行事絵巻（摸本）
・寝覚物語絵巻
・源氏物語絵巻
・彦火々出見尊絵巻
・粉河寺縁起
・信貴山縁起
・伴大納言絵詞
・吉備大臣入唐絵巻
・六道絵＜餓鬼草子・地獄草子＞など

このうち、伴大納言絵詞と吉備大臣入唐絵巻は、上の分類でいくと最初の宮廷行事に連なる王朝華やかなりし頃の出来事を描いたもの。上の一群の絵巻と性格が異なるものは、4番目の彦火々出見尊絵巻から信貴山縁起絵詞までの三つの絵巻。これは霊験あらたかな社寺の起源を語った物語である。そして六道絵は他のどの絵巻とも異なった内容性格のもの。言葉であらわせば、人間世界をすべて表現したものといえようか。残り二つは物語である。

以上のように見ていくと、後白河が描かせた絵巻には一定の性格があることがわかってくる。一つは王朝国家が華やかなりし頃を彷彿とさせる一群の絵巻。これは後白河が復興したいと願っていた時代のありさまを描いたものだろう。第2の群は、王朝時代貴族の生活を彩った物語絵巻。これは源氏物語などに描かれているように、かの時代に最も流行した絵巻である。次は合戦絵巻。これは後白河が生きた時代、すなわち権力闘争には武力をもってしないとすまない時代の先駆けともいえる事件の記録ともいえ、後白河の時代以後、数多く作られた絵巻の群である。そして次の一群の絵巻は、寺社の縁起絵巻。このとき描

かれた寺社には皇室ともゆかりの深いものが含まれる。皇室は神仏に守られた存在であることを示す絵巻か。最後の六道絵などは異色である。王朝時代には決して描かれなかった画材である。

　後白河が描かせた、かつての王朝国家が華やかなりし頃を復興せんとして作った記録絵巻と物語絵巻は、伝統的な大和絵の手法で描かれているという。つまり平安中期の技法を復活させたものでもある。それに対して、縁起物の絵巻や合戦物の絵巻、そして六道絵などの絵巻は、王朝時代には描かれることのない新しい画材であり、その筆致は、自由で伸び伸びとした生き生きとしたものになっており、王朝時代の形式的な描きかたとは大いに異なっている。この意味で、これらの絵巻は絵画の革新ともいえるであろう。
　しかしこれとて、後白河が大量に絵巻を描かせた意図と無関係ではないはずである。

(b) 後白河の政権の性格は？
　では後白河はこれらの絵巻を何のために描かせたのだろうか。これは絵巻だけではなく、彼がなしたこと全てを総合して、彼がどのような「政権構想」を持って動いていたのかということを復元する中で考えられる事柄である（巻末資料系図10「院政と皇統の分裂」参照）。
　従来院政期は、古代の律令制国家体制が崩れていった時期と考えられており、その政治制度などはあまり深く研究されてこなかった。そしてその中でも後白河は、そもそも彼が一代限りの中継ぎの天皇であったことや、彼の執政であった藤原通憲（信西法師）が「和漢の間、比類なき暗主なり」と評していたこと、そして彼が通常の帝王に似合わず、当時の流行歌である今様に「狂っており」、それを収集して「梁塵秘抄（りょうじんひしょう）」という本まで作っていることなどから、歴史家の間でも、「君主の資格に欠ける愚昧な帝王」と評されてきた。さらに源頼朝が後白河を評した言葉として「日本第一の大天狗」という言葉が伝わっていたこともあり、幕府の成立を中世国家の成立として見る研究者の間では、封建制を推進する新しい中世国家である幕府の成立と発展を妨げ、古い昔の王朝国家を追憶するだけの保守頑迷の権謀術数を弄する「妖怪」的な評価がされ、あま

り深くは研究されてこなかった。

しかし摂関期から院政期に発達した荘園・公領制こそ日本における封建制の発生だったことが明らかになり、貴族と現地荘官たる武士との主従関係も封建的主従関係であったことが分かってくると、院政期こそは、中世の始まりの時期として認識されるようになり、この時期の歴史的評価が変わってきた。

そして「中継ぎ」として無視されてきた後白河院政期こそ、古代王朝国家から、中世的国家への過渡期、いや中世国家の成立期として認識されるようになり、ようやく後白河の研究が盛んになってきたのである。

とても鋭い後白河論を展開していた史家・棚橋光男は、その論で後白河を以下のように評している。

「後白河の生涯は、息つく間もなく、さまざまなタイプの挑戦者を打ち倒し、それを養分にしながら、古代王権の中世王権への再生という成果をもぎとった、文字どおり茨の道でした。

保元・平治の乱から源平の争乱に至る内乱の渦中で、王権そのものの消滅の危機がいくどかあり、あるいは少なくとも、複数の王権が分立する現実的可能性がありました。その経験の中で、後白河は、王権を構成する諸要素、王権に随伴する諸機能のうち、何は落とせて何は落とせないのか、何は奪われてもしかたがなくて、何はギリギリのところで死守しなければならないのか、深刻な選別・ふるいわけの作業にせまられたはずです。そしてその上で、王権から一旦奪われた諸機能を、質的に違った形で再編成する作業を行わなければならなかったのだと思います」（棚橋光男著「後白河法皇」講談社メチエ95年刊所収の「後白河論序説」より）

そして後白河院政期に次々にだされた「新政」の法としての再検討と、彼と武士政権との関係や、絵巻や今様の集成、そして度重なる寺社への参詣、とりわけ30数回にも亙った熊野参詣などの活動全てを総合的に検討することで、後白河が構想しようとしていた新しい国家を、棚橋は再現しようとした（仕事の完成を見ずして棚橋は病に逝ったのだが）。

それによれば、後白河は、「九州（日本全土）の地は、一人(いちにん)（治天の君）の有なり。王命のほか何ぞ私の威を施さん」と、日本国の最高権力者としての治天（＝院）の存在を宣言し、その下で、律令制にとらわれない新たな官職の職の身分体系を確立しようとした。また、王権の実質的支配地域は平安京とその周辺に限られていることを基礎にして、日本最大の都市である平安京とその周辺の地域を治めるための都市法を制定して、そこにおいて発展しつつある流通産業などの統制を試みた。さらに、軍事統率権や検断権（＝警察権）は観念的には治天（＝院）が掌握していることを明らかにするとともに、その実施については有力な軍事貴族にそれを委ね、王朝国家と軍事権門との間の関係を整理した。

　このように整理されると、後白河がやってきたことがすっきりと一つの国家構想として浮かび上がってくる。
　院は日本国の最高権力者であるとともに最高権威なのだ。それは当時の観念でいえば、現実的権力の執行権を持っているだけではなく、権力の執行権を分与されたものへ執行のための法的権威を付与するものであるとともに、彼は聖俗の二つの世界を統括する権威でもあるので、神にも等しい力を持つと認識されていたはずである。
　だからこそ、前者の観点から、実際の朝廷の職務を遂行する役所を整理し、それに任ずべき職員の官職の体系をさだめ、さらに軍事・警察部門は勃興しつつある軍事貴族（＝武家）に委ねたのである。
　この最後の武門との関係でいえば、保元の乱後には後白河は、彼の直属の軍事武門の長であった源義朝と、彼の政治的庇護者であり院の厩を管理する長官となった藤原信頼(のぶより)に依拠した。そして平治の乱ののちには、それを平清盛一族に委ね、さらに清盛らが後白河と対立した高倉の側につくと、それに代わる軍事権門を捜し求め、その候補者として源義仲・源頼朝・源義経などがあげられ、その後の平氏との抗争も含めて、勝ちあがった源頼朝を後白河を頂点とする新たな王朝国家の長である後白河院に直属する軍事権門として、公武の両立を図ったのであろう。
　また聖俗の二つに君臨する宗教的権威としての院のありかたを具体化する動きとして、彼は、衆上の救済の最高寺院として阿弥陀・観音信仰を併せた蓮華

王院を造成した。そしてこの仏教的権威だけではなく、日本国にある土俗的宗教権威であり、阿弥陀・観音信仰とも結びついた熊野信仰をも重視し、その造成を援助したのであろう。さらにこの宗教的権威として文化との結合、いや何が文化的価値であるかということを認定する権威として、王朝美術の最高峰としての絵巻を集成させ、さらには都市住民を中心として栄えつつあった今様を集成したのではないか。

(c) 聖俗の統合する権威としての院を象徴する絵巻

本題に戻ろう。

後白河はなぜ膨大な絵巻を作らせたのか。そしてその絵巻は、王朝時代を代表する物語絵巻だけでなく、王朝時代の宮廷諸行事を復活させた記録絵巻や、寺社の縁起を記した絵巻、そして合戦絵巻や六道絵などの様々な絵巻を作らせたのか。以上の背景が、絵巻を後白河が作ろうとしていた国家構想の中に置いてみると、非常に鮮明に浮かび上がってくる。

①王朝の権威の復興としての物語絵巻・宮中行事記録絵巻

最初の二つの絵巻は、彼の時代において長く廃絶していた大内裏を復興したことと同じ性格のものであろう。つまり在りし日の華やかな王朝国家の姿の視覚的再現である。だから後白河は廃絶していたさまざまな宮中行事を復活させ、それを極彩色で精密に絵巻に描かせた。そして復活できなかった行事も含めて、有職故実に基づいて、年中行事絵巻として描かせたのであろう。さらに、王朝貴族が愛玩した物語絵巻も復興した。

②宗教的権威としての院を象徴する縁起絵巻

縁起絵巻は、どんな性格を持つ物だろうか。彦火々出見尊は天皇家の祖先として記録されている神武天皇の祖父であり、天照大神から天の下の統治を委ねられた瓊瓊杵尊の息子で、竜王の国に行って手に入れた宝物の力で、兄から統治権を譲られたという神話を持つ、天皇家の祖先である。これはつまり天皇自身の神にも等しい存在を権威付ける話しと考えられよう。

さらに信貴山縁起は、王朝国家の理想的帝王と観念されていた醍醐天皇が秘

法を修した命蓮上人によって命を救われたという話し。天皇は仏の霊験によって守られている聖なる存在という話しであろうか。院政期以後の王朝では仏法と王法は車の両輪にも喩えられ、仏法に守られた王法という位置付けであったが、それを具現化した話しである。そしてこの仏は民からもあつく信仰されているものでもあることから、この絵巻には、仏を信じる民の姿が描かれたわけであろう。

　これらの絵巻は天皇・院が神と一体であることを示しているのではないか。

③軍事権門に守られた院を象徴する合戦絵巻
　後白河が描かせたことがわかっている合戦絵巻は、後三年合戦絵巻だけである。この事件は白河院政に対立して不遇をかこった軍事権門である源義家が、主家である摂関家の奥州を安定させようとして現地の豪族を討伐した事件であった。そしてこの合戦によって奥州は清和源氏嫡流家にとって重要な基盤になったし、現地を支配した奥州藤原氏の発展の基盤でもあった。
　この清和源氏嫡流家と奥州藤原氏は、後白河にとっても重要な基盤であった。保元の乱において後白河側の重要な軍事力であった源義朝の軍団は関東と奥州に基盤を置いていたのであり、源義朝亡きあと平氏政権の時代になっても、奥州藤原氏は後白河の大きな後ろ盾であった。だからこそ後白河が一時、その基盤とする軍事権門として選んだのが奥州藤原氏とも深い繋がりを有する源義経であったのだし、近畿での戦いに敗れた義経が頼朝との再度の決戦をすべく下向したのが奥州であったのだ。
　この絵巻は、院・天皇は、有力な軍事権門によって支えられていることを象徴するものではなかったか。

④あの世もこの世も統括する権威としての院を象徴する六道絵
　では、最後の六道絵は何を意味するのだろうか。六道の存在を示し、人はこれらの世界をめぐる中で生と死を繰り返すことを説き、その中で阿弥陀仏にすがることで天道への最初の階段である極楽世界への生まれ変わりを説いたのが浄土教・阿弥陀信仰であった。
　後白河を始めとする院たちは、阿弥陀信仰を重んじ、後白河もその中心とし

て蓮華王院を造成し、その信仰と結びついた熊野信仰をも重視した。阿弥陀信仰においては、六道の世界は、その信仰の中核をなすものであり、それを理論化した源信の往生要集の冒頭は六道の一つである地獄道の赤裸々な描写で埋められていることは有名である。

　六道絵とは、人間が生と死とを繰り返す世界そのものを描き、その全ての世界を統括する仏といってもよい存在が院であることを示すものなのであろう。もしかしたら鳥獣戯画は、この六道の現世である人間道を描いたものであるのかもしれない。

(3) まとめ：院政期の絵巻とは

　以上のように見てくると、「つくる会」教科書があげた三つの絵巻の性格が明らかになってくる。

　鳥獣戯画において動物に仮託しながらも現世の様が生き生きと描かれていたのも、信貴山縁起絵巻において民衆の信仰の姿が生き生きと描かれていたのも、さらに伴大納言絵巻において炎上する応天門を中心として在りし日の王朝世界が生き生きと描かれていたのも、すべて、新しい王朝としての「中世国家」を「再建」しようとする後白河の執念のなせる技であった。そしてそれは、変化する社会の中で、中世の院・天皇・貴族が直接的には平安京を中心とする都市的世界に基盤を起き、そこで活躍する商人や武士などの新たな階層に具体的には依拠しており、さらにはこれらの民衆世界が心のより所としていた信仰の世界に依拠していたことによって、これらの絵巻には、これらの「民衆的な」人々が、描かれたのであった。

　これは決して「地方の豪族や武士たちの勢力が伸び」て「彼らの生活が文化にも影響をおよぼした」結果だけではない。むしろ中央の権力・権威が、彼らも含めた流通の世界に生きる新たな人々に依拠することを選んだ結果でもあるのだ。そして新たな権力を創造しようとする後白河の執念が、絵画の革新ともいえる新たな技法を世に出した背景だったのではないか。

　技法そのものが革新された背景を、絵画史の中に探ることは別途必要ではあるが。

「つくる会」教科書の院政期の文化の評価は一方的であるが、これはこの教科書の筆者たちの院政の時期の捉え方が、武士の成長期＝鎌倉武士政権をつくり貴族から政権を奪い取っていく過程と捉えていたことの裏返しである。

院政期の文化を貴族的なものと「民衆的な」ものとの融合の始まりとしてとらえる見方は正しいと思うし、この点は鋭い見方をしているとも思う。しかし院政期において文化が貴族的なものと民衆的なものとが融合し始めているということは、古代的な共同体社会が崩れ、商品経済・流通の発展に基礎を置いた、新しい個の結合に基づく社会の出現の過程で、権力も含めて社会が再編成されはじめていたことの文化的表現であると考えられる。

この意味でこれは、貴族的なものと民衆的なものとが融合した中世という時代の性格そのものであり、その始まりだといえる。

ここに「院政期の文化」をあげるのであれば、これこそ「中世的文化」の夜明けとして示すことこそ、必要であったのではないだろうか。

〈補足〉民衆的文化の夜明け

院政期の文化が貴族的なものと民衆的なものとが融合し始めていると説くのであれば、この時代に流行した「今様」という歌謡と、連歌について記述する必要がある（連歌は次の鎌倉文化の所で述べ、ここでは今様について述べておく）。

(1) 今様の流行

今様とは、10世紀の後半から院政期にかけて流行した歌謡である。飢饉や戦乱が続いて末法の世と認識された10世紀後半。各地には「祟り神」でもあり「疫病などからの救済の神」でもある御霊信仰が広がり、多くの新しい社が興隆した。京都近郊でいえば、祇園社や、石清水八幡の若宮社・日吉社の若宮である山王十禅師・賀茂社の若宮片岡社や貴船大明神、さらには熊野社の若宮である若王子と子守御前など、新しい御霊信仰の社が次々と造られていった。今様は、これらの社の門前に住まい神に奉仕する巫女や遊女・

傀
く儡
ぐつ子などの芸能の民が神に願いごとを奉ったり、あるいは神の託宣を人々に伝えたりするために歌ったものであった。

　この時代はちょうど仮名文字の使用が一般化して公的な場における漢詩に対して私的な場での詩作としての和歌の地位が確立した時代であり、同時にこの漢詩や和歌が朗詠として声に出して歌われるようになった時代でもある。そしてこの和歌や仮名文字を使った日記・物語を通じて貴族階級の女性たちが、自己表現の場を獲得した時代でもあった。

　今様は、貴族階級における漢詩・和歌の朗詠に対して、仏教歌謡としての和
讃
さんや漢詩・和歌の一部を用いて庶民が神に祈る歌として成立したものである。そしてこの庶民信仰の場における新しい歌謡は、その歌の内容や目新しいリズム感に満ちた旋律などによって貴族階級にも広がり、歌合せなどのゲームとしても貴族階級にも流行した。この今様を集大成し、当時流行っていた歌詞を採録しその歌の技法や由来などを考察した「梁塵秘抄」と「梁塵秘抄口伝集」を編纂したのが後白河法王であった。

　彼は傀儡子の乙前に師事して今様を学び、彼の御所には貴族たちだけではなく京の下々の男女や遊女・傀儡子などが常に集い、今様三昧にふけっていたのであった。このように平安中期から末期における今様という歌謡の流行のさまには、同時期の連歌や後世の猿楽能などと同様な民衆的文化と貴族的文化の融合のさまが見られるのである。

(2) 民衆的なものの包摂を図る王権

　しかし後白河における今様の集大成は、たんに庶民の文化と貴族の文化とが融合したということを意味してはいない。

　これは先に見た、後白河が絵巻物を集大成する中で、理想としての王朝国家の再興とともに、仏法や神、そして武力によっても保護されている王権というあらたな王権のあり方を模索した動きと同一のものでもある。

　そもそも「うた」とは、
言
ことだま霊をもって神に奉仕したり神託を伝えたりするものでもあり、歌や踊りを通じた「遊び」も同様な意味を持ち、今様もまた、庶民にとって同じ意味をもっていたことは先にも述べた。そしてこの今様が歌わ

れた御霊信仰の場こそは、この時代における宗教活動の主たる場所であり、御霊信仰と末法思想・浄土信仰は一体のものであった。したがって王が今様を歌い、その世界を集大成するということは、庶民の信仰世界をも王が包摂しその世界をも主宰するということに他ならない。

　また今様の世界を通じて京の下々の人々や巫女・遊女・傀儡子と人的に交流を持っていた後白河は、京におけるこのような下層の人々と意図的に結合しようとしていたと見られる。それは後白河とこの都市民との個人的な繋がりと、彼の御所が京都における商工業者や運送業者、そしてこれらの芸能民のあつまる左京南部から鴨川（かもがわ）の河東地帯（いわゆる白河（しらかわ）・六波羅（ろくはら）の地）に営まれたこと、そして後白河が彼の治世全般において頻繁に京都周辺の御霊信仰や浄土信仰の場を訪れていることからも推察される。後白河はこれらの庶民的信仰の場であり全国を貫く交通と情報・商業の結節点に意図的に結びつくことを通じて、のちの後醍醐（ごだいご）天皇が試みたのと同じような、都市の商業の民との直接的結合・統制を通じて、勃興する武士階級に対抗した新たな王権を築こうと試みたのではなかったか。

　後白河が絵巻物において描かせたのが、再建すべき宮廷儀礼や宮廷にとどまらない都市京都全域とその周辺地帯における庶民の生活や信仰のありさまであったこととあわせ、彼が今様にふけりその集大成を試みたのは、律令制が衰微して庶民を直接支配する力を失った王権が、商業や文化と信仰の場と結合することによって文化的に庶民を統合する権威を身に帯びようとしたことの現われであったと思う。そして院政期の文化はそのことの表現であったのであろう。

　　注：05年8月の新版では、この「院政期の文化」の項は全面的に削除されてしまった。削除したことで他の教科書と、平安時代の文化史の記述においてほとんど同じになったわけだが、面白い鋭い試みであっただけに、惜しまれる。

　　注：本稿は、小松茂美編「日本の絵巻」「続日本の絵巻」中央公論社刊の各該当の絵巻とその解説、および、棚橋光男著「後白河法皇」（講談社メチエ1995年刊）、五味文彦著「梁塵秘抄のうたと絵」（2002年文芸春秋社刊）、佐野みどり著「物語る力―中世美術の場と構想力」（2002年中央公論新社刊「日本

の中世 7：中世文化の美と力」所収）、細川涼一著「中世の遊び」（1994 年岩波書店刊「講座日本通史第 9 巻中世 3」所収）、などを参照した。

30　補遺 1：完全に無視された奥州・蝦夷ヶ島・東アジア交易網

　古代日本についての「つくる会」教科書の記述を通観してみると、この教科書には、奥州・蝦夷ヶ島・琉球という当時の境界地域であり現在では日本国に統合されていてさまざまな問題がある地域についての記述が極めて希薄であることに気がつく。そしてこれは同時に、古代における産業の発展と交通・交易の発展が、完全に無視されていることとも繋がっている。

　「つくる会」教科書は、奥州と蝦夷ヶ島については、ほんのわずかしか記述していない。古代の「律令政治の展開」の項で、「東北の蝦夷が大和朝廷に服属しなかった」と述べたのが最初で、次は、「律令制の拡大」の項で、「東北の蝦夷の反乱にたいしては軍勢をおくり、これをしずめた」とだけ記述する。その次は、「武士の登場」の項で、前九年の役・後三年の役について記述するが、これは「源氏の勢力が大きくなった」ことの関係のみ記述する。そしてそのまま中世の記述に入ってしまう。また琉球については、同じく古代の「律令政治の展開」で（ p 57）、「琉球諸島の最南端の信覚（石垣島）や球美（久米島）の人々も、早くも 8 世紀初頭に平城京を訪れ、朝貢した」と記述するだけである。
　さらに産業・交通・交易の発展については、遣隋使・遣唐使の記述と「平城京」の項に「公民には租庸調の税を全国一律に課した」とあるだけで、各地からどのような産物が税として都に運ばれたのか（これ自身が当時の産業の様子と全国的な交通・流通の実態を示すわけだが）ということが全く記述されていない。交通については同じく「律令政治の展開」の項に（ p 56）、「中央と地方とを結ぶ大きな道路には、駅が設けられ、役人が乗りつぐ馬が用意された」という

記述が古代においては唯一のものであり、税を運んだり都での労役につくためにどのような交通手段が用意されていたのかすら記述していない。

はたしてこれでは「日本人とはいかなるものか」という問題の認識が境界地帯を無視したものになるし、古代における人々の生活は水田農耕による自給自足になっていたかの観を呈し、あやまった認識を育てる結果となる。

（1）他の教科書でも不充分な奥州・蝦夷ヶ島・東アジア交易網の記述

しかしこの欠点は、何も「つくる会」教科書だけのものではなく、他の多くの教科書も共通してもつ欠点である。例えば私が授業で使ってきた清水書院の教科書では、東アジア交易ネットワークとこれに連動した列島内交易ネットワークについての記述は古代にはまったくなく、中世室町時代になって不充分ではあるが初めて記述されるということは、「つくる会」教科書と同じである。ただ少し違うことは、律令国家の成立の個所で、都と国府を結ぶ道路がととのえられ、「その道を通って全国から税として都に運ばれた物資が市で取引された」と記述され、さらには、各国国府から都まで調や庸を運ぶための日数が地図上に図示されている。そして「深める歴史２　木簡を読む」と題したコラムに都に贄として運ばれた各地の特産物が図示されており、交通ネットワークを介した全国的な物資の流通が行われていたらしいことがうかがえるようにはなっているが、このネットワークが北方世界や中国や東南アジアにつながるものとしては記述されていない。そして、これがその後の平安時代の中でどう発展したのかについてはまったく触れられていない。

また奥州・蝦夷ヶ島・琉球については、律令国家の成立で朝廷に従わない勢力として蝦夷と隼人が指摘され、平安時代の冒頭で坂上田村麻呂が蝦夷の抵抗を抑えたと記述されるだけ。中尊寺の金色堂は文化の項で紹介されてはいるが、その背景となる奥州の動向については古代の章ではまったく記述されず、琉球・蝦夷ヶ島はまったく出てこないのが実情である（中世の個所で頼朝が奥州藤原氏を滅ぼしたこと、コラムで擦文文化を紹介したこと、日明貿易の個所で琉球王国と貿易のことが紹介されただけである）。

では古代において、列島内外の交通ネットワークはどうなっていたのか。そして奥州・蝦夷ヶ島はどうなっていたのであろうか（琉球は中世の時期に日本との関係が深くなったので、中世で詳述する）。

(2) 税の運搬に見られる産業と交通・交易網の発達

①先史時代から存在した東アジア交易ネットワーク

　日本列島も含む東アジア全域に交通・交易ネットワークが早くから存在していたことは、縄文時代においてすでに貝という当時の装飾品になる貴重品や石器の材料としての黒曜石や白曜石や翡翠などが、産地を超えてかなり広い範囲から出土するという事実から伺われる。そして縄文時代の遺跡においてすでに中国戦国時代の刀布銭が出土することや、紀元前1100年頃の中国周王朝に対して倭人がすでに朝貢していたという事実によって、この東アジア交易ネットワークがさらに発展し、それぞれの地域・国家を結びつけるものになっていたことはすでに述べた。

　そしてこのような東アジア交易ネットワークと日本列島内の交易ネットワークが存在したがゆえに、朝鮮半島南部または中国南部から水田稲作農耕と金属器を持ってすでに王を戴いていた人々が大量に日本列島に移り住み、列島各地にその文化を伝えながら広がっていったことも可能であったのである。

　あの３世紀の魏志倭人伝にも「対海国に至る。……南北に市糴す」と。つまり３世紀に倭国においてすでに韓国との境にある対馬国では船をつかった交易が行われていたと。

　この同じ東アジア交易ネットワークに乗って遣隋使も遣唐使も行われたのである。

　だから日本において初めて統一国家が出来たときには、その国内外の交易ネットワークを介して、都に各地の産物が税として運ばれたわけだし、それ以外にも都の市に各地の産物が運ばれていたからこそ、太宰府や平城京、そして平安京という統一国家の首都の都市的生活が維持されていたのだ。

　市の発生自体はかなり古いものである。

3世紀の魏志倭人伝には「国国市あり。有無を交易し、大倭をしてこれを監せしむ」と。つまり3世紀に倭国においてすでに国々に市が開かれており、それを「大倭」（＝倭国の中心邪馬一国）が監督していた。市はかなり昔から開かれていたのである。大和の国でも諸所で市が開かれていたことは古事記や万葉集からもわかる。

　それゆえ発展した交易を背景に通貨が発行されたのだし、その日本最初のものが九州王朝＝倭国の発行した「無文銀銭」であり、倭国を滅ぼしたあとで大和朝廷が全国的に流通させようとして作ったのが「和同開珎」銀銭・銅銭だった（和同開珎はなかなか流通せず政府は苦労したことについてはすでに述べた）。

　しかし多くの教科書は、そして「つくる会」教科書もまた、これらの事実を完全に無視して記述されている。

②律令国家の諸税に見られる交易のありさま
　では律令国家が出来た時、各地からはどのような産物が税として都に運ばれたのであろうか。平城京から出土した木簡から推定される各地の産物（調・贄として都に送られたもの）は次の通りである。

　　米・麦――肥後国・周防国・伊予国・備後国・備中国・備前国・讃岐国・播
　　　　　　磨国・阿波国・淡路国・伯耆国・美作国・但馬国・丹後国・丹波
　　　　　　国・紀伊国・大和国・若狭国・近江国・越前国・能登国・越中国・
　　　　　　美濃国・尾張国・参河国
　　　綿　――筑前国・筑後国・肥前国・豊前国・豊後国
　　その他――越前国（大豆）・武蔵国（味噌）・駿河国（みかん）・近江国（乳製品）・
　　　　　　甲斐国（クルミ）
　　　塩　――周防国・備前国・讃岐国・淡路国・紀伊国・若狭国・尾張国・参
　　　　　　河国
　　鉄・鍬――備後国・備中国・備前国

銭　　——播磨国・摂津国・大和国・近江国・越前国
　その他——日向国（牛皮）・土佐国（かご）・備前国（しょうゆ）・和泉国（酒）・美作国（すのこ）
　魚介類——筑後国（あゆ）・肥後国（ひもの）・豊後国・伊予国（さば）・備前国（タニシ・くらげ）・伯耆国（ひもの）・因幡国（ひもの）・但馬国（ひもの）・丹後国（イカ）・若狭国（いわし・イノガイ・鯛すし）・能登国（ナマコ）・越中国（サバ・フナ）・紀伊国（イソガイ・カラニシ）・伊勢国（クロダイ）・志摩国（アワビ）・参河国（さめ・アカウオ）・遠江国（カツオ・ザコ）・駿河国（カツオ）・伊豆国（カツオ）・安房国（アワビ）・武蔵国（フナ）・下総国（アワビ）
　海　草——長門国・因幡国・但馬国・丹後国・阿波国・伊勢国・志摩国・参河国・上総国・常陸国
　その他——上野（シカ）・下総（イノシシ）

　これで全てではないだろうが、全国にわたって農産物から海産物、そして工業製品に至るまでの多くの産物が調・贄として課せられ、これらが都へ運ばれていたのだ。
　運送手段としては、陸路（大道は幅10メートル前後で、砕石または石で蔽われていた）を馬や牛、そして牛車などで運ぶ方法と、水路（河川・海路）を船で運ぶ方法とがあったであろう。律令制度における交通は文献で見る限りでは陸路偏重に見えるが、その前の時代から水路による運送は列島各地で盛んに行われていたのであるから、水路での運送が廃れたはずはない。

　たとえば米を都に供給する国々のうち、周防・伊予・備後・備前・備中・讃岐・播磨・阿波・淡路の国々は瀬戸内海の地域である。この地域の米の輸送は、米という嵩がはり重い荷物を運ぶ性質上、船による輸送であっただろう。延喜式における長門の国の輸送費は、米1石あたり海路では2斗2升5合、陸路では2石1斗で、その差は歴然としている。後の平安時代のことであるが、藤原純友の乱で瀬戸内海の水路が使えなくなり、平安京に入る米が不足して非常

な値上がりが起きたことが記録にも見えている。さらには奈良時代は製塩法の革新期であり、それまでの製塩土器による煮沸で塩を得る方法から、瀬戸内地方では、塩田を敷設して塩をとる方法が開始され、多量の塩が手に入るようになった。この瀬戸内地方からの塩も水路で運ばれたのではないだろうか。また北陸の越後の国からの物資を都に運ぶには、船で越前まで運んでから陸路で琵琶湖岸まで運び、その後は琵琶湖の水運を利用して近江坂本まで運び、そこから陸路で京に運んだという。

　遠路からの嵩のはる荷物については陸路ではなく、水路を利用したであろう。遠江の浜松のあたりで発見された伊庭遺跡は、海から運河を引きこんだ場所に駅が置かれており、そのような水運の拠点であったと見られている。おそらく各地に港が設けられていたものと思われる。

　そしてこれらの内国水路と陸路は、諸外国に向けた海路と連結していた。

　西国では太宰府とその外港である博多からは中国・朝鮮に渡る海路が開けていたし、北国には新羅や渤海（ぼっかい）に至る海路が能登や出羽を拠点に開けていた。特に後者の渤海との交流は、遣唐使よりも頻度が高く、遣唐使の平均14年に1回に比べ、渤海使は5年に1回の頻度で送られており、さらに渤海から日本に渡航してくる民もおり、それが北は出羽の国や越後、南は越前の国や若狭の国に来

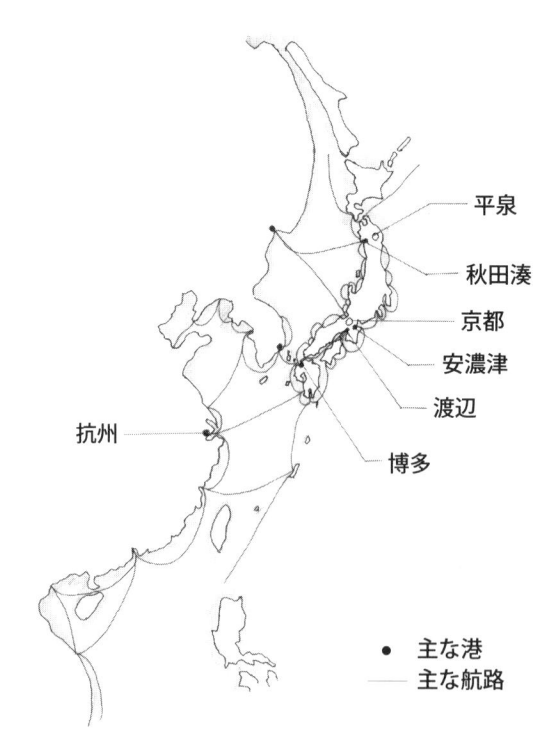

地図6　東アジア交易ネットワーク

たっていたのである。

③平安時代における交易の発展

　この陸路と水路併用の傾向は平安時代になってさらに発展したものと思われる。特に遠隔地からの運送は重量物についてはますます水路に依存したであろう。

　次に述べる奥州とのつながりではそうである。

　例えば奥州平泉に拠点を置いた奥州藤原氏は、平泉に多くの寺院を建立して多数の仏像を安置した。この時仏像の多くは京で作られて分解して平泉に運ばれてそこで再度組みたてられたものであり、寺院の建物も平泉で作るのではなく、京で部材を造った上で平泉まで運び、平泉で組みたてたという。おそらくこれは海路を利用したものであり、それには日本海経由と太平洋経由があったと思われる。日本海経由は、京から陸路と琵琶湖水運を利用して若狭国府の小浜か敦賀まで運び、そこから海路、出羽の国の坂田湊か秋田湊まで運び、陸路で奥羽山脈を越して平泉に至るもの。そして太平洋経由は、淀川の水運を利用して摂津の国の渡辺の津まで運び、そこから外洋船に積み替えて陸奥塩釜、そして牡鹿湊まで運び、そこから北上川の水運を利用して直接平泉に運び入れるもの。寺院の部材や仏像という大荷物は、荒海の航海が危険だとはいえ、直接平泉に乗り入れることのできる太平洋航路を利用したのではないかと推定されている。

　日本海航路は文献などでも見られるが、太平洋航路の利用の証拠は少ない。しかし伊豆地方などには京でつくられたと見られる平安仏が多数見うけられ、中には沖で難破した船から漂着したとの伝承を持つものもある。また、法住寺での狼藉の咎（とが）で伊豆に流された文覚上人は、ちょうど伊豆から船で年貢を鳥羽まで運んできた伊豆国府の在庁官人の戻り舟に同乗して伊豆に至ったと伝えられている。これらのことから、太平洋航路も平安時代後期には頻繁に利用されていたと推定される。

　仏像や寺院の部材などの大きいものを除くその他の小さい調度品は、陸路で東海道・奥大道をへて平泉に送られた（詳しくは角田文衛著「平泉と平安京―藤原三代の外交政策」参照）。そしてこの奥州平泉は次に述べるように、奥州

よりさらに北の、蝦夷ヶ島・サハリン・東シベリア・カムチャッカ・アリューシャンの地域とも交易路を通じて繋がっていた。

　西国の方では、宋との貿易船が瀬戸内海を往来し、摂津まで至っていたことはよく知られており、平清盛が安芸厳島に詣でたときなどは船を利用したこと、そして清盛が宋船を直接停泊させるための港を彼の別荘のある福原に造らせたことなどからも、瀬戸内海航路は、より盛んに利用されていたことがわかる。

　そしてこのような交易の発展に伴って各地には都市が発達した。各地の港や街道の交差地点には都市が形成され、国府も交通の要衝に移動し、街道もしくは港の傍に国府政庁を中心として商家が集住する中世都市となった。さらに首都の平安京も政治の中心が淀川の水運の拠点である鳥羽や東の近江への出入り口に近い北白河や六波羅のあたりに移り、院の御所を中心として商家が集住する中世都市へと変貌したのであった。

(3) 北方世界との窓口としての奥州

①奥州の産物

　奥州は、平安時代初頭の坂上田村麻呂による平定以後、その南の関東などから多数の移民が送られ、大河川流域などでは大規模な水田開発が行われ、出羽・陸奥の２国は面積も大きいため、日本を代表する米と布の産地となっていった。しかし奥州の地はこれと平行して、従来この地に生活していた蝦夷の人々によってなされる馬の飼育や金・鉄の採掘によっても富をなしていた。

　特に馬は、9・10世紀以後に各地に馬牧が設けられてその地が摂関家などの荘園となるや、奥州の馬は奥州を代表する産物となった。そして各地に金や鉄を採掘する鉱山が設けられ、そこは他からは独立した都市的な場としての「保」という行政単位となり、金や鉄が税として徴収されるようになった。

　また奥州はその地の産物によって重要視されただけではなく、北の地方、すなわち蝦夷ヶ島やサハリン・東シベリア・カムチャッカ・アリューシャンとの交易によって得られる北の産物の供給地としても重要視された。北の地方からは、鷹の羽やアザラシの皮やラッコの皮などが税としても都に送られている。

例えば摂関家の荘園から都に送られる税は、金・布・馬が主であったが、それ以外にも奥州では取れない鷹の羽などが入っており、それはどこでも取れる布と北方からの産物を交換して手に入れ、都に送られたものであった。

②奥州の覇者は朝廷の出先機関

そしてこれらの奥州の各地の「日本人」「蝦夷」を統括して税を徴収して都に送り、さらには北方世界との交易を統括して北の世界の産物を得て都に送る現地における朝廷の代理人が、「俘囚の上頭」とか「東夷の遠酋」と呼ばれていた人々、すなわち陸奥の安倍氏や出羽の清原氏、そして陸奥・出羽両国を治めた奥州藤原氏であった。

したがって奥州は、それ自身として豊かな米産地であり、多量の布を産する大国であっただけではなく、この地に産する金・鉄、そして馬の産地として、さらにはその北に広がる異国との交易によって得た、鷹の羽・アザラシの皮、さらには中国北方の民族との交易で手に入れた絹織物（いわゆる蝦夷錦）を日本各地に供給する重要な地帯であった。安倍氏・清原氏・奥州平泉の藤原氏は、これらの産物を朝廷をはじめとして日本各地に供給することによってその富を得、その在地権力を確立していた。

③北方世界と日本の双方の波に洗われる奥州

したがって奥州は日本と北方世界の接点であったがゆえに、北方世界と日本とのそれぞれの動きに影響されて、この地の文化・政治は動くことになる。

奥州は、北方世界の動きにも規定される。

この北方世界は中国の東北地方にあたるわけだが、中華帝国の勢力の盛衰によって北方地方の各民族の盛衰も影響され、それが奥州にも波及してくるのである。

例えば前九年の役と後三年の役の間、延久2（1070）年、陸奥・出羽の奥6郡・出羽山北3郡の北の「蝦夷」の地に突如陸奥守源頼俊と鎮守府将軍清原真衛の連合軍が襲いかかり、蝦夷の人々を殺したり捕虜としたりした。そして以後この地にも郡が設置され馬牧などが設置されていったのである。この事件の直接のきっかけは蝦夷ヶ島の蝦夷たちが挙兵し、奥州の俘囚たちにも動揺が

見られたことに対して、鎮守府の方でこれに対する鎮圧軍を送り、奥州北部の蝦夷を「平定」しさらに蝦夷ヶ島にまで渡海して「敵」を討ったと報告されている。この事件は唐の滅亡・渤海の滅亡を受けて北方世界の政治的安定が崩れ、それに連動して北方諸民族の争いが激化したことと関連があるのではないかと推定されている（中世鎌倉時代の幕府滅亡の原因となった「蝦夷」反乱・安藤氏の内紛も同様のものと考えられている）。

　さらに奥州は、日本の動きにも規定される。

　日本の朝廷とそこに集う貴族たちは、奥州の富を独り占めせんと画策し、これを許さぬ現地勢力と対立することとなる。10世紀・11世紀とたて続いて起きた前九年の役・後三年の役は、まさにそうした例であった（中世鎌倉時代の、源頼朝・幕府による奥州「征伐」も同じであろう）。この二つの戦いは都の軍事貴族清和源氏が奥州の富を独り占めせんと動いて起こしたものであったが、後三年の役の直後、都において王位継承戦争に敗れて清和源氏が没落するに至って、奥州の富は、二つの戦乱を通じて生き残った清原清衡（藤原清衡）の手に帰することとなった。しかしこの奥州藤原氏も摂関家藤原氏の家人として、その荘園を管理する荘官としての地位を背景としていたのであり、朝廷の官としては陸奥・出羽両国の押領使（警察・軍事指揮権を行使する官、両国においては、守・鎮守府将軍または秋田城介につぐ第3位の官であった）について権力を行使するものであり、朝廷から決して独立したものではなかった。

④奥州藤原氏の繁栄

　この奥州藤原氏初代の清衡は奥州の真中に位置し、しかも俘囚の地と内国としての陸奥の国の境界線の南に位置する場所に平泉を築き、北側の衣河の町と一体のものとすることで、奥州全体の覇者たらんとする動きを示した。そして彼は境界線の関山に中尊寺を建立し奥州の地を仏法によって治める楽土たらんとしたのであった。さらに彼は晩年には、中尊寺に金色の阿弥陀堂（金色堂）を築いて自らの死後にはその堂の下に遺体を保存させ、平泉には京都白河の法勝寺を模した大規模な寺院（毛越寺）を白河法皇の勅願寺として建立し、この路線を拡大した。この路線はさらに2代基衡・3代秀衡によって継承され、奥州藤原氏の富と権力は3代藤原秀衡のときに頂点に達した。

彼の代の平泉は、先代までの館を廃してその菩提を弔う寺院（観自在王院）を建立し、その北に新たな館（平泉政庁）と秀衡の御所（伽羅の御所）と持仏堂（無量光院＝宇治平等院の拡大コピー）が建設され、中尊寺を中心として、その南の都市平泉とその北の都市衣河を一体のものとした、中世奥州最大の都市へと発展していたことは近年の発掘で明らかになりつつある。この都市跡からは大量の畿内産の陶器や中国陶磁器が出土し、多くの寺院の装飾には南方東南アジア産の貝や紫檀・黒檀などの木材が多数使われていたことは、唯一残った中尊寺金色堂によっても示されている。そしてこのことは、この都市が北方交易ネットワークと列島内交易ネットワーク、そして中国や東南アジアにまで至る東アジア交易ネットワークの北の拠点であったことを物語っている。

（4）北方世界と通交する蝦夷

　では、この安倍氏・清原氏・奥州平泉藤原氏を介して日本と通交していた蝦夷ヶ島の蝦夷の人々とはどのような文化をもった人々であったのだろうか。
　彼らは、奥州において「蝦夷」と呼ばれた人々とほぼ同じ文化を持つ人々であり、蝦夷ヶ島では稲作農耕が伝わらず縄文文化が長く続いた（続縄文文化）。そして8世紀頃には擦文文化と呼ばれる新たな文化が生まれ、それは、9世紀にはすでに、従来の狩猟・採集・漁労の生活に加えて、鉄器を使用し、あわやひえなどの雑穀の栽培を開始していた。そしてこの文化に特徴的な擦文土器と呼ばれるものは、古代日本の土師器の影響を受けたものであり、鉄器の使用や畑作農耕の開始も、奥州の「日本人」との交流を通じて広がったものである可能性が推定されている。
　さらにこの擦文文化の広がりは、今の北海道東南部から西南部、そして東北北部に広がっており、この文化を担う人々が、蝦夷とよばれ大和朝廷から討伐の対象となっていた人々、そして征服後は俘囚と呼ばれた人々との頻繁な交流をもっていたことを物語り、彼らは安倍氏などを通じて、奥州の蝦夷とも継続的な交流を持っていたことが伺われる。
　またこの擦文文化の北側、オホーツク海沿岸には、文化の特徴としてはサハリンや東シベリアの民族の影響を強くうけ、それとの交易で成り立っていたが、

鉄器の使用・畑作農耕の開始など擦文文化とほぼ同じ生活様式をもったオホーツク文化が存在していた（この二つの文化は、やがて13〜14世紀頃に統合され、現在アイヌと呼ばれる民族とその文化が成立したと考えられている）。このオホーツク文化の住民たちは、北のサハリンやその対岸のアムール川河口付近に住む民族との交流が深く、それを介して中国帝国や中国北方の渤海・女真などの国々とも交易を行っていたと見られる。そしてこのオホーツク文化が13・4世紀に衰退し擦文文化に吸収されていった背景には、モンゴルによる征服により、サハリンやアムール河口の民族がモンゴルの統治下に入り、今までのようには自由に交易が出来なくなったことがあったのではないかと推定されている。

蝦夷ヶ島の「蝦夷」とは、主に擦文文化を担った人々であった。この人々は、南は奥州の蝦夷・「日本人」と交易し、北は、オホーツク文化を担った人々やサハリン・アムール河口の人々、そしてその北や東のカムチャッカ・アリューシャンの人々とも交易していた。彼らは北からはアザラシやラッコの皮や鷹の羽などを奥州にもたらし、南からは鉄器などを持ち帰ったのであった。

　　注：05年8月の新版でも、ここで指摘した問題は、あまり改善されていない。奥州についての記述は旧版とほぼ同じである。少し違うのは、「平安時代の文化」の項に中尊寺金色堂を挙げたことだが（p 57）、その背景になる奥州・北方世界の記述は全くない。また東アジア交易ネットワークについても、旧版と同様にほとんど記述されていない。記述がない中で突如、遣隋使・遣唐使の記述が出てくる状態は、旧版と変わらない。「律令国家」の項で、古代の国を図示しておきながら（p 45）、そこには陸路・海路の交通網の記述も、各地から都にもたらされた諸税としての特産物すら図示されておらず、何のための地図なのか首をかしげたくなる。

　　注：この項は、講談社1974年刊「古代史発掘10：都とむらの暮らし」所収の諸論文、岩波書店1986年刊「岩波講座日本考古学3：生産と流通」所収の諸論文、榎森進著「『蝦夷地』の歴史と日本社会」・大石直正著「東国・東北

の自立と『日本国』」・渡辺則文著「日本社会における瀬戸内海地域」・浅香年木著「日本社会における日本海地域」(すべて、岩波書店1987年刊日本の社会史第1巻「列島内外の交通と国家」所収)、角田文衛著「平泉と平安京——藤原3代の外交政策」(新潮社1987年刊「とんぼの本：奥州平泉黄金の世紀」所収)、斉藤利男著「平泉　よみがえる中世都市」(岩波新書1992年刊)、佐々木史郎著「北海の交易——大陸の情勢と中世蝦夷の動向」(岩波書店1994年刊岩波講座日本通史第10巻中世4所収)、前掲入間田宣夫・豊見山和行著「北の平泉、南の琉球」などを参照した。

31　補遺2：間違いだらけの「紫式部と女流文学」

　05年8月に刊行された新版では、第1章古代の日本の最後に、「人物コラム：紫式部と女流文学」という特設の記述を設けてある。これは旧版では、「平安の文化」の中の「仮名文字の普及と文学の発展」の中で源氏物語について詳しく記述してあったのを新版では削除し、章末に特設コラムとして新しく設けたものである。

　ここに特設人物コラムとして紫式部をあげたのは、近代のところで津田梅子を特設人物コラムで取り上げていることと対になっているのかもしれない。旧版では特設人物コラムとして取り上げた女性は、津田梅子と与謝野晶子であり、「近・現代に偏る」という批判があり、「古代にも活躍した女性がいた」という観点から取り上げたのであろう。

　しかしその取り上げ方には問題がある、一つは大事な所でいくつか間違いがあること。もう一つは、当然出てくるであろう生徒の疑問、「なぜ古代において女流文学が栄えたのか」(これ以後の時代では、明治になって初めて女性文学者が取り上げられているのが通例であるから、こういう疑問が出てくるはず

である）に全く答えていないことである。

(1) 貴族の男女にとって漢文学の素養は必須事項

　まず、最初の間違いは、「漢文学は女性は学ばないのがふつう」という記述の間違いである。新版の「つくる会」教科書は紫式部という人物を紹介する中で、次のように記述している（p59）。

> 　紫式部は、幼い頃から聡明な女性だった。学者としても名高かった父が、彼女の弟に漢文を教えていると、そばで聞いていた式部のほうが先に覚えてしまった。父は「この子が男だったら」となげいたという。当時の学問の中心は、中国の書物から学ぶ漢学で、女性は学ばないのがふつうだった。

　紫式部の父藤原為時が式部の才能に「この子が男だったら」と嘆いたという逸話は有名である。しかし、この話しと当時の女性が漢学を学ばないということには何の繋がりもない。
　式部の時代は10世紀末から11世紀はじめのことであるが、この時代の貴族の教養は中国の古典籍を学ぶことと、日本の和歌、そして日本書紀などに代表される歴史書を学ぶこと、そして朝廷の儀式や政務の慣習を学ぶことが主であった。貴族の男子は、父のあとを継いで官吏として活動するのだからこれらの知識が必須条件であったし、官人を育てる大学の必修教程でもあった。貴族の女子は、男子と異なって官吏にはなれなかったが、この時代の上級貴族は男女ともに公的家政機関をもち、そこには家事・育児・教育や祭祀に関わる多数の女官がいた。紫式部が勤めたのは一条天皇の中宮である定子の後宮であるが、これは中宮の家の家事を指揮する場所であると共に、やがて生まれるであろう中宮の子供の育児・教育機関でもあった。そしてこれらの公的家政機関に属する女官たちにとっても、漢学や和歌・歴史などは必須の教養であった。なぜなら彼女たちが養育する貴族の子供達にとってはそれが必須の教養であったのだから、「母」であり家庭教師でもあった彼女たちにとっても必須のものだったのである。

さらに紫式部らが属した宮中における女官の地位は、男性の公卿たちと同列である。彼女たちは「女房」と呼ばれていたが、公卿達はこれに対して「男房」と呼ばれていた。つまりどちらもその才能をもって宮中で天皇・院につかえる官人だったのである。したがって公卿と女房は同格であり、彼らはしばしば夫婦となったし、彼らの間の恋のやりとりなどは、漢詩を含む古今の詩歌の知識を基礎にしたものであった。

　女性が読んだ漢詩が、平安時代の漢詩集には数多く存在する。「文華秀麗集」（817年）には宮女大伴氏の詩、「経国集」（827年）には、嵯峨天皇の第2皇女有智子内親王など多数の女性の作が載っている。さらに枕草子にみえる定子中宮と清少納言のやりとりなどには漢詩の知識を背景としたものも見え、多くの女性たちが漢詩を楽しんでいたことがわかる。

　紫式部の父が「この子が男だったら」と嘆いたのは、当時彼女の家が衰えていたことが背景にある。彼女の家は一流の文人であり、父為時や兄も歌集をのこしている。曾祖父の兼輔は左大臣藤原冬嗣の曾孫で従三位中納言の地位にあり、紀貫之らの庇護者であり、醍醐天皇治下の有力貴族であった。しかし以後は諸国の国司を歴任する受領となり、父為時にいたっては一条天皇に申文を送ってやっと越前守になるというありさま。

　父は娘の才能を見て「この娘が男であったなら、その才を生かして昔のような有力貴族の地位にも昇れるであろうに」と嘆いたのである。

　「当時の女性は漢学を学ばない」という「つくる会」教科書の記述は完全な誤りである。これは、「紫式部日記」に、紫式部に対して同僚の女房が言った言葉として「どこの女が漢字の本を読むことだろう。むかしはお経を読むのですら縁起が悪いとして女性は憚ったものを」という言葉が載っているのを誤って解釈したものであろうか。この女房の言葉は「漢学を学んだところで女の幸せには結びつかない」といった意味のもので、宮廷などの女官ぐらいしか公的な仕事につけなくなっていた女性の将来にとって、しだいに漢学・漢詩の知識は必須のものではなくなり、しだいに避けられていたということを示すが、決して「女性が漢学を学ばない」ということを意味してはいない。むしろ古今・和漢を問わず深い知識を持っている紫式部に対するやっかみの言葉と解釈すべ

きであろう。ちなみにこの同僚の女房の言葉に対して紫式部は、「縁起をかついでいる人が行くすえ寿命が長いという例は見当たらない」といやみを返している。

(2) 源氏物語執筆は女房出仕前から

もう一つ紫式部と源氏物語についての記述には誤りがある。それは、源氏物語執筆の年次の問題である。「つくる会」教科書は次のように記述している（p 59）。

> 宮仕えを終えた式部は、1008年ごろから不朽の名作「源氏物語」の執筆に取りかかった。

「つくる会」教科書は、源氏物語執筆年次を「1008年ごろから」としている。しかもこの年次は、「式部が宮仕えを終えたあと」と記述されている。
　源氏物語がいつ書かれたのか、また全54巻すべてが一度に書かれたのかどうかについてはまだ確定しがたく様々な説があるようである。しかし小学館の日本大百科全書に源氏物語の項を記述した秋山虔は、次のように記述している。

「紫式部が『源氏物語』の執筆に着手したのは、夫の藤原宣孝(のぶたか)に死別した1011年（長保3）から、一条天皇中宮彰子(しょうし)のもとに出仕した1005、06年（寛弘2、3）までの間と推定されるが、54巻が、どの時点でどのあたりまで書かれたのかは明らかにしがたい。全部が完成したのちに発表されたのではなく、1巻ないし数巻ずつ世に問われたらしいが、まず最初の数巻が流布することによって文才を評価された式部は、そのために彰子付女房として起用されたのであろう。宮仕えののちも、しばしば里邸に下がって書き継いだとおぼしいが、また、すでに書かれた巻々の加筆改修も行われたらしいことが『紫式部日記』の記事によって知られる。なお、現行の巻序の順に書かれたのかどうか、現行の54巻の形態が当初のものであったのかどうかなど、論議が重ねられているが、決着をみない。その擱筆(かくひつ)の時期は、紫式部の没年について定説のないこと

とあわせて、明確にしがたい」

　つまり紫式部が源氏物語を書き始めたのは、夫に死別した1001年から中宮彰子のもとに出仕した1005年ないし1006年の間。そして紫式部日記の記述から、その後も書きつづけられたりすでに書かれたものの加筆訂正がなされたりしていることがわかるという。さらに、紫式部は中宮彰子の夫である一条天皇が死去した1011年以後も宮仕えを続け、1016年春頃没したという（1019年という説もあるそうである）。［以上日本大百科全書：伊藤博著「紫式部」の項による］
　要するに紫式部が源氏物語を書き始めたのは出仕前のことであり、宮仕えを辞めたあとではないということである。

　では「つくる会」教科書の「1008年以後」はどのような根拠があるのだろうか。思うにこれは「紫式部日記」が1008年秋から1009年・1010年の記事を含んでおり、1010年頃になって回想として書かれたのではないかということを誤って「源氏物語」のこととしたのではないだろうか。1008年秋とは紫式部が仕える中宮彰子が待望の皇子敦成親王を出産したときであり、彰子の宮廷が最も華やかだったころである。紫式部がこの時期に宮仕えを辞めるはずもなく、源氏物語の執筆開始を1008年の宮仕えを辞めたあとという「つくる会」教科書の記述は完全な勘違いによる誤りであると思う。

（3）女房文学が栄えた背景は

　「つくる会」教科書の「紫式部と女流文学」と題する特設コラムの最大の欠点は、最初に記したように、「なぜこの時期だけに女流文学が栄えたのか」という重要な問いにまったく答えていないことである。

①宮廷女房という公的職業が背景
　では、なぜ平安時代という時期に女流文学が栄えたのか。
　国文学者の岩佐美代子は、これは「女房文学」と呼んだほうが正確だと述べ

ている。なぜなら宮廷における女房として見聞きしたことを自分が憧れて仕えた主を中心として描いた「女房日記文学」（「紫式部日記」や「讃岐典侍日記」そして鎌倉時代の「弁内侍日記」など）以外の「日記文学」の作者たちの多くも宮廷女房を経験しており、もしくは上級貴族の妻や恋人として宮廷社会に出入りしていたからである。この観点から見ると、藤原道綱母の「蜻蛉日記」も、そして清少納言の「枕草子」もこの分野に入ってくる。さらに紫式部の「源氏物語」や赤染衛門の「栄花物語」などの物語も同様である。

　つまりこの時代の貴族の女性たちは、宮廷という公的な場において、女房という公卿ともならぶ公的な地位を得て、貴族政治の世界に裏面から関わっていた。だからこそ宮廷世界や宮廷世界から見た政治の世界、そして宮廷における上級貴族の生活を生き生きと描けたというのだ。そしてこの伝統は平安時代に限らず、鎌倉時代・南北朝時代と続き、この時代にも「十六夜日記」の作者・阿仏尼などによる「女房日記文学」として継続された。しかし南北朝時代の最末期の日野資名女による「竹むきが記」を最後に「女房日記」は途絶え、これとともに女房文学そのものが絶えてしまう。

　南北朝時代とはまさに、院・天皇を初めとする貴族たちの所領の多くが武家に奪われ、貴族も有力武家の庇護に頼って生きていかねばならなくなった時代である。したがって、豊かな財力を背景にした後宮を維持することが不可能になり、宮廷女房という公卿とも並ぶ公家女性の公的職業そのものが衰微したのである。

　平安時代（およびその後の鎌倉・南北朝時代）に女流文学が栄えたのは、公家の女性たちに女房という公的職業が存在し、女性も男に伍して政治の世界で活動し自分やその周りの世界を客観的にとらえられる環境があったからなのだ。

②神に仕える"巫女"の系譜を引く女官たち

　しかし女房という公家女性の公的職業が衰微した背景は、南北朝時代における貴族たちの政治的・経済的地位の没落だけではなかった。

そもそも女房という職業は広い意味でも「女官」に含まれるものであった。
　律令官制は男中心に作られていたが、それ以前の共同体祭祀の系譜を引く分野では女性の官人によって担うしかなかった。それが、「後宮職員令(ごくしきいんりょう)」に定められた内侍司(ないしのつかさ)・蔵司(くらのつかさ)などの十二司に勤務する女子（宮人(くにん)）であった。内侍司は天皇への常侍、奏請・伝宣（→内侍宣）、女孺（内侍司に務める下級女官）の統括、命婦（上級の女官・五位以上）の朝参、後宮の礼式の管理などを掌り、蔵司は、神璽・関契等の重器や天皇の衣服・宝物・賞賜などを掌った。つまり宮廷における天皇家の祖先神の祭祀やそれに伴うさまざまな儀式や儀に必要な品々を用意し、儀式を運営する部署なのだ。言いかえれば巫女の仕事と天皇の家政機関における家事の仕事であった。

　律令制以前の社会においては、一つの祖先神を共有する血縁的共同体が社会の単位であった。そしてその共同体を単位として生産や消費がなされ、共同体の長（＝王）は、祖先神を祭ることを主な職掌としながら、共同体全体の先頭に立っていた。この共同体における神を祭る仕事は主に女性の仕事であり、これは古代における母系制社会のなごりでもあった。共同体の長の妻は共同体の女性たちを指揮して神に仕え、その祭を司った。この長の妻を刀自(とじ)と呼ぶ。
　この伝統は律令制になっても続き、刀自たちは公的な役職ではなかったが、律令制の基礎単位である里や郡において、郡司や国司を供応するに際しては、それぞれの共同体の長の妻（刀自）たちを中心として供応の祭が催されるという形を継続していた。このような公的な仕事を司る女性たちは里刀自と呼ばれた。一方、それぞれの家において家の祖先神を祭り、家事を指揮する女性のことを家刀自と呼ぶようになった。
　この刀自の仕事を社会の頂点において担ったのが宮廷の女官なのである。
　こうして女性たちは律令官制の下においても上は宮廷における女官、下は里や郡における里刀自、そして各家においては家刀自という形で、神事と家事とを司る半ば公的な地位を担っていたのである。
　しかし平安時代に入るとともにこれらの後宮女官組織は衰退して内侍司に統合され、さらに上級貴族個々に付属する公的家政機関がそれに取って代わって隆盛し、そこに近侍する女官たちを「女房」と呼ぶようになった。そして女房

たちの仕事は、主人の家の中のこと、つまり家事・育児がその主な職掌となっていったのであった。

　こうして女性たちの仕事は次第に公的な意味を失い、家の中における私的な労働にその意味を押し込められていった。そしてこれは、社会全体において祖先を共有する氏という血縁共同体所有が崩れ、家という夫婦を単位とした血縁共同体が社会の単位になる過程でもあった。これと共に、今まで女系で継承されることもあった財産が夫婦共有財産となり、さらには夫の単独の財産へと移行し、女性が所有する場合には、夫の死後、息子や親族共同体における男達の保障を背景としてのみ許されることとなる。

　またこの過程は、神を祭ることが女性の専権事項であった時代から男性中心のものとなり、祭祀において主役であった巫女が神主の脇役になっていった過程でもあった。そして神そのものの地位が低下し、神をも恐れぬ所業が広がっていく時代でもあった。

　こうして女性たちは社会の公的地位から追われ、家庭の中に押し込められることとなっていった。宮廷女房という公的職業が衰微する背景には、このような社会一般における動向もあったのである。

　かくして公的地位を持たない女性たちは、文学を生み出す力を失っていった。

　しかしこれは社会における女性の地位の全般的後退を意味してはいない。

　以上の過程はまた、貨幣経済の発展の過程とも対になっていた。そして貨幣はそもそもの最初の形からして神に仕えるものであった。それゆえ貨幣を司る職業、すなわち商人や金貸しという職業は広く女性に開かれてもいた。上級貴族の女性たちは公的な地位を追われ家庭に閉じこもっていったが、中・下層の社会の女性はそうではなく、貨幣と交わることを通じて広く社会の中に活躍の場を求めていった（この点については、第2章「中世の日本」批判の「手工業・商業の発展」の項などで詳述する）。この女性たちの中から、再び文学に携わる人々が出てくるのは、貨幣経済が広く日本中をおおい、そして長い平和で豊かな時代が現実のものになった江戸時代のことなのである。

※

　「つくる」会教科書は、せっかく平安時代における女流文学の隆盛ということを特設コラムにしておきながら、その記述は単に貴族女性たちによって多く

の優れた文学作品が生み出されたという事実の記述に終始し、そのことが持っている意味をきちんと記述しないままで終わってしまった。

一般に教科書があつかっている歴史の叙述は男中心であり、社会の中において女性がどのような役割を担っていたかを記述するという視点はほとんどない。しかし平安時代から南北朝時代における女流文学の隆盛という事実は、女性が社会の中で大きな役割を担っていたことに気づかせる契機ともなるものである。それを特設コラムに取り上げながら果たせなかったのは、この教科書の筆者たちに女性の役割の歴史的叙述をすることの意義がまったく理解されていなかった結果であろう。

注：この項は、岩佐美代子著「宮廷に生きる―天皇と女房と」（1997年笠間書院刊）、津島佑子・藤井貞和著「王朝文学の女性」（「女と男の時空」Ⅱおんなとおとこの誕生―古代から中世へ」：1996年藤原書店刊所収）、田畑泰子著「中世前期における女性の財産権」（前掲「女と男の時空」Ⅱ所収）、義江明子著「古代の家族と女性」（「岩波講座日本通史第6巻古代5」1995年岩波書店刊所収）、門玲子著「江戸女流文学の発見」（1998年藤原書店刊）などを参照した。

32 補遺3：「女性天皇」の位置付け
　　　――古代社会の女性

05年8月に刊行された新版では、第1章古代の日本の最後に、「人物コラム：紫式部と女流文学」という特設の記述を設けてある。これは第4章「近代日本の建設」における「人物コラム：津田梅子」とともに、日本の歴史における女性の活動を位置付けようという意図で設けられたものであろう。

しかしなぜ文学者なのか。文学者を女性の代表としてあつかったために、第2章「中世の日本」や第3章「近世の日本」には「人物コラム」として女性を

描くことができなくなっている。なぜなら、この時代には著名な女流文学者が存在しないと従来は考えられていたからである。

それぞれの時代において活躍した女性をひとり選んでその時代における女性像を描こうというのならば、なにも文学者に限る必要はない。どの教科書においても古代においてもっとも多く名前があげられた女性は、「女帝」なのであり、女性の王者を描くことで、政治や社会における女性の位置を描けるし、そうすることで、古代・中世・近世・近代・現代と、通史的に描くことも可能だからである。

「つくる会」教科書において名前をあげられた女性は以下のとおり。

旧版では、260人中の17人。古代が10人。イザナミの命・天照大神・クシナダ姫・アメノウズメの命・弟橘姫・卑弥呼・推古天皇・持統天皇・清少納言・紫式部。中世が1人。北条政子。近世が2人。出雲のお国・和宮。そして近代が4人。与謝野晶子・津田梅子・平塚らいてう・市川房枝。新版では、162人中の14人。古代の弟橘姫と近世の和宮、そして近代の市川房枝が削除されている。すべての時代を通して「女性史：人物コラム」を設けるのであれば、それぞれの時代における政治的存在をとりあげることが適当であることがわかるであろう。「つくる会」教科書であれば、古代は女性天皇の誰か。中世は北条政子。近世は和宮。近代は、どの人物でも可能だろう。

では古代において女性の王者が頻出するのはなぜだろうか。この問いは、今日話題となっている「女性天皇」の位置付けを含めて、社会における女性の位置を描くに格好の問題であるので、ここに概略をのべておきたい。

(1) 皇位継承の危機の時代に現われた女性天皇

日本の天皇家の歴史においては、その正史によるかぎり、10代8人の「女帝」がいた。古代においては8代6人。推古・皇極（＝斉明）・持統・元明・元正・孝謙（＝称徳）である。そしてあとは近世において2代2人。明正・後桜町である。

32 補遺3:「女性天皇」の位置付け

では、天皇家の歴史において女性の天皇が現われた理由はなんであろうか。ここでは古代の8代6人について概略を見ておこう。

①推古即位の事情（巻末資料系図3「継体王朝」参照）

推古が即位したのは、第11節の項で説明したように、夫の敏達が死去した際に、2人の息子であり、父母ともに大王の子（敏達も推古も欽明の子である）という大王の条件を備えた次代の有力な大王位（当時は天皇と名乗っていない）継承の有力候補である竹田皇子がまだ幼かったことにそもそもの原因がある。したがって竹田への中継ぎとして敏達の弟・用明（聖徳太子の父）が即位した。そして用明が死去したので、さらにその弟・崇俊が即位して大王位を竹田に繋ごうとした。しかし有力候補の竹田は成人することなくして死去してしまった。これで大王選びは頓挫してしまった。

最有力候補がいなくなっては候補選びを最初からやらねばならなくなる。

有力候補は、敏達の長子である押坂彦人大兄皇子と、用明の長子である厩戸皇子。押坂彦人は母は息長真手王の娘・広姫、厩戸は父母ともに大王の子（彼の父・用明と母・穴穂部間人皇女は共に欽明の子）という条件を持っていたため、次の大王候補は厩戸と決まった。しかし彼には父母ともに大王の子という条件の子がまだいなかったので大王に即位せず、その条件を満たすまで猶予の期間が置かれた。そして、敏達・用明・崇俊と同世代の土族であり欽明の皇女で厩戸の父・用明の同母妹で敏達の后であった炊屋姫が、厩戸の後見として即位した。これが推古である。次の大王が決まったので、大王崇俊は殺された。

したがって推古即位は、次の大王である厩戸への継承を保障する権威＝危機管理者としてであったと見ることができる。

しかし、厩戸は次の世代の候補を生み出すことなく死去し、推古も死去してしまった。大王選びはまたも頓挫してしまった。有力候補は複数いたが、とりあえず敏達長子である押坂彦人大兄皇子の子・田村皇子（その母の糠手姫皇女も父と同様に敏達の子であったため、両親ともに大王の子に最も近い条件を持っていた）を、先帝推古の遺勅ということで大王として一応の決着をつけたのである。

②皇極即位の事情（巻末資料系図4「継体王朝の分裂」参照）

　皇極が即位したのは、第12節で述べたように、先帝推古の遺勅によって大王となった田村皇子・舒明が641年に死去した後、大王位を継ぐべき「両親ともに大王の子」という皇族はひとりもおらず、有力な王族同士が王位を争う形になったからである。

　そして有力な王族は5人いた。一番年長者は舒明の従兄弟にあたる同世代の王、山背大兄王（聖徳の息子）。次は舒明の甥であり（押坂彦人大兄の子の茅淳王の息子）、舒明の后である宝皇女の弟である軽皇子（母は吉備姫王）。そして舒明の息子である古人大兄皇子（母は蘇我氏）と、舒明と宝皇女との間の子である中大兄皇子や大海人皇子である。5人とも「父母ともに大王の子」という大王の資格要件を満たしておらず、大王候補をひとりに絞ることはできなかった。

　そこで舒明の后であった宝皇女を即位させたのである（皇極）。

　この宝皇女と舒明の結婚は、これによって次世代の有力大王候補を生み出すという目的によってなされていた。どちらも敏達の子の押坂彦人の子および孫である王族であったので、押坂彦人の血をひく王族へと大王位を安定的に継承させようというものであろう。

　しかしこの婚姻によって生まれた中大兄・大海人の2人が成人しないうちに大王・舒明は死んでしまった。したがって次の大王候補はみな横並びの状態になってしまったのである。このままでは大規模な王位継承戦争が勃発する。そこで大王位の安定のために宝皇女が即位したのである。そしてこのことは、大王位を押坂彦人系に継承させるための布石とも考えられる。

> 注：宝皇女は大王の曾孫なので皇女ではないが、大王・舒明との結婚によって大王の娘と同格の皇女とされ、これにともない、彼女の弟の軽王も軽皇子となったものと考えられる。

　問題は、次の候補を絞ることである。

　まず最初は、上宮王家の山背大兄王が排除された。これは、他の4人の候補はみな押坂彦人大兄皇子の孫にあたり、大王・用明の孫・山背大兄王を代表

とする上宮王家とは対立する関係にあったから、協力して山背大兄王一族を抹殺した。

そして続いて起きた争いは、軽皇子と古人大兄皇子との争いである。

古人大兄は舒明の息子であるが母は蘇我氏であり、押坂彦人の血縁の王族の間での婚姻で生まれた他の3人とは系統を異にしていた。したがって軽皇子を首班とする王家の一族とそれを支持する貴族たちは、古人大兄とそれを支持する蘇我本宗家を抹殺して、大王位継承の戦争に決着をつけた。

こうして大王位は押坂彦人直系の王家に絞られ、最年長者である軽皇子が次期大王に選出され、皇極から譲位されて大王位についた（孝徳）。そして彼は、皇極と舒明との娘である間人皇女を妻として、次代の大王候補を作ることが期待された。

皇極の即位は、次の大王を決めるまでの権力の空白を埋めるという意味では「中継ぎ」的ではあるが、皇極も大王敏達の子である押坂彦人の孫なのであるから、大王位を押坂彦人直系に継承させるための権威＝危機管理者と見ることができる。

③**斉明即位の事情**（巻末資料系図4参照）

では、一度大王位を退いた宝皇女がなぜふたたび大王となったのか（斉明）。

これについても第12節で説明したが、大王となった孝徳が654年に死んだとき、再び次期大王の候補者が複数おり、しかも誰ひとりとして「父母ともに大王の子」という条件を備えず、再び大規模な王位継承戦争がおきそうになったからである。有力候補は3人。孝徳の子の有間皇子（母は安倍氏）と皇極の子の中大兄皇子と大海人皇子。3人とも大王の息子であるが、母は大王の子ではない。条件は同じである。そこで再び宝皇女の再登板となったのであろう。

ここでも候補者が絞られる。中大兄は有間が大王への謀反を企てたという口実を作って彼を捕らえて殺してしまった。こうして大王候補は絞られた。しかし中大兄はなかなか大王として即位しなかった。この理由は、彼には次代の大王候補を生み出す「大王の娘」を妻にすることができず、したがって大王候補として貴族全体に認められるには至らなかったからであろう。

このことが後に彼が天皇（九州倭王朝を乗っ取って天皇と称した）となって671年に死去した後、彼の息子の大友皇子と彼の弟の大海人皇子（後の天武天皇）との間に、皇位継承戦争（壬申の乱）がおきた理由であろう。大海人には、天智の娘・讃良皇女（後の持統天皇）との間に草壁皇子、太田皇女との間に大津皇子、新田部皇女との間には舎人皇子、大江皇女との間には長皇子と弓削皇子がいたのだから、彼に貴族の多数派の支持が集まるのは当然のことであろう。

　斉明即位は、次の大王を決める間の権力の空白を埋めるという意味では、これも「中継ぎ」ではある。しかし押坂彦人直系内部での大王継承争いにおいて、中大兄と大海人は舒明の子で斉明は舒明の后で彼らの母、そして有間は舒明の従兄弟である孝徳の子であり、この対立は、押坂彦人直系内部での舒明系と孝徳系という二つの王家の対立と見ることができる。斉明は舒明系王族の筆頭である中大兄の母でもあることから、中大兄への継承に権威を与える立場＝危機管理者にあったと見ることができよう。

④持統即位の事情（巻末資料系図5「天武王朝」参照）

　天武の后であった讃良皇女が即位した事情はどうであったのか。
　686年に天武天皇が死去したとき、ここでも次の天皇候補は複数いたのである。
　天武には多数の子女がおり、男子は先にあげた天智天皇の娘達を母とした5人以外にも、氏の娘を母とした高市皇子・忍壁皇子・磯城皇子・穂積皇子・新田部皇子の5人がいた。このうち天皇の条件である「父母ともに天皇」という条件をもった皇子は、先の5人。どう考えても皇位継承戦争が勃発する。最有力候補は皇后であった讃良皇女との間の息子の草壁皇子。しかし彼は天武の死（686年）の3年後（689年）に死去。
　そこで689年、即位したのが天武の皇后であった讃良皇女。つまり天武死後、天皇位は3年間空位であった（日本書紀ではその間・皇后が即位せずに事実上天皇となる＝潜称したとしているが、このことを背景として皇位継承戦争が起きていたのが正確なところではないか。讃良皇女の天皇潜称は草壁への皇位継承をはかる権威の確立だった可能性が高い。そして天武死去の直後に、大津皇子は謀反の罪で殺された）。
　そして彼女は草壁の忘れ形見である軽皇子（父・草壁死去の時は6歳。母は

天智天皇の娘・阿閇皇女）が14歳になるや697年、譲位して彼を即位させ（文武天皇）、自身は上皇として政務をとったのであった。天武の子で天皇の娘を母とする皇子は草壁・大津以外にもいたのに、その草壁の子を天皇にしたのである。

持統天皇即位は、その息子である草壁皇子の血統に皇位を継がせることを目的としていたのであり、文武即位に向けて権威を与えるためになされたと考えられ彼女も皇位継承の危機における危機管理者だったのだ。

⑤元明即位の事情（巻末資料系図5）

文武の次の天皇になった元明即位の事情はどうであったのか。

これは文武が死去したとき（707年）、そのただひとりの息子である首皇子（後の聖武）がまだ6歳であり、このままでは草壁の系統に皇位を継承させることができなくなったからである。そこで文武の母であり、首皇子の祖母である阿閇皇女が即位して、首皇子の成人をまったのであった。

これは強引な皇位継承であった。草壁の系統での皇位継承がうまくいかないのだから、この際、天武天皇の息子たちのうちの天皇の娘を母とする他の皇子たちに天皇位を譲るべきであるという主張が貴族たちの間に出たことであろう。そのひとり舎人皇子はこのとき31歳、首皇子の母は藤原氏であり、天皇の条件を備えていなかったのであるからなおさらであった。

したがって元明即位の時には、この即位は「持統天皇が譲位して孫の文武天皇とともに天下を治めたのは、かの天智天皇がさだめた決まり（＝不改常典：天智は律令は定めておらず、意味上から解釈すれば、直系によって皇統は継続すべしということか）によってであり、今また自分が即位したのは、先帝である文武の遺勅によってである」と、先帝の意思を盾にして、天武→草壁→文武→首と直系で継承することを、貴族たちの反対を押し切っていかざるをえなかったのである。

元明即位は、孫の首に皇位を継承させるためであり、それを保障する権威＝危機管理者だったのだ。

⑥元正即位の事情（巻末資料系図5）

次の元正即位の事情も同じである。元明が老齢を理由に譲位したとき（715

年)、首皇子はまだ 14 歳であった。母が氏の出(藤原氏)である彼が即位するには若すぎて実績もなく、貴族の反対は不可避であった。他にも天皇の資格をもった有力な皇族はいたからである。そこで、元明の娘の氷高皇女が即位した。これが元正天皇。このときも先帝の詔を盾にして彼女は即位した。これはもう、首皇子への強引な皇位継承策と言って間違いない。直系継承を守るためが彼女の即位の理由である。

 2 代続く女帝の登場によって直系継承が強行されていく。これを貴族たちが容認したのは、かつてのような血で血を洗う皇位継承戦争の再来を恐れたためではないだろうか。

⑦**孝謙即位の事情**(巻末資料系図 5)

 では古代最後の女帝・孝謙天皇が即位した事情はなんであったのか。第 15 節 で説明したが、以下に短く再論する。

 2 代も続けて女帝が即位するという「異常事態」を強行してまで即位させた首皇子(聖武天皇)には、「父母ともに天皇の子」という後継者をつくるに適当な皇族女子がおらず、そのため彼自身と同じく藤原氏を母とする跡継ぎしか存在しなかった。しかし藤原光明子との間の男子・基王は 728 年、1 歳にならずに死去し、彼の構想は挫折した。彼の息子は県犬養広刀自を母とする安積しかおらず、有力な天皇候補が他にいる状況では、聖武天皇の系統に皇統を伝えることは難しくなった。

 このとき聖武がとった方法は、天武天皇の第 1 皇子・高市皇子と天智天皇の娘の御名部皇女を母とする左大臣長屋王を排除することであった。彼は草壁皇子の娘で文武天皇の姉妹である吉備内親王を妻としており、2 人の間には 4 人の男子があった。内親王を妻とした長屋はその縁で親王となっており、彼および彼の 4 人の息子は有力な天皇候補であった。この長屋親王と吉備内親王、そして 4 人の息子を「国家を傾けようとした」との罪をでっちあげて 729 年、彼らを捕らえて殺害した。こうして有力な対抗馬を抹殺したが、安積はまだ幼いので代りに、738 年娘の阿倍内親王を皇太子として時間を稼ぎ、安積の成人をまった。しかし期待の安積は、744 年、17 歳で死去してしまった。ここに聖武天皇の系統が天皇位を継ぐことは全く頓挫してしまったのである。

だが聖武はあきらめなかった。彼は伊勢斎宮にいた娘の井上内親王を746年に呼び戻し、天智天皇の孫の白壁王と娶わせて2人の間に男子が生まれることを期待し、その男子に皇位を継承させようと画策した。しかし跡継ぎは生まれず、749年に聖武天皇は娘（孝謙天皇）に譲位したのであった。孝謙天皇が女性皇族として始めて立太子してさらに即位したのは、聖武天皇の系統に皇統を伝えるためであった。孝謙天皇即位のときも、天智天皇が定めたという直系継承を理由として彼女が父・聖武天皇から皇位を譲られたことが宣言されていた。しかし孝謙天皇の下では天武天皇の孫である道祖王が皇太子となっていたのだから、聖武天皇の系統に皇位を継承させるという合意はできていなかったのである（749年には井上と白壁の間にはまだ男子はなかった）。

孝謙天皇即位は、貴族の合意としては次の天皇が決まるまでの「中継ぎ」であるが、主観的には、生まれてくるであろう継承者への皇位継承を保障する権威＝危機管理者でもある。だからこそ、聖武上皇が死去しその血統による継承が不可能となったときに彼女は退位するしかなかったのだ。

⑧称徳即位の事情（巻末資料系図5参照）

その孝謙天皇が一旦譲位したあとで再度即位した事情はなんであったのか（称徳天皇）。

孝謙天皇は756年の聖武上皇の死にともなって、新たに立太子された天武天皇の孫（父は舎人親王）の大炊王に758年に譲位した（淳仁天皇）。つまり、758年の時点において、貴族たちは聖武天皇の系統、つまり天武天皇の子である草壁親王の系統に皇統を継がせることを諦め、舎人親王の系統に替えることを決めたということである。

しかし事態は761年、急展開する。井上と白壁の間に、待望の男子が誕生した（他戸王）。762年になると孝謙上皇は淳仁廃位に向けて動き出し、764年には謀反の罪で、氷上塩焼（天武の子の新田部親王と聖武天皇の娘の不破内親王を母とする有力な天皇候補・塩焼王。757年の橘奈良麻呂の乱に連座して皇族の身分を奪われていた）を彼を支持する藤原仲麻呂とともに葬り去った（このときに、舎人親王の子である船王と池田王も処罰された）。そして仲麻呂との謀議の疑いをかけられた淳仁天皇は拘束されて淡路に流され、765年、

配流先で死去したのである。この過程で764年、孝謙上皇は再び即位したのである（称徳）。

つまりこの再度の即位は、聖武天皇の孫である他戸王に皇位を継承させるために、じゃまになる他の候補者を抹殺し、皇位継承を円滑になさしめることを目的としていた。従来は、この過程で孝謙天皇が僧侶の道鏡を重用し、のちに彼を太上法皇につけようとしたことから、道鏡との愛に狂った孝謙上皇の行動と解釈されていたが、奈良時代政治史を天皇を主語として読み解いた河内祥輔によって、聖武天皇の孫の他戸王への皇位継承を図った動きであったことが確認されている。

だが女帝は770年、53歳で死去。彼女が後継者と目していた他戸王はまだ10歳であった。貴族たちの合議によって他戸王を次代の天皇とすることについて合意がなされ、他戸王の父の白壁王が中継ぎとして即位（光仁天皇）して井上内親王を皇后とし、771年には他戸親王が皇太子となった。聖武天皇の系統に天皇位を継がせようとする彼女の執念が実ったかに見えたのだが、772年に皇后・皇太子が謀反の罪で捕らえられて殺されたことにより、実現はしなかったことについては、第20節で詳しく説明した。

孝謙天皇が退位した後に再度即位したのは、聖武天皇の孫の他戸王に皇位を継承することを保障する権威＝危機管理者として存在するためであったといえよう。

※

8代6人の女性天皇の即位の事情を見てみると、彼女たちの即位はみな、次代の皇位候補者がその資格を備えていないか、または資格を備えた候補者が複数おり皇位継承戦争がおきかねないという皇位継承の危機の時代になされていることが明かである。この中で彼女たちはみな、次の皇位継承者に最終的に決まった者に権威を与える庇護者として即位している。

女性天皇は、正当な資格を持つ竹田皇子の即位までの中継ぎとして即位した用明・崇俊などとは違い、次の候補の中の最有力の候補との直接の血縁関係を背景にしてそれへの皇位継承を保障する権威として存在していた。これは次の候補がまだ絞られていない、皇極・斉明の場合でもそうだし、次の候補がまだ生まれていない孝謙の場合もそうである。そして彼女たちは、天皇としての権

威を有しており、孝謙・称徳天皇の所で顕著に見られるように、彼女たちの血統の候補者への王位継承の障害となる他の候補を排除するだけの力を持っていた。彼女たちは、「中継ぎ」などではなかったのである。

　従来は女性天皇の即位を「次の天皇の即位までの中継ぎ」であり、それは「彼女が前天皇の后として天皇の権能を分有して」おり、同時に「次の天皇の祖母・叔母・母などの血縁者」だったからだと解されて来た。しかしこの理解だと、皇極即位の場合は次の天皇・孝徳の姉であり、元正の場合は、前天皇の娘である。さらに孝謙になると次の天皇は血縁とはいっても遠いし、彼女は前天皇の娘であっても后ではなかった。そして再度即位したとき（称徳）では、次の天皇は決まっておらず、結果として次に天皇となった白壁は、さらに遠い血縁者であり、この3例は特異な例として解釈するしかなかった。
　だが、河内祥輔の研究は、この古代における8代6人の女性天皇全てに共通する説明を可能とした。これがまさに「次代の天皇の血縁者として彼への皇位継承を保障する権威＝障害となるものを排除する権力をもった存在」としての即位であったのである。

> 注：近世の2人の女性天皇のうち、117代の後桜町の即位は、兄である桃園天皇が死去したとき、その継承者である息子・後の後桃園天皇が4歳と幼いため、その成長を待って即位させるための権威と見られないこともない。しかし後桃園天皇が即位したのは12歳なのに、彼女は即皇位を退いている。これは完全な中継ぎと見られる。また、109代の明正の即位の事情は全く異なり特異な条件であるが、これについては第3章「近世の日本」批判の徳川幕府と天皇家の関係の項で説明したい。

（2）なぜ危機の時代に女性が即位するのか

　しかしここで問題になるのは、なぜ皇位継承の危機の時代には女性天皇が必要と判断されたのか、なぜ次代の天皇への皇位継承を保障する権威的存在が女性だったのかということである（ここに古代における女性の社会的地位の問題

があらわれる)。

①中世の場合

　視点を平安時代、とりわけ中世に移行する平安中期以後に移して見ると、この時代には皇位継承を保障する存在としては、次の天皇の母方の祖父または叔父が摂政となる場合（第22節 参照）と、次の天皇の父（前天皇）が退位して上皇となり（第25節 参照）、これら二つの形で次の幼い天皇に代って政治権力を行使する形態が取られている。そして、摂政・関白や上皇は、彼らの子や孫への皇位継承の障害となる皇族とそれを支持する貴族たちを、暴力的に排除していた。つまり中世の始まりとも見られるこの時代になると、皇位継承を保障する権威は女性ではなく、血縁の男性となっているのだ。

　また、平安時代末期の近衛天皇が継嗣もなく死去したとき（1155年）には、彼の同母の妹である八条院（暲子内親王）の即位が検討されたという（巻末資料系図10「院政と皇統の分裂」参照）。だが結果として、近衛天皇の母の美福門院の猶子として養育されていた、近衛の異腹の兄の子（のちの二条天皇）を即位させるために、父である近衛の兄を即位させ（後白河天皇）、祖父である鳥羽上皇が引き続き政治権力を握って二条への継承を保障し、鳥羽の死後はその妻・美福門院がその位置についたのである。

　　注：この措置は、崇徳上皇の皇子に皇位を継承させないためのものであり、だからこそ、鳥羽の死後に皇位継承をめぐる戦争＝保元の乱が起きたことは、「中世１：保元・平治の乱」で詳しく述べる。そして美福門院の死後は、二条即位にともなってその准母として院号を授かった八条院がその位置についた。

　中世においては、天皇継承を保障する権威は血縁の男性となり、女性が行う場合は、権力者の妻・母という資格が必要という形に変化しているのである。これは財産継承が次第に男性継承へと移行していき、女性の権利が縮小されていく中世という時代に相応しているかのような変化である。

　つまり次代の天皇の即位を保障する権威として女性天皇が即位したのは、古代だけに限られることだったといえよう。

②皇統を継ぐ権威をもつ皇女

ではなぜ古代においては女性がそのような権威を持てたのか。

この問題を考えるとき、古代の女性天皇（近世の2人も同じだが）は全て天皇の娘であったという共通点に注目したい（平安末期の八条院の場合も天皇の娘である）。つまり古代においては、次の天皇の母とか叔母とか祖母とかとの関係にかかわりなく、天皇の娘という存在は、天皇と同等の権威を帯びていたのではないかということが想定される。

では皇女とはどのような力をもった存在なのだろうか。
ここで注目したいのは、天皇が皇女を后とした例が古代だけではなく、中世・近世にいたるまで続き、しかもそれは皇位継承の危機の時代にのみ存在する事例だということである。つまり言い換えれば、先に河内祥輔の研究によって示された「父母ともに天皇の子」という条件をもつ皇子を生み出すための天皇と前・元天皇の皇女との婚姻は、これ自身が皇位継承の危機の産物だったということである。

具体的に事例を見ておこう。

(a) 安定しない応神王朝の中で

天皇が皇女を后にする例が続いた最初は、16代仁徳・17代履中の時代である（巻末資料1「応神王朝の成立」と2「応神王朝の分裂」参照）。仁徳は異母妹である八田皇女と宇遅若郎女皇女を后とし、履中も異母妹である幡梭皇女を后としている（この時代は天皇ではなく、大和の大王なのであるが）。

この2人が異母妹を后とした背景には、仁徳の父・応神の性格を問題にしなければならない。

15代応神は14代仲哀の第4子、息長足姫（いわゆる神功皇后）との間の子である。しかし彼の即位に際しては王位継承戦争があったことを古田武彦は指摘している。

すなわち応神が生まれたのは仲哀が筑紫に遠征した中でのこと。そこで熊襲に仲哀が討たれた（古田はこの熊襲が倭王朝であり、仲哀は倭王朝を倒そうと

して敗れたと分析している）ことにより、大和の大王位は仲哀の子の香坂王と忍熊王の兄弟のものとなった。この体制を、息長足姫が率いる軍勢の力でひっくり返し、息長足姫摂政の下で、応神が即位した。

香坂・忍熊王の母の大中津姫は仲哀と同じく12代景行の孫であり、大王・開化の5世の孫とも4世の孫ともいわれる息長足姫を母とする応神よりも、香坂・忍熊の方が大王としては正統である。これを軍勢の力でひっくり返したのだから、王位継承戦争の末に応神は大王位についたものと思われる。

こう考えると応神は正統な大王と認められていない可能性があり、大王の后として適当な年齢の皇女にめぐまれなかったゆえに、彼の息子達はみな正統な大王の条件を持っていなかった。だからこそ、その子の代にも王位継承戦争が起こったのであろう。

応神の死後、大山守皇子と大雀皇子（後の仁徳）・宇遅和気郎子皇子との間に王位継承戦争が起きたのは、彼らのうち誰ひとりとして「父母ともに大王の子」という資格を持っていなかったからであろう。継承戦争に勝った大雀は即位して仁徳となり、その異母妹を后として正当な王位継承者をつくろうとしたのではないか。しかし彼の跡継ぎはみな氏の娘を母とするものたちであり、したがって仁徳の死後も王位継承戦争が頻発したのであろう。

その中で勝ちぬいた伊邪本和気皇子が即位して（履中）異母妹を后としたが後継者は生まれず、彼の死後、同母弟の反正・允恭と大王がめまぐるしく替った。それぞれの大王の治世は、履中・6年、反正・5年にしかすぎず、古田の「2倍年暦説」にそえばそれぞれ3年・2年半と短命で、ここでも争いは続いていた可能性がある。そして允恭でしばしの安定を得た（42年、半分にして21年）が、その子の安康は兄の木梨軽皇子を殺して即位したが、3年（1年半）で自分が殺した父の従兄弟の大日下王の息子に殺され、次の雄略で安定するという具合に王位を巡る争いは長く続いた。

このように応神から始まる王朝の歴史の中に仁徳・履中2代にわたって異母妹である皇女を后にしたということを置いて見ると、これは正統な王位継承者を生み出そうとする行為であった可能性が高い。

注：2倍年暦説＝魏志の注に引用された魏略によると、倭では春耕・秋収で1

年をそれぞれ区切っていたから、倭国の歴史を記した「魏志倭人伝」や古事記や日本書紀の年代は、かなり後の時代まで、年数が2倍になっているとした説。

(b) 応神王朝の分裂の中で

次に大王が皇女を后とした例が続くのは、21代雄略・24代仁賢の時代である（巻末資料系図2「応神王朝の分裂」参照）。

雄略は履中の后であった幡梭皇女（雄略からは叔母にあたる）を后とし、仁賢は雄略の娘の春日大娘皇女を后としている。

この時代も王位継承戦争が続いた時代である。

雄略は兄・安康が眉輪王（目弱王）によって殺されたあと、同母兄の八釣白彦皇子（八瓜白日子王）と坂合黒彦皇子（境黒日子王）とを殺害して大王位についた。正統な大王ではないがゆえに、叔母にあたる皇女を后として自らの正統性を確立しようとしたのではないか。しかし2人の間には子はなく、雄略の死後もまた王位継承戦争が起きた。雄略の子の星川皇子と白髪皇子との間に争いが起き、勝った白髪が即位した（清寧）。しかし彼の治世は5年（2倍年暦なら2年半）しか続かず跡継ぎもなかった。

このとき履中の娘である飯豊皇女が即位して後継者を探し、雄略によって殺された兄・市辺押磐皇子（市辺忍歯王）の息子の億計王と弘計王を見つけ出し、弟の弘計王が即位して（顕宗）3年（2倍年暦なら1年半）、さらに兄の億計王が即位した（仁賢）との伝承がある。つまり20代安康・21代雄略・22代清寧・23代顕宗・24代仁賢と続く時代は王位継承戦争が続いていたということであり、応神王朝が、履中と允恭の2王家に分かれて対立していた時代と読み取ることができる。また、飯豊皇女は女性の大王として即位していた可能性があるのだ。

こう見ていくと、24代仁賢が21代雄略の皇女を后としたということは、先行する允恭王朝の最後の王の血筋と自らの履中王朝の血筋を合わせた皇子をもうけることで、自らの正統性を確立しようとする行為だと解釈できよう。そしてこの策は実り、若雀皇子が生まれ、仁賢の死後彼が即位した（武烈）。しかし彼の治世は8年（2倍年暦なら4年）で跡継ぎはなく、ここに応神王朝

は滅びるのであった。

　こう見ると、雄略・仁賢が皇女を后にしたのは、分裂する王家を統一する権威を得ることが目的であったと見られる。

(c) 継体王朝成立の中で

　次に大王が皇女を后とした例が続くのは、26代継体・27代安閑・28代宣化・29代欽明・30代敏達の時代である（巻末資料系図3「継体王朝」参照）。

　継体は仁賢の皇女の手白香皇女を后とし、安閑は同じく仁賢の皇女の春日山田皇女を、そして宣化も同じく仁賢の皇女の橘仲皇女、欽明は宣化の皇女の石姫皇女をそれぞれ后としている。さらに敏達は異母妹の炊屋姫皇女（後の推古女帝）を后としている。

　継体の即位の事情を見れば、彼は応神天皇5世の孫と称する北陸の王であり、分裂し王位継承戦争を繰り広げる応神王朝の混乱の中で、大和の貴族たちに推戴されて大王位についたものである。言い換えれば、あらたな王朝が成立したといっても過言ではない。

　こう考えてみれば、継体・安閑・宣化の父子がそろって仁賢の皇女を后としたということは、前王朝の皇女を后とすることで前王朝の権威を引き継ぐとともに、名実ともに貴族によって大王に推戴される「父母ともに大王の子」という条件を持った後継者を作って、新たな王朝に正統性を与えて安定させようという試みと取れよう。

　したがって安閑が在位2年（2倍年暦なら1年）、70歳（2倍年暦なら35歳）で死去し、宣化が4年（2年）、73歳（36歳）で死去し、このあとに大王となった欽明が幼年であることを理由として安閑の后であった春日山田皇女に「政務をとってほしい」との要請がなされたが結局欽明が即位したという伝承は、継体死後に皇子たちの間で王位継承戦争がおき、その中で「父母ともに大王の子」という資格を持ち、前王朝の血筋を引く欽明（母は手白香皇女である）に大王位が定まったということであり、ここでも、欽明に大王位を継承させるために、叔母である春日山田皇女が大王に即位していた可能性があることが見て取れる。

　しかも継体の3皇子の内で「父母ともに大王の子」という息子をもうけた

のは欽明だけであり、その子の渟中倉皇子（後の敏達）は母・祖母ともに仁賢の孫・娘であるので、父系・母系ともに前王朝の血筋を色濃く継承した存在であった。これでは貴族たちの間に、欽明への支持が集まるのは当然であろう。そしてこの敏達と炊屋姫皇女との間には竹田皇子が生まれ、彼が成長して即位しておれば、継体・欽明・敏達と続く王朝は安定して継承されたであろう。

このように見てくると、26代継体から30代敏達まで父子代々にわたって皇女を后としたのは、継体から始まる新王朝の権威を確立するためのものと思われる。

(d) 継体王朝の分裂を生み出す

この次に大王が皇女を后にした例は、31代用明と36代孝徳である。

用明即位の経過は、さきに推古女帝即位の経過の中で説明した（巻末資料系図3参照）。要するに継体王朝をつぐべき竹田皇子が敏達の死亡時に幼年であったために、中継ぎとして彼は即位したのであった。しかし彼の后も欽明の娘である穴穂部間人皇女であり、2人の間には厩戸皇子があったため、大王候補の竹田が死去した後には、継体王朝は、敏達の系統の王家（押坂彦人大兄ら）と用明の系統の王家（厩戸＝聖徳の上宮王家）に分裂してしまった。しかも用明・竹田死後の混乱の中で大王候補とされた厩戸（＝聖徳）が有力な大王候補を生み出せなかったゆえに、2つの王家の間に、血で血を洗う王位継承戦争を生み出してしまったことは、先に説明した。

この用明が異母妹の皇女を后としたのも、欽明以後の王位の安定のためであったと思われるが、結果として王朝の分裂を招いたのだ。

この王朝の分裂の中で即位したのが36代孝徳であった（巻末資料系図4参照）。彼は皇極と舒明との娘である間人皇女を妻として、次代の大王候補を作ることが期待された。しかしこれはならず、孝徳の死後も、王位継承戦争が継続したことは先にみた。

31代用明・36代孝徳の皇女との結婚も王位継承の安定のためだったといえ

よう。

（e）皇統の安定を図る中で

次に大王が皇女を后とする例は、39代弘文と40代天武である（巻末資料系図4、5「天武王朝」参照）。

39代弘文＝大友皇子は天武の娘・十市皇女を后としている。そして天武は大友の父の天智天皇の娘である讃良皇女（後の持統天皇）との間に草壁皇子、太田皇女との間に大津皇子、新田部皇女との間には舎人皇子、大江皇女との間には長皇子と弓削皇子がいた。

この時代において天智の息子・大友と天智の弟の大海人との間で相互の娘を娶るという方法が取られたのはなぜであろうか。

これは先に女帝の例の中で述べた「推古・皇極・斉明」即位の事情を思い返してみればよく分かる。

継体王朝を継ぐ欽明以後の王位継承が、敏達の子・竹田皇子の早世によって頓挫して以後、この王朝は安定するどころか王朝の分裂すら招き、血で血を洗う王位継承戦争が続いてきた。その果てにようやくにして敏達の孫の舒明の息子・中大兄（正しくは葛城皇子）へ王位は収斂された。

だが彼には大王としての条件を満たす息子がおらず、彼の死後はかならずや、大友と大海人との間で王位継承戦争が起きることが予測された。それを防ぎ大友への皇位継承を確実にする融和策として、大友の后に大海人の娘・十市皇女が配されたのではなかったのか。２人の間に男子が生まれれば、その皇子は大友・大海人の２つの皇統を融合する存在になるからである。そしてこの皇子への将来の皇位継承を視野に入れて、大友が中継ぎとして即位する。これが天智の構想であったろう。

待望の男子は669年誕生した。葛野王である。だからこそ671年、大友は太政大臣となり、即位への布石を行ったのであろう。

だがこの構想は、天智の死と直後の大海人の出奔と挙兵によって潰えたのである。

では、大海人と天智の4人の娘達の婚姻の意味は何であったろうか。

太田皇女との婚姻は、2人の間の第1子である大来皇女の誕生が661年、倭国・百済連合軍による百済復興戦争（白村江の戦いで終了する）への出兵の途中、備前大伯海で誕生したのだから、それ以前のこととなる。そして讃良皇女との婚姻は、2人の間の第1子の草壁皇子の誕生が662年なのだから、それ以前のことである。つまり、どちらも大海人の娘と大友の婚姻よりも前で、天智の即位以前のことである。したがって天智は即位以前においては、弟に自身の娘を配することで2人の間に男子をもうけ、その男子に大王位を継承させようと考えていた可能性があるのだ。

この構想を天智が捨てて大友への継承へ転換した画期。それこそ663年の白村江での倭国軍の大敗と事実上の倭国の滅亡を受けて、668年、天智が天皇へと即位したことにあったのであろう。大和の大王ではなく、日本列島の統一王朝の王者・天皇への即位が、天智の王位継承構想に変化を与えたのであろうか。

どちらにしても、大海人・大友がそれぞれ皇女を后としたのは、そこで皇位を安定させようとしたことは確かなことである。

(f) 新王朝の安定を図る中で

天武以後の天皇で皇女を后とした例は、49代光仁・50代桓武・51代平城・52代嵯峨・53代淳和である。

光仁は聖武天皇の皇女・井上内親王を后とし、2人の間には他戸王が生まれた。これは聖武天皇直系の男子が死に絶えたために、女系によってその皇統を繋ごうとしたものであることは、先に示した。

また桓武は異母妹の酒人皇女を、平城は異母妹の朝原皇女と大宅皇女を、嵯峨は異母妹の高津皇女を、さらに淳和は異母妹の高志皇女と兄・嵯峨の娘の正子皇女をそれぞれ后としている（巻末資料系図5「天武王朝」と系図6「光仁王朝」参照）。

これらの婚姻の性格を考察するには、第20節で見た桓武天皇即位の事情を

押さえておく必要がある。

　桓武天皇は49代光仁の長子であるが、皇位を継ぐ存在は桓武の異母弟の他戸親王であった。しかし772年に、皇太子他戸親王と皇后井上内親王は天皇を呪詛したとの罪で捕らえれ翌年毒殺された。これにともなって皇太子となったのが氏の女を母とする山辺親王（後の桓武）であり、彼は781年父・光仁の死去と共に即位した。

　要するに桓武天皇の即位は、聖武天皇の血を引く異母弟から皇位を奪ってのものだったのである。当然彼の即位には疑問がつけられる。

　桓武の后となった酒人皇女は光仁と井上との間の娘であり、聖武天皇の孫娘である。2人の婚姻は、これによって光仁系と聖武系との皇統の融合を図ったものに違いない。しかし2人の間には男子は生まれず（生まれたのは朝原皇女）、桓武天皇の息子3人は全て氏の女を母とするものであった。

　したがって桓武の3人の皇子たちが異母妹を后とした理由は、それによって「父母ともに天皇の子」という条件の男子をもうけ、桓武以後の皇統の継承に権威を持たせることに主眼があったはずである。そして期待どおりに、嵯峨と高津の間には業良親王が、淳和と高志の間には恒世親王が生まれたのであった。しかし桓武の長子の平城と朝原・大宅との間には男子に恵まれず、嵯峨と高津との間の業良には精神障害があり、桓武の後の皇位継承の最有力候補は末っ子の淳和となったのだ。

　だが、806年の桓武天皇の死後、皇位を決めることができず、3ヶ月の空位となる。皇位継承をめぐる争いが起こったのだ。ようやく3ヶ月後に末子の淳和が即位することを辞退したので、長子が即位（平城）したが皇太子は弟（嵯峨）であり、彼は中継ぎであった。そして809年、平城が病のために在位3年にして退位したとき、争いは激化した。皇位継承の順位では、平城の次には弟嵯峨が即位し、その皇太子には末っ子の大伴（淳和）がなるはずであったが、平城は息子の高丘親王を皇太子とすることを条件にして退位した。したがって平城と嵯峨天皇・大伴皇子との間には軋轢が生じ、810年、平城上皇が平城京遷都を命令したことを契機に両者は武力衝突にいたり（薬子の乱）、敗北した上皇は平城京に幽閉され、子の高丘親王は皇太子を廃され、皇太子には嵯峨天皇の弟の大伴皇子がついた（後の淳和）。これで平和裏に皇位が継承される

かに見えた。

　だが823年、嵯峨が弟に譲位して淳和が即位したとき、皇太子には嵯峨の息子の正良親王が立てられた。嵯峨は父・桓武の構想した淳和系への皇統の継承という方針に逆らったのだ。しかも淳和の皇子・恒世は826年成人せずに死去（19歳）。そして833年淳和の死去に伴い正良は即位（仁明）し、皇太子には淳和の皇子・恒貞親王（母は嵯峨の皇女・正子内親王）が立てられたのである。こうして皇統は嵯峨の系統に収斂されていったのであり、このまま平和な皇位継承が続くかに見えた。

　しかし事態は急展開をとげる。840年淳和上皇が死去、続いて842年7月嵯峨上皇が死去するに伴って事件が起こる。承和の変である。平城上皇の子である阿保親王の密告をもとに、皇太子恒貞親王を奉じて東国に赴く反乱を計画したとして、東宮坊帯刀伴健岑・但馬権守橘逸勢らが逮捕され、皇太子恒貞親王が廃された（彼は出家した）。この事件により公卿を含めた多数の官人が流罪や左遷となり、道康親王（父仁明、母藤原良房妹順子。のち文徳天皇）が皇太子となった。

　この事件は、皇統を自己の直系に継承させようとする仁明天皇の意思に基づくものと思われる（巻末資料系図7「嵯峨王朝と摂政制」参照）。血統の上では父母ともに天皇という条件を持つ恒貞より劣る仁明天皇（母は橘氏の娘）は、后の順子の実家の藤原冬嗣・良房父子と組んで自己の皇統の確立を図り、障害となる恒貞を排除したのであろう。以後仁明の皇統は冬嗣の家系の娘を后としつつ、仁明・文徳・清和・陽成と直系で継承していったのである。

　このように経過を辿ってみると、桓武・平城・嵯峨・淳和と皇女を后としたのは、あらたな王朝の権威を高め、皇位の継承を順調にするという意図があったことが読み取れる。

※

　これ以後、天皇が皇女を后とすることはしばらく絶える。
　次に皇女を后としたのは60代醍醐、69代後朱雀である。

　醍醐は父・宇多の同母妹の為子内親王を后としている。これは宇多が皇位継

承の資格を持っていないのに即位したという事情に発している（巻末資料系図8「光孝王朝と藤原北家」参照）。

　宇多の父・光孝の突然の即位（仁明王朝の最後の王の陽成が殺人を相次いで起こしたことにより、貴族が陽成を退位させ、彼の系統を避けて3代前の仁明の子であった光孝を即位させた）と、その光孝が即位に伴って子息を全て臣下に下ろしたが他に皇位継承者がいないため、光孝が病の床についたとき、光孝の子の中で唯一臣下として官についていなかった源定省を貴族の総意をもって887年に即位させた（宇多天皇）。宇多は一度臣下の身に下ったにも関らず天皇となった人物で、天皇としての権威に欠けていたのである。

　宇多は自身の長子（醍醐）に異母妹を配することで、2人の間に父母ともに天皇の子という跡継ぎを誕生させ、自己の皇統に権威を付与しようとしたに違いない（しかしその跡継ぎは生まれず、彼の代にも皇位継承をめぐる争いが絶えなかった。この経過については第24節で説明した）。

　後朱雀は三条天皇の皇女・禎子内親王を后とし、尊仁親王（後の後三条）をもうけている（巻末資料系図9「村上王朝の分裂」参照）。

　この時代には皇統は、円融・冷泉系の二つの皇統に分裂しており、冷泉系の三条天皇まで両統から交互に天皇が出ており、皇位継承をめぐる争いが絶えなかった。これを強引に一本化したのが藤原道長であった。

　道長は三条天皇の病に際して円融系の後一条へ強引に譲位させ、その皇太子には三条の希望で一旦は三条の息子・敦明親王をつけたが（1016年）、1017年に三条上皇が死去すると道長は、皇太子敦明親王に「小一条院」という院号を得て前天皇のあつかいをうけることを条件に皇太子を辞退させ、あらたに皇太子には、後一条の弟の敦良親王をつけてしまった。こうして皇統は強引に円融系に統合されたのである。そして1036年、後一条は弟に譲位し、ここに後朱雀天皇が即位した。

　この後朱雀が冷泉系の三条天皇の皇女・禎子内親王を后としたということは、冷泉系と円融系の二つの皇統を融合させることが目的であろう。2人の間には尊仁親王、のちの後三条天皇が誕生した。

　後朱雀は1045年病で死去し、長子の親仁（母は藤原道長の娘）が即位した

(後冷泉)、しかし彼には子ができず、しばしば重病に陥ったため、皇太子には弟の尊仁がついた。そして1068年後冷泉の死去に伴って尊仁は即位した(後三条)。

ひさしぶりの「父母ともに天皇の子」という条件をもった文字通りに円融・冷泉両皇統を統合した天皇が生まれたのである。

※

以上少し長くなったが、ここまで古代における大王・天皇が皇女を后とした例を見てきた。

ここで明かになったことは、天皇が皇女を后としたときは、一つは、前の皇統に跡継ぎがなくて、天皇としての資格が薄弱な他の皇統に皇位が継承されたとき。この場合には前皇統の皇女を后として新たな皇統に権威を与えると共に、二つの皇統を統合した次代の王を生み出すことに目的があった。もう一つは、皇統が二つに分裂していたときに、両者の統合を意図して行われたとき。

どちらの例でもわかることは、天皇の娘は、天皇・皇子とともに皇統を継ぐという権威は同じだということである。つまり男系で継承しようと女系で継承しようと、皇位が継承されたことには変わりはないという認識が古代にはあり、男系継承が原則となっていた時代にあっても、皇統の継承に危機が訪れたときには女系での継承が図られたり、新たな皇位継承者に前天皇の皇女を配することで、新たな皇統の権威を確立することが意図されたのであった。

前に検討した女性天皇の例も同じ状況の中で行われ、皇女が天皇になる例も、皇女が天皇の后になる例もともに、皇位継承が危機になったときのことであり、皇女には皇統を継ぐ権威があると当時の人が考えていたことがわかる。

注：以後の例は、以下のとおり。①中世初頭の二条天皇（1158年即位）も父・後白河天皇の異母妹で自身には叔母にあたる鳥羽天皇の皇女・姝子(よしこ)内親王を東宮時代に后としている。これは鳥羽の息子・近衛天皇が死去して鳥羽系で皇位継承ができなくなったときに、娘を猶子にしていた二条の后とすることで、2人の間に女系での鳥羽の孫にあたる男子を誕生させ、皇位を継承させようとしたと見られる。この例も皇位継承の危機に際した例である。② 1274

年に即位した後宇多天皇も後深草天皇の皇女・姈子内親王を皇后とした。このとき皇統は後深草系と亀山系に分裂しており、亀山の第２皇子である後宇多が後深草の皇女を后とすることで両統の融合を図ったものか。この持明院統と大覚寺統との対立の中では、あと２例③1318年即位の後醍醐天皇と④1331年即位の光厳天皇が、それぞれ対立する皇統の皇女を后として両統を融合しようとしている。以後、天皇が皇女を后とした例は、⑤近世・1779年に即位した光格天皇が後桃園天皇の皇女欣子内親王を皇后とした例だけである。これは、後桃園天皇に男子がないため、閑院宮家の第６皇子を養子として皇統を継がしたため、前天皇の娘を后として血統をつなげようとしたもの。中世・近世においても、新たな皇統の権威を作るためや、対立する皇統を融和するために、天皇が皇女を后としていたのである。

③巫女の権能で王に即位した倭女王・卑弥呼・壱予

　皇統の危機を救う権威をもった存在として皇女があったということを見てきた。そしてこれは皇女もまた天皇と同じ権威を持つ存在であることが明かとなった。だが、なぜ危機を救う存在がどちらも天皇と同じ権威を持つ男性皇族ではなく女性皇族なのかという疑問がただちに出されるであろう（皇位を継承すべき男性皇族が複数いるかひとりもいない状態が危機なのであり、複数いるときに男性皇族を立てれば、それはそのまま入り乱れた皇位継承戦争・国家の分裂になるという事情もあるのではあるが）。

　ここで想起されることは、歴史上最初に皇統の危機において冊立された倭女王・卑弥呼のことである。
　卑弥呼の即位の事情は「魏志倭人伝」に詳しく記され、女王卑弥呼の権能についても倭人伝はくわしく記している。

「その国（女王国＝邪馬壱国）は、もとは70～80年（２倍年暦なら30～40年）の間、男子を王となしていた。しかし倭国が乱れて暦年互いに戦火をまみえた（倭国を構成する国々が互いに争った）。そこで（諸王が）共に一女子を立てて倭王とした。名づけて卑弥呼という。鬼道につかえ、よく衆を惑わす。年はす

でに長大（30〜40歳）であるが夫はなく、男弟があって、卑弥呼を補佐して国を治めていた。卑弥呼は王となって以来見る人は少なく、奴婢1000人をはべらせていた」と。

つまり倭国を構成する諸国が互いに争って戦争となり収まらなかったので、王たちが卑弥呼を立てて倭王としそれによって争いが収まったというもの。

しかしこの争いは完全には収まらず、卑弥呼が魏に使いを送って倭王に封じられたのは、女王国の南に位置する大国・狗奴国との対立がやまなかったからであった。卑弥呼の治世下でも狗奴国と女王国とは戦火を交え、卑弥呼は247年にも3度魏に使いを送り、平定のための詔書を手に入れている。また彼女が死んだあと男王を立てたがやはり倭国はまとまらず、戦が続いて1000余人が死んだことも倭人伝には書かれている。そして倭国では卑弥呼の一族の13歳の（2倍年暦なら7歳）娘・壱与を立てて王となしてやっと争いはおわり、魏はこの壱与にも詔書を下して倭国王に封じたのであった。

倭国女王の卑弥呼と壱与はともに、国家の危機に際して諸王（貴族・豪族）たちに推戴されて王位についたのであった。男性の王では争いを収めることができなかったのである。

ではなぜ彼女たちは王となったのか。

それは、卑弥呼が鬼道につかえということに関係があったのではないか。おそらく呪術をもって神に仕えたということであろう。卑弥呼も壱与も巫女であった。

さらに魏志倭人伝における倭女王卑弥呼は、筑後風土記に記されている筑紫君の祖先の甕依姫（みかよりひめ）と同一人物であることを、古田武彦が論証しているが、その甕依姫には興味深い伝承がある。

> 注：古田は卑弥呼の読みを「ひみか」だとし、「ひ」は尊称であって「太陽の子」という意味での「日」であろうと推定し、「みか」は神に捧げる酒を醸す甕のことで、卑弥呼（ひみか）とは、「輝く太陽の甕」の意味で、その音を中国の歴史官が「卑弥呼」の字をあてたと推定。そして風土記の「甕依姫」とは「み

か」の語を共有しており、「みかよりひめ」も「依る」とは「憑り代（よりし
ろ）」を持って神につかえ神の意思を聞くことであるので、「甕（みか）」を「憑
り代（よりしろ）」として神に仕えたものであるとし、両者は共通の権能を持っ
ていることを明かにした。

それは、筑後風土記の甕依姫の登場の話である。

「昔筑前と筑後の国の間にある基山に荒ぶる神がいて往来の人が多数死んだ。
筑紫君と肥君らが占って、今の筑紫君の祖先である甕依姫を〈祝り〉（はふり
＝神を憑り代に憑かして神の意思を聞き、それを祭ること）とした所、以後そ
の荒ぶる神は暴れなくなった。そこでこの神を筑紫の神と呼ぶようになった」
というものである。

この話から分かることは、甕依姫がまさに巫女であったということと、この
荒ぶる神を甕依姫が平定したことによって、これを平定できなかったそれまで
の筑紫君に替わって甕依姫が筑紫君となり以後彼女の子孫が筑紫君となったと
いうことを示している。この荒ぶる神の名は「ソノタケルノカミ」と読め、基
山の山ろくにある筑紫神社の祭神・八十猛尊の可能性が高いと古田は示唆し
ている。

この甕依姫が筑紫君や肥君らが平定できなかった「神」を平定したという話
しは、その神の所在地が女王国の南に位置することから、この説話で甕依姫が
平定した神の地は、卑弥呼が平定した狗奴国の地である可能性を示しており、
卑弥呼は中華帝国・魏王朝によって倭国王に冊封された権威と共にその「鬼道
につかえる」力をもってして狗奴国を平定した可能性をも示唆している。

卑弥呼も壱与も巫女としての権能をもった王者であり、その力は国家の危機
も救ったのである。

そして興味深いことは、大和の大王家における最初の女性大王と見られる飯
豊王女も独身であり、最初の女帝として記録された推古の名は、豊御食炊屋姫
であり、農耕祭祀に関する王族であった可能性があること。また皇極も雨乞いの

儀礼を執行していることから、これらの女帝たちにも巫女としての権能があったことが推定され、卑弥呼や壱与との近似性が伺われる。

ただし大王・天皇もまた自ら祭祀を司ったことは様々な記録に見られることであるから、女性の皇族だけが巫(かんなぎ)（憑り代として神の意思をこの世にあらわすこと）であったのではなく、男性の皇族も巫(かんなぎ)であり、大王・天皇そのものが巫(かんなぎ)としての権能を持っていた可能性は高い。そういう意味で女性皇族と男性皇族の権威は同等であろう。

だが巫(かんなぎ)には女と男のそれがあり、男の巫(かんなぎ)には、巫の字の右に男をつけて「かんなぎ」と読ませていることから、もともと巫(かんなぎ)は女性のみがなせるわざであった。だからこそ女性の王は神に近い存在であり、彼女の言葉は神の言葉と受け取られたのではないだろうか。卑弥呼の例はこのことを示すものであろう。

そして卑弥呼＝甕依姫や壱与の例は例外ではなく、古代においては各地に女性の王がいたことは、伝説や考古学史料によっても確かめる事ができる。

古事記や日本書紀の記述、そして風土記の記述には、各地に○○ヒメ・○○ヒメノミコトと名乗る女性の王がいたことを記録している。また、弥生時代の王の墓でも女性の王ではないかと推定される例は多いし、古墳時代においても、前半期においては単体埋葬の40％が女性であり、同一墳丘に複数埋葬された例でも女性は40％以上を占めていた。さらに後半期においても、単体埋葬の約30％が女性であり、複数埋葬の約20％が女性であったのである。

女性が王として君臨した例は多い。

したがって皇女が皇統の危機に際して推戴されて女帝となった理由は、大王・天皇がもっている神につかえるという権能が本来女性のものであったという始源の記憶の存在が背景にあったのではなかろうか。

④女性も男性と同等に財産を分与された

ただし、女性皇族が男性皇族と同等の権威を有したということは、女性皇族が有した巫女としての権能ゆえとだけ考えることはできない。

(a) 経営拠点をもつ皇族・豪族の女たち

古代においては、女性も財産を保持していた。皇族や豪族の女たちもまた「王」

として、その経営拠点を持っていた。

　大王の后は后宮(きさきのみや)を持っていたが、これは大王の宮とは場別の所にあり、独立した経済機能をもっており、独立した官吏たちによって経営されていた。大王の后といっても、夫である大王と同居はしていなかったのである。そしてこれは奈良時代になっても続き、天皇の后たちは、天皇とは別の場所に宮をもち、独自の経済生活を送っていたことは、平城宮の発掘結果によって明らかとなっている。皇后の居所が宮廷内に定まるのは8世紀も終わり、光仁天皇の井上皇后のあたりからだという。

　これは大王・天皇の后となった女性たちだけではない。皇女たちもまた、同様な独自な経営拠点を持っていた。即位以前の元明天皇は、皇太妃宮を持ち、御名部皇女（高市親王の妻）は御名部内親王宮を、元正天皇もまた即位前には、氷高内親王宮を持っていたことは、出土した木簡で確認されている。

　またこれは、大王家の女性たちだけのことではなく、豪族層一般も同様であった。豪族層の女もまた独自の経営拠点としての宅を持っていた。例えば、聖武天皇の妃となった藤原光明子は父・不比等の邸宅を相続し、そこに聖武夫人としての家産運営機構である藤原夫人宅を設け、皇后となったのちには、そこに国家機構としての皇后宮職を置いたのである。そして長屋親王夫妻を滅ぼしたのちは、その邸宅跡にその皇后宮職を移した。

　豪族や皇族の女性たちは、それぞれ「王」としての権威を分有し、それぞれの氏族の支配する経営拠点をもまた相続していたのであり、それぞれが独立した豪族・皇族として社会的には自立していた。だからこそ、皇位継承に際しては、皇女が皇子とも対等の政治的主体として行動できたのである。

(b) 女性にも財産は相続されていた

　豪族や皇族の女性がそれぞれの「王」としての経営拠点を受け継いでいたことでもわかるように、古代においては女性にも財産が相続されていたのである。

　このことは、さまざまな例から示すことができる。

　例えば、正倉院文書などに残された戸籍の断片から、財産としての奴隷の所有状況を見ると、女性も多くの奴婢を所有していた。そしてこれは、その女性が未婚・既婚を問わないので、古代においては、女性は財産としての奴隷を所

有していたことは間違いない。
　また、残された財産処分状や譲状や売券から財産の処分状況を見ると、家地や田畑などの「私地」を処分したものの 30 ～ 40％が女性となり、この傾向は 9 世紀から 12 世紀ごろまで一貫している。これは、処分された「所職・所領」などの公的な性格を持つ財産については女性の割合は 3 ～ 5％と低いので、公的側面においては女性の財産所有は制限されていたとはいえ、私的な側面では、女性も財産を相続していることを意味している。
　また、古代の令で遺産相続を定めたものをこれが参考にした中国・唐の令と比較して見ても、古代における女性の財産相続の姿を窺い知ることができる。
　701 年制定の大宝令では、唐令に比べて嫡子相続を強化し、嫡子は財産の半分を相続し庶子は残りを均分するという形になっており、唐令では女性にも結婚資金という形で未婚・既婚をとわず財産の一部相続を認めていたのに大宝令ではこの規定は削除され、妻の財産は相続の対象とはならないと定めてあるとはいえ、女性の財産相続は否定された形となっている。しかし、718 年に制定された養老令ではこの規定は改められ、嫡子相続は後退して、妻と嫡子とが庶子の 2 倍相続する形になり、娘たちには、既婚・未婚をとわず、男子の半分の額だが遺産相続が認められることとなった（妻の財産は相続の対象とはされないという規定はそのまま）。
　つまり大宝令は、当時の一般的な財産相続であった子供の均分相続を改め、さらに女性の相続権を否定することで嫡子相続を強引に進め、諸氏族の力を弱めて家父長制家族を成立させようとしたのではないか。しかしこの急進的改革は社会的に反撃にあい、嫡子は庶子の倍という差は設けたものの均分相続へと後退し、妻も嫡子と同等に相続し娘たちも男子の半分ではあるが相続する形となったものと見られる。

　古代においては女子も男子と同等に、親の財産を相続していたのであろう。そして女性が親から相続した財産は結婚しても夫の財産とはならず、妻の独自の財産として所有され続けたのである（この財産は妻の死後は、妻の父方の氏族の相続者に返還されたのか、娘に相続されたのかは確定できないが）。
　このように古代においては、女性も氏族の一員として財産を相続され結婚し

てからも夫とは別に財産を所有していたのである（夫とも別居であった）。女性も氏族制の中での独立した個人だった。

> 注：中世においてもこの傾向は残存している。先に述べた鳥羽天皇皇女の暲子内親王は、1161年の二条天皇即位にともなって院号をうけて八条院となったが、父鳥羽上皇から、上皇が白河天皇以来受け継いできた皇室領の荘園の大部分をしめる所領を受け継ぎ、この所領は1211年の八条院の死後は、その養女であった春華門院に受け継がれた（八条院領）。この所領は1283年に鎌倉幕府の承認を得て亀山上皇の管轄となり、代々大覚寺統のものとなった。南北朝時代における南朝の主な経済基盤となったものである。

※

このように見てくると、なぜ古代において女性の大王・天皇が数多く輩出したかはかなり明らかとなろう。

当時は後の中世以後において成立したような家父長制家族はまだ成立していなかった。人々はまだ氏族制の下で生活していた。したがって豪族や王族（皇族）の「王」としての財産はその子女によって平等に継承されていたのであり、豪族や王族（皇族）の娘も、「王」としての経営拠点をもち、そこを管理する多数の氏族民を従えていた。それゆえ豪族や王族（皇族）の娘もまた「王」としての権威を男性とともに分有し、「王」としての経営手腕もまたそなえていたのである（巫＝かんなぎとして神につかえ、政治を行うという意味も含めて）。

したがって王族・皇族において王位・皇位継承の権利は男性・女性ともに等しく分有していた。だからこそ、古代においては各地に女性の首長（王）が存在し得たのだ。しかも、王としての本来的権能である神に仕えること（＝巫として神の意思を代弁すること）は本来女性のみに許された行為であった。それゆえ、国家の危機や王位・皇位継承の危機に際しては、女性の王族・皇族の神に近い権威に依存して、危機を救おうということになる。魏志倭人伝に記された3世紀の倭国の危機に際しての卑弥呼女王や壱与女王の登場の背景は、そういうことだったのである。

そして、男性継承が次第に支配的になっていった古代末期・6世紀以降においても、女性王族・皇族の持つ権威は変わらず、それゆえに国家の危機・王位

（皇位）継承の危機に際しては、女性の王の登場となったのであろう。

　古代における女性の天皇の頻出の背景は、こういうことだったのだ。氏族の神と直接つながることのできる巫（かんなぎ）を必要とした氏族制社会であった古代においては、本来的な巫である女性の権威は依然として高く、王としての権威もまた高いものであった。この事実を背景に女性天皇が存在しえた。そしてこれは社会一般における女性の地位の高さに比例し、女性の地位がその後次第に低下していった時期においてもこの記憶は残存し、それゆえ中世においても皇女の権威は残存した。

　古代における女性天皇の存在は、古代社会における女性の地位をそのまま映す鏡である。女性天皇を描くことで古代社会とそこにおける女性の姿を活写できるのである。このような格好の材料を手にしながら、「つくる会」教科書は、その可能性を自ら摘んでしまった。人物コラムで取り上げる女性を文学者に限定することでそうしたのである。

　古代人物コラムにとりあげる女性は、紫式部よりも孝謙天皇が適当であろう。男性継承が優位となった８世紀においても女性での皇位継承も承認されたことと、女性天皇が対立者を排除できるだけの天皇としての権力も行使し得た存在であることが見事に示された例だからである。

注：古代における女性の君主が男性の君主と同様に軍事指揮権・行政権・祭祀権を持った「王」として君臨していたことを諸資料の検討によって明らかにした著作に、義江明子著「つくられた卑弥呼―＜女＞の創出と国家」（2005年筑摩新書刊）がある。本稿脱稿後に読んだので、この本の論証を本文の記述に十分に反映させることができなかった。是非ご一読願いたい。

注：この項は、前掲・河内祥輔著「古代政治史における天皇制の論理」・遠山美都男著「大化の改新」「壬申の乱」・保立道久著「平安王朝」、古田武彦著「よみがえる卑弥呼―日本国はいつ始まったか」（1987 年駸々堂刊）、奥田暁子著「王権と女性」・野村知子、河野裕子著「律令期　族制・婚制をめぐる問題点」（以上、藤原書店 1995 年刊「女と男の時空：日本女性史再考１・ヒメとヒコ

の時代―原始・古代」所収)、笠原英彦著「歴代天皇総覧―皇位はどう継承されたか」(2001年中央公論新書刊)、義江明子著「古代女帝論の過去と現在」(岩波書店2002年刊「講座天皇と王権を考える第7巻：ジェンダーと差別」所収)、成清弘和著「女帝の古代史」(講談社現代新書2005年刊)、などを参照した。

巻末資料

系図1
〔応神王朝の成立〕

数字→在位順

● →「両親ともに皇子・皇女」の条件をもった皇族

系図2
〔応神王朝の分裂〕

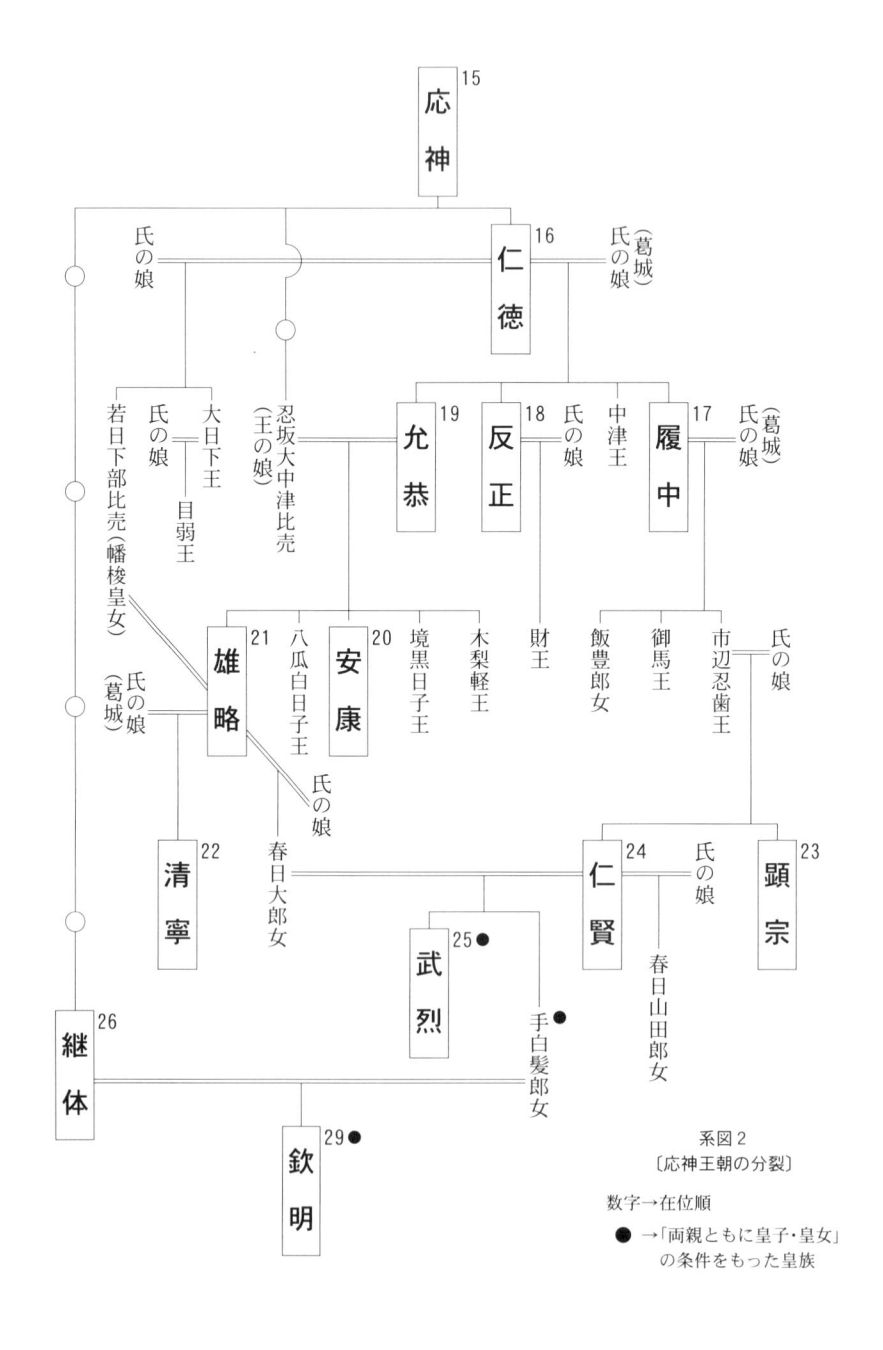

数字→在位順
● →「両親ともに皇子・皇女」の条件をもった皇族

巻末資料 333

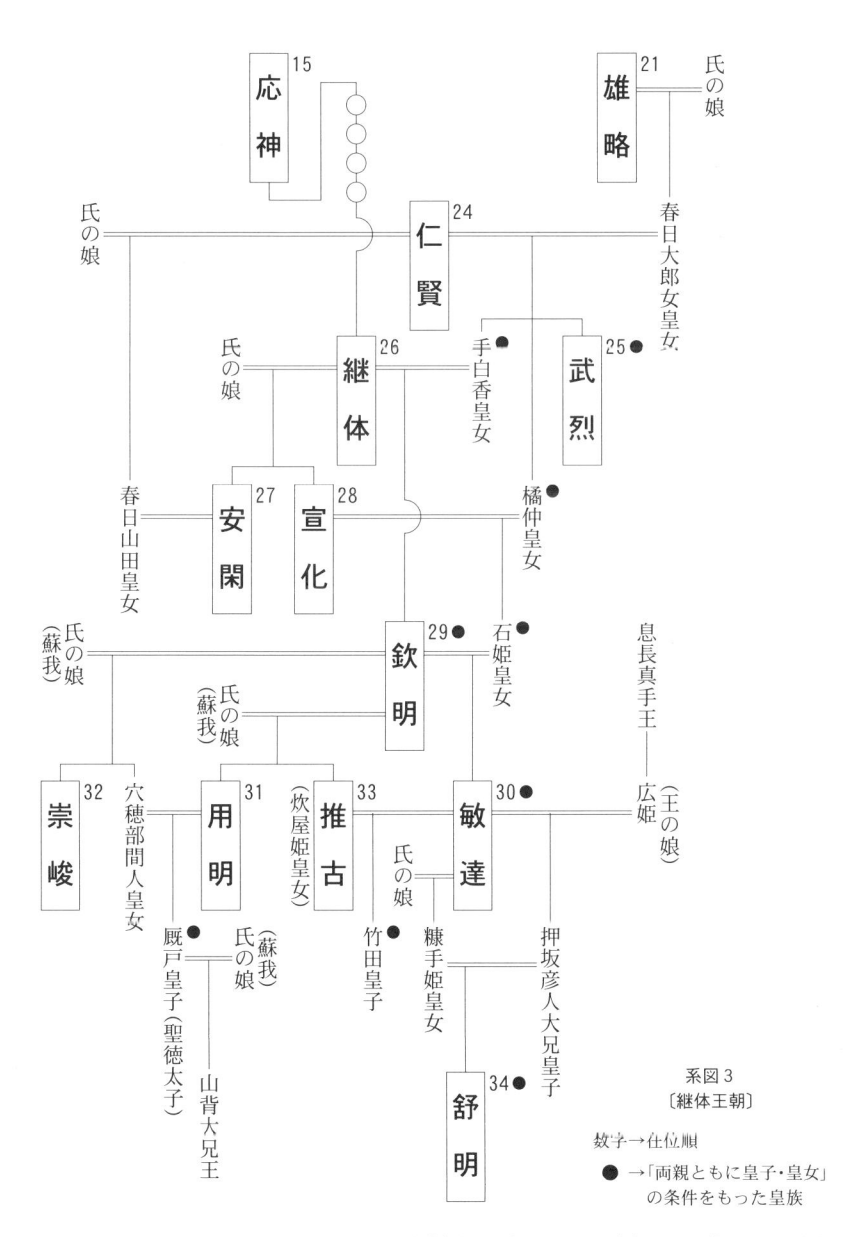

系図3
〔継体王朝〕

数字→在位順
● →「両親ともに皇子・皇女」の条件をもった皇族

河内著「古代政治史における天皇制の論理」第1図より作成

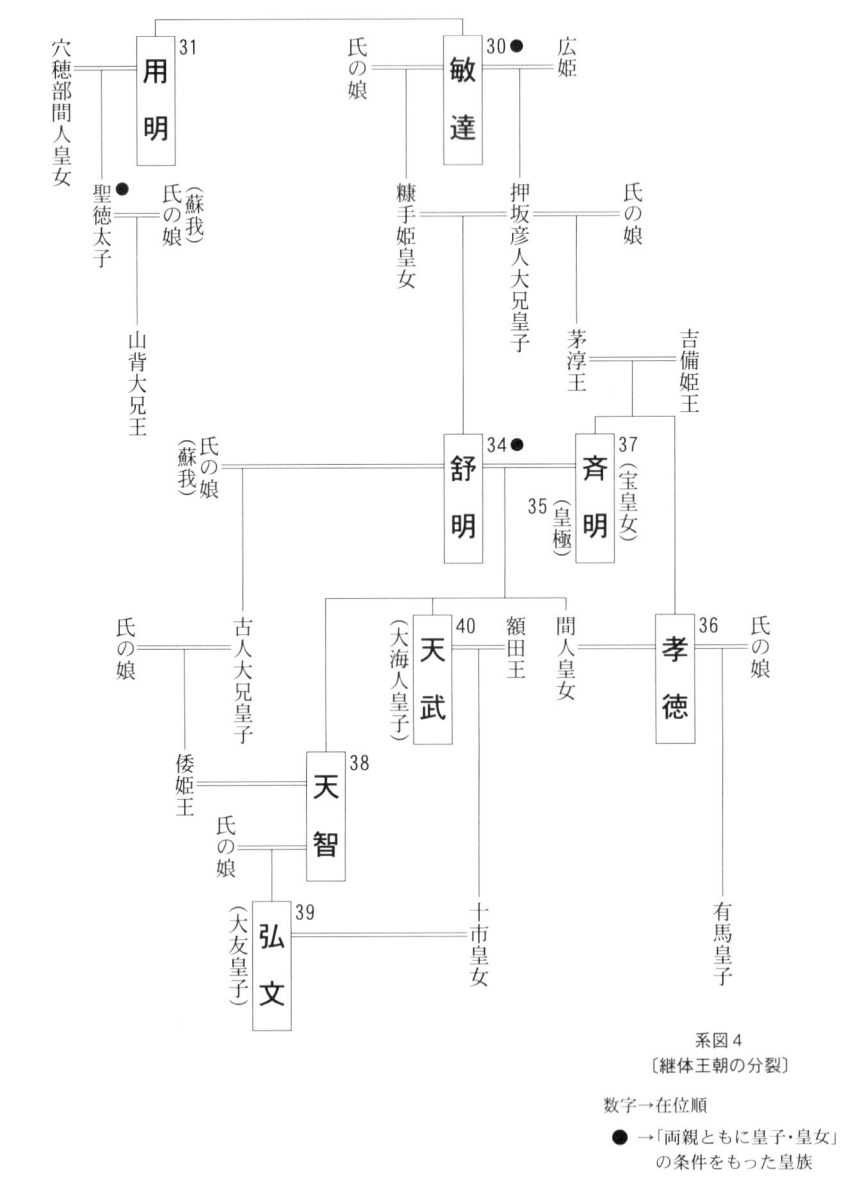

系図4
〔継体王朝の分裂〕

数字→在位順
● →「両親ともに皇子・皇女」の条件をもった皇族

河内著「古代政治史における天皇制の論理」第5図より作成

巻末資料 335

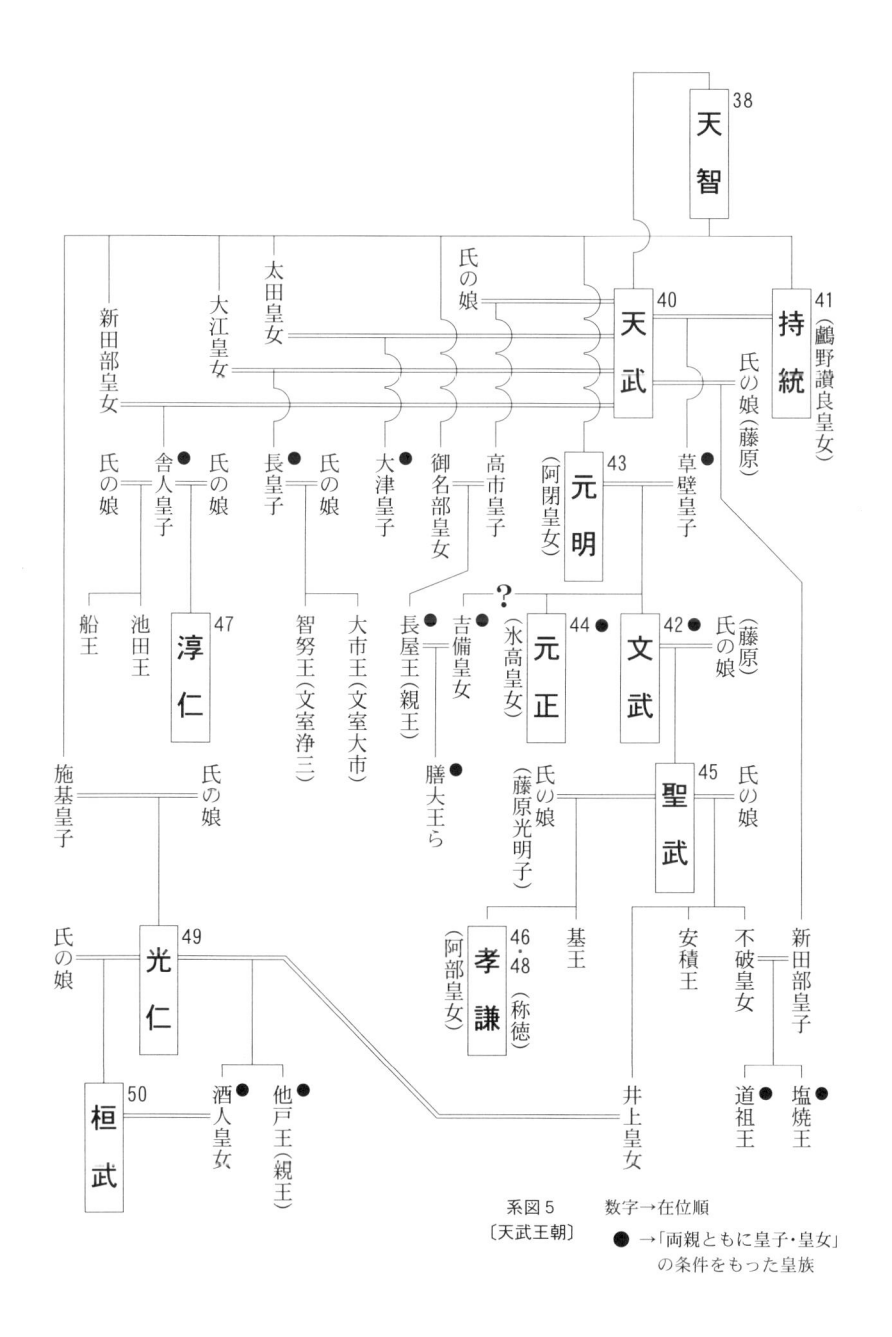

系図5
〔天武王朝〕

数字→在位順
●→「両親ともに皇子・皇女」の条件をもった皇族

系図6
〔光仁王朝〕

数字→在位順
● →「両親ともに皇子・皇女」の条件をもった皇族

河内著「古代政治史における天皇制の論理」第9図より作成

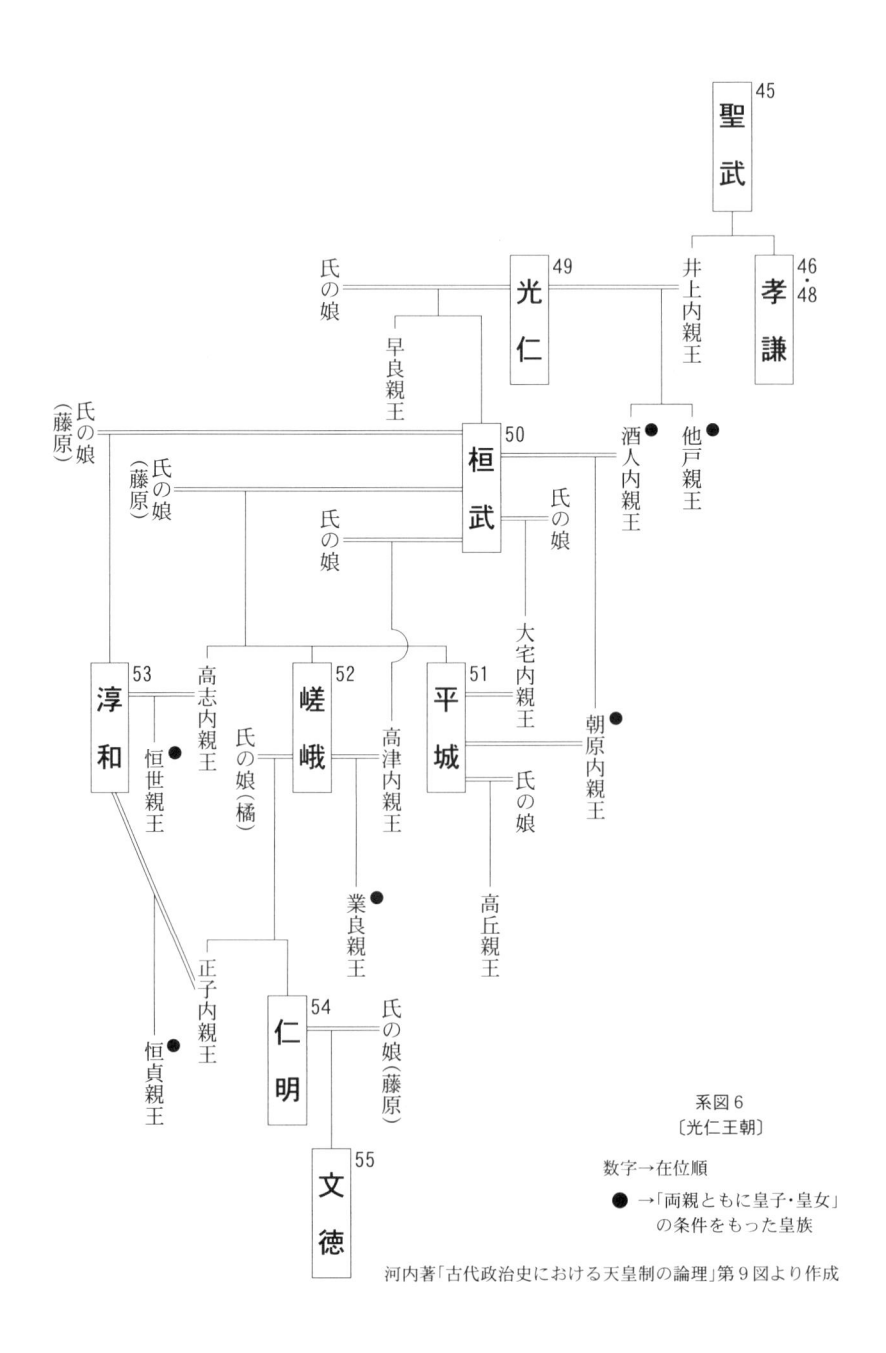

- 聖武 45
  - 孝謙 46・48
  - 井上内親王 ― 光仁 49 ― 氏の娘
    - 他戸親王 ●
    - 酒人内親王
    - 早良親王
    - 桓武 50
      - 氏の娘（藤原）
      - 氏の娘（藤原）
      - 氏の娘
      - 氏の娘
      - 朝原内親王 ●
      - 大宅内親王
      - 淳和 53
        - 高志内親王
          - 恒世親王 ●
      - 嵯峨 52
        - 氏の娘（橘）
        - 高津内親王
          - 業良親王 ●
      - 平城 51
        - 氏の娘
          - 高丘親王
      - 正子内親王
        - 恒貞親王
      - 仁明 54 ― 氏の娘（藤原）
        - 文徳 55

巻末資料 337

系図7
〔嵯峨王朝と摂政制〕

```
                                    ┌─ 桓武 50
                                    │
        ┌───────────────────────────┼──────────────────────────────┐
        │                           │                              │
     淳和 53 ─── 氏の娘 ─── 嵯峨 52 ─── 氏の娘（橘）                    ○
        │                   │
        │         ┌─────────┼───────────────┐
        │         │         │               │
     正子内親王  藤原冬嗣   順子 ─ 仁明 54 ─ 藤原沢子   秀良親王
        │         │         │       │
        │    ┌────┼────┐    │       │
        │    ★   │    │    │       ★
        │  藤原  長良 ○  潔姫      藤原沢子
        │  乙春   │         │
        │        │         │
     恒貞親王 ●  │      良房（摂政）
                │
        ┌───────┼───────┐
        │       │       │
        ○    基経（摂政） 明子 ── 文徳 55 ── 氏の娘（紀）── 国康親王 ── 光孝 58 ── 班子女王
                │              │          │              │
        ┌───────┼───┐          │       惟喬親王          │
        │       │   │          │                        宇多 59
      高子 ─ 清和 56 ─ 氏の娘
        │       │
     佳珠子    │
        │     ┌┴────┬──────┐
        │     │     │      │
     貞辰親王 貞保親王 陽成 57 貞固親王ら
```

河内著「古代政治史における天皇制の論理」第10図より作成

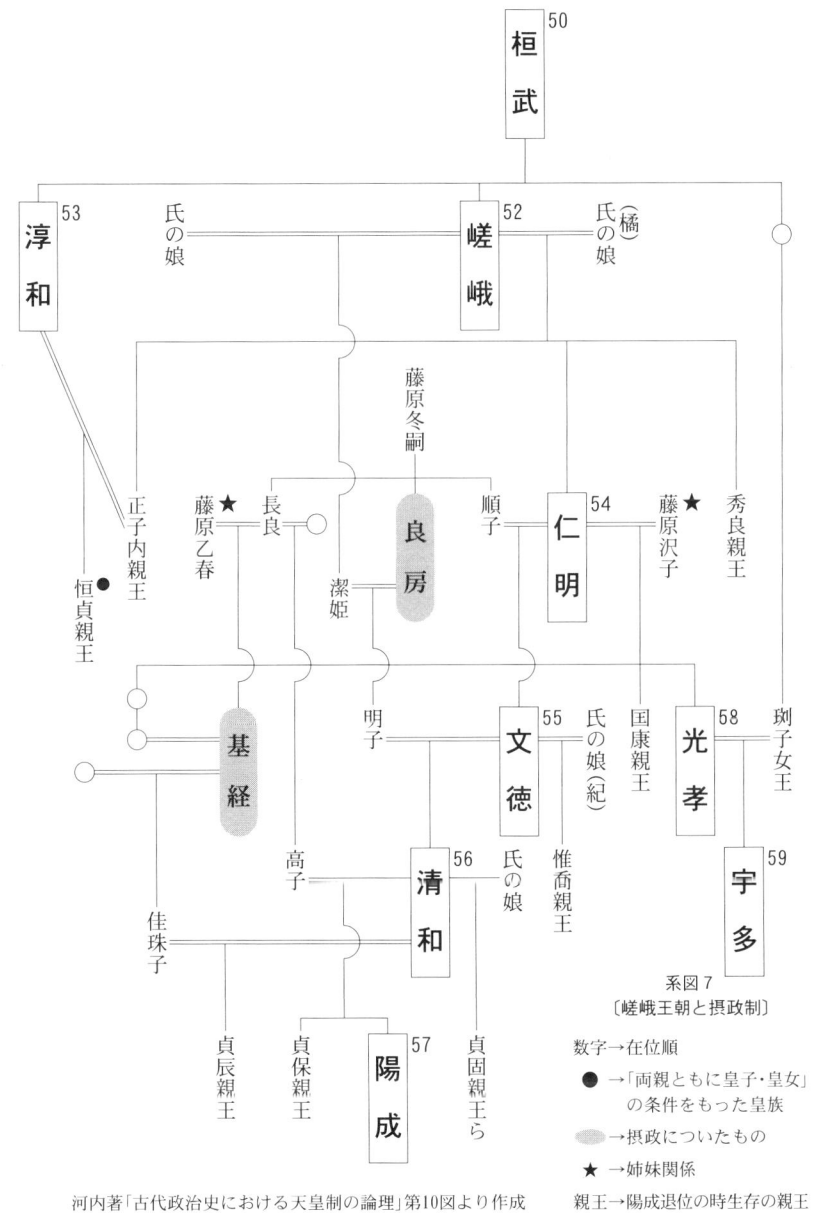

数字→在位順
● →「両親ともに皇子・皇女」の条件をもった皇族
　（網掛け）→摂政についたもの
★ →姉妹関係
親王→陽成退位の時生存の親王

系図8
〔光孝王朝と藤原北家〕

数字→在位順
■→摂政についたもの

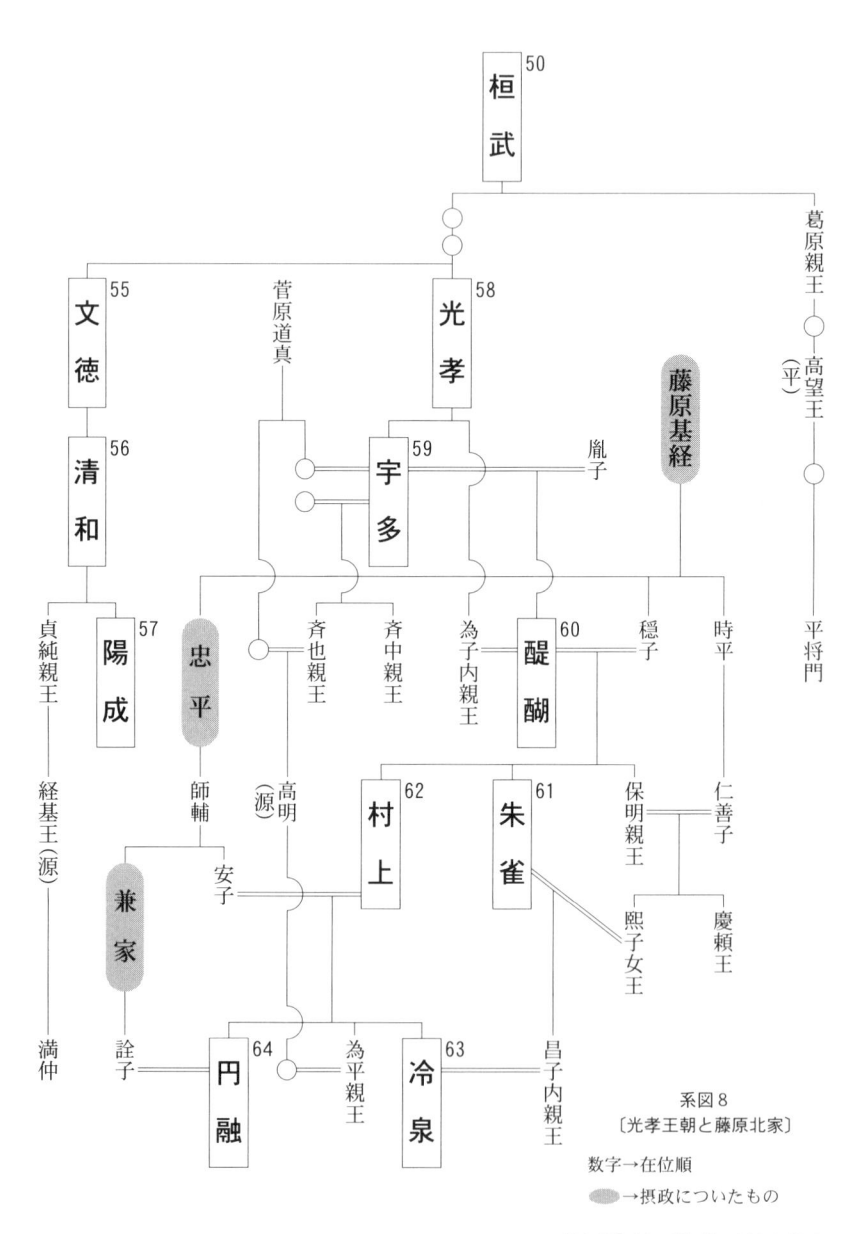

保立著「平安王朝」第4図より作成

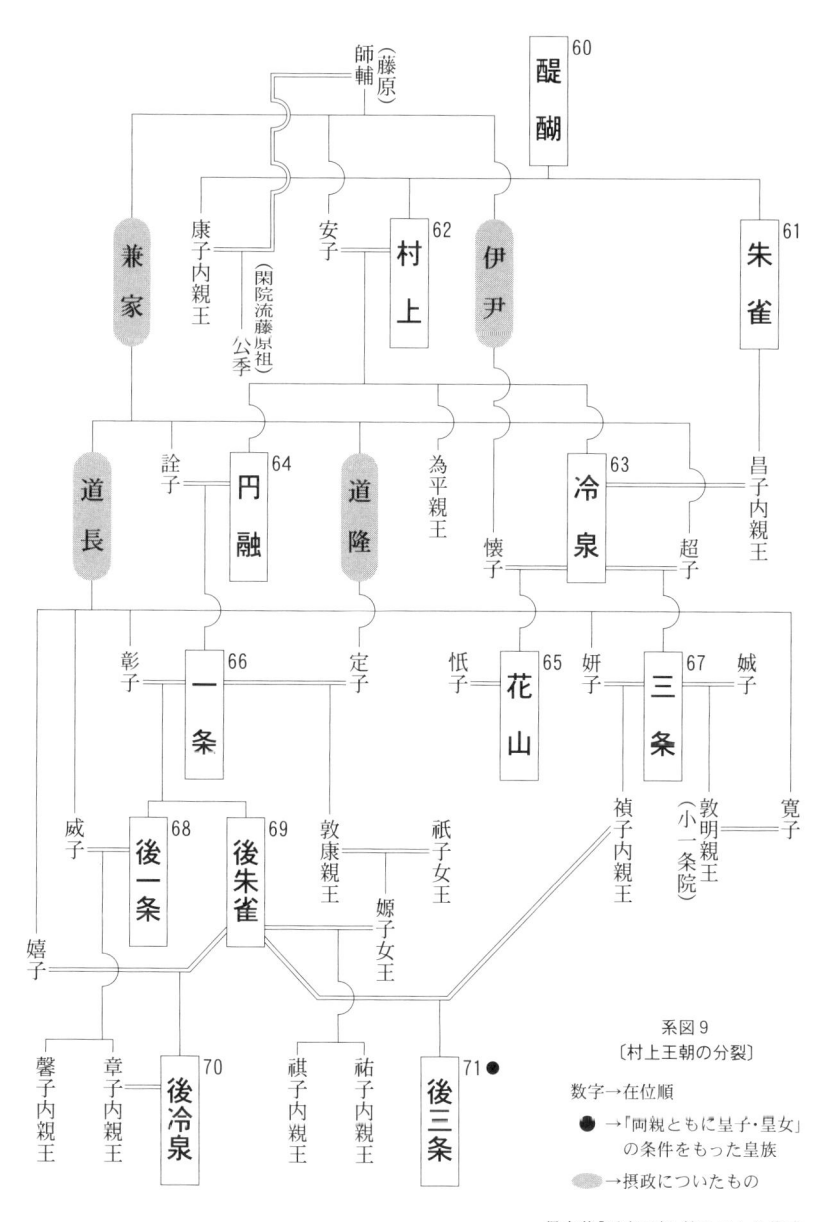

巻末資料 339

系図9
〔村上王朝の分裂〕

数字→在位順
● →「両親ともに皇子・皇女」の条件をもった皇族
▬ →摂政についたもの

保立著「平安王朝」第5図より作成

系図10
〔院政と皇統の分裂〕

数字→在位順
---→養子

保立著「平安王朝」「義経の登場」王家系図より作成

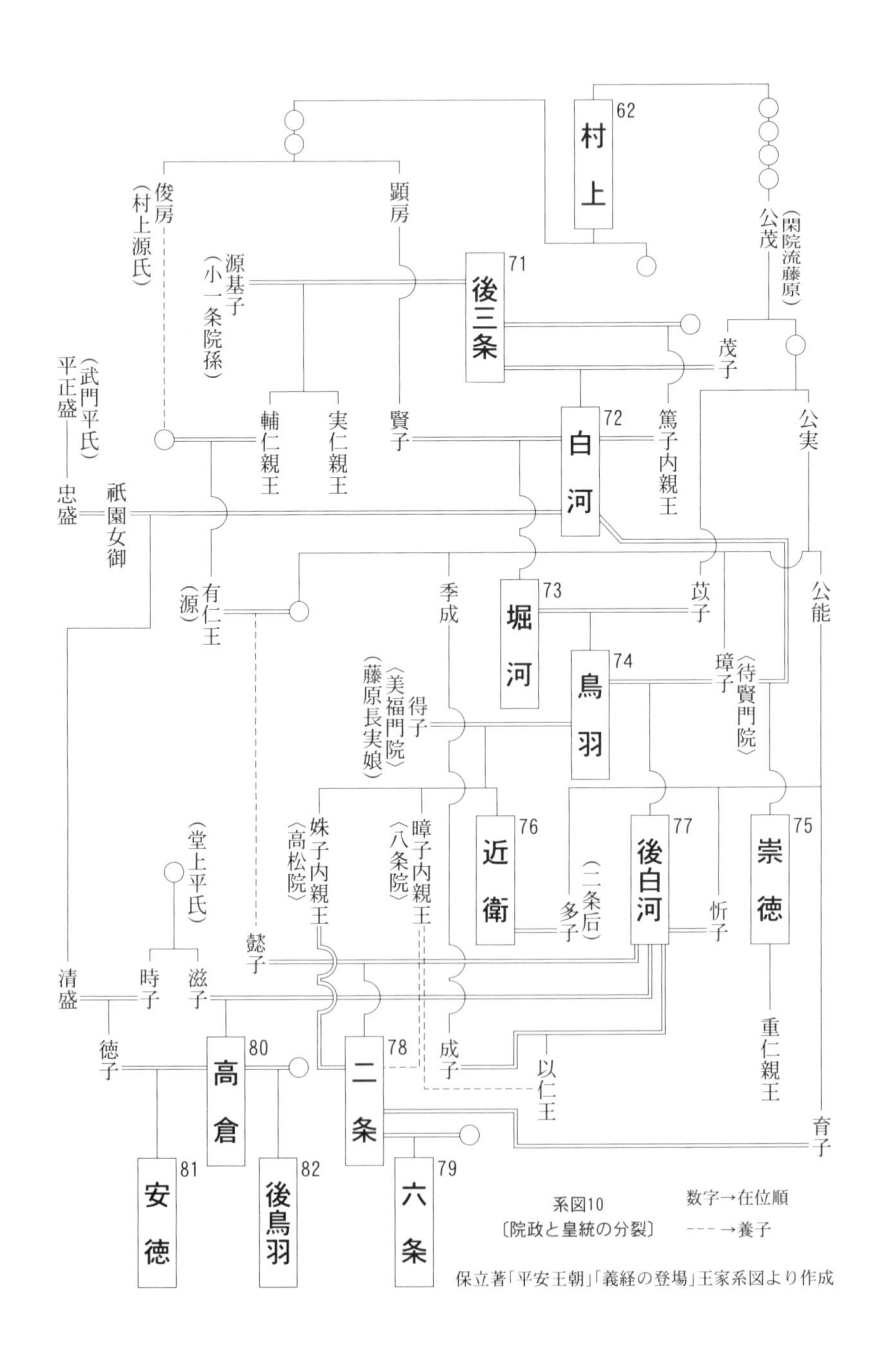

あとがき

　古代の日本・中世の日本の批判を行っていく過程で、「つくる会」教科書の問題点は、「天皇の位置付け」「日本・日本文化形成に果たした中国・朝鮮の役割の軽視」に留まらないことがわかった。歴史を見る視点としてこの教科書が無視しているのは、まず社会史・経済史の視点であり、この教科書はあまりに政治史を偏重している。このことによって女性や被差別民、そして境界域としての琉球・奥州・蝦夷が島、さらには商業と職能民の歴史がまったく度外視されている。

　しかしこれらの問題点は、「つくる会」以外の教科書もまた共有していることでもあり、この点に気を付けながら批判を行っていった結果として、文字通り「歴史教科書の常識をくつがえす」ものとなっていったわけでもある。

　さらに問題なのは、「つくる会」教科書が、近年の歴史研究の成果をほとんど無視しており、その記述はかなり通俗的な理解に依拠しているものであることである。その歴史認識・知識は、研究レベルで言えば、20～30年は遅れているのではなかろうか。しかしここでも、「つくる会」以外の教科書もまたこの問題点を共有している。

　普通の人が日本歴史についての知識を得るところは、学校で習う歴史以外では、歴史小説か歴史ドラマであり、学校で習う歴史の占める比重はかなり重い。その学校で習う歴史が、研究レベルと比較すると20～30年も遅れているというのは問題であろう。歴史研究は、その時代における問題意識に依拠して行われる。したがって時代が変化するにつれて現代的課題がかわり、そのため歴史を研究するときの問題意識や視点が変わってくる。それゆえ同じ資料を使っていても、そこからわかってくる歴史像には変化も深みもあるわけであり、歴史認識を現在に生かす道筋も変わっていく。

　あまりにその時々の歴史研究に依拠しすぎるのも、あの旧石器捏造の結果

であった日本における旧石器時代の始まりの捏造がそのまま教科書に載ってしまったという問題もあったのだが、教科書の記述も日々、新たな研究動向を睨んで改訂される必要があるだろう。しかし、歴史教科書の記述に歴史研究の最新の成果が反映されにくい理由には、一つは教科書検定の問題があるので、これは教科書執筆者・出版社の努力だけでは解決がつきにくいことかもしれない。

　この意味で「つくる会」教科書がはらむ問題点は、他の教科書もまた共有しているのである。

　また一つ疑問なのは、なぜ「つくる会」教科書の全面的な批判が、研究者の総力をあげてなされないのかということである。

　「つくる会」教科書の記述は論ずるほどの価値もないほど、むちゃくちゃなものだというのだろうか。たしかにこの教科書の記述はひどい。雑と言っても良い。だがこの教科書がなした意図的な歴史改変を多くの人が受け入れてしまう危険が、今の日本には存在する。一つには、グローバリゼーションの進展の中で閉塞してしまった日本の状況。ここからの出口を求めて、日本ナショナリズムに走ろうという傾向が強く存在する。そしてこれは日本の歴史を美化しようという衝動を伴う。そしてもう一つは、日本における歴史教育の貧困により、「つくる会」のような意図的な歴史改変を見抜けない、国民的レベルでの歴史の知識不足。このような状況を背景にして「つくる会」教科書市販本がかなり売れ、この教科書が実際に教育現場で使用されていく。

　この状況を座視するわけには行かないと思う。間違ったものはきちんと科学的に批判されるべきである。

　この批判がなされていないという認識が、元中学校教師に過ぎない著者に、本書を書かせた理由である。

　それにしても歴史研究の世界でも、ほとんど無視された研究というのがあることを改めて思い知らされた。

　著者が古代の日本国家成立の所で多く依拠した古田武彦の研究は、今日の古代史学会でまったく無視されている。古田の研究に目を配っていれば、例えば通貨の研究で小林が提示した奈良時代以前に全国的に流通していたという「無

文銀銭」の発行主体は九州の倭王朝であることは明白である。また天皇制の研究でも倭王朝から大和王朝への権力主体の交代の事実を認識していると、多くの問題点が氷解する。しかし古田の研究は全く無視されている。彼が高校教師であったことと、天皇と言えば大和天皇家だという皇国史観以来の認識を根底的に覆すタブー破りをしたからであろうか。

　また古代政治史の所で多く引用した河内祥輔の研究も、かなり無視されている。彼の研究に依拠すれば、摂関政治も院政も古代政治史も中世政治史も明かにされることが多いのに、いまだに無視されることが多い。これは河内が中世の研究者だからであろうか。

　ともあれ、歴史研究にこのような縄張り争いのようなことが行われ、多くのタブーが存在することは問題である。このような研究者の怠慢もまた、「つくる会」のような意図的な歴史改変を許す基盤だと思うからである。

　本書の記述は「はじめに」にも記したように、多くの歴史研究者の論に依拠して行われ、著者自身のオリジナルの主張は少ない。幾つかの個所で、さまざまな研究成果に依拠して著者自身が新たに判断して記述したものがある。それは以下の部分である。

　第15節「律令政治の展開」の項の(6)で無文銀銭にふれ、この全国通貨が九州倭国の通貨であると指摘したところ。小林啓爾の説を古田の説で補強した。
　第21節「律令制の拡大」の項で、蝦夷反乱の歴史的年代とその意味を指摘した個所は、古田の2倍年暦説に依拠して独自に計算して年代を確定し、時代状況を判断して記述した。
　第29節「院政期の文化」の項で、後白河が編纂させた絵巻の性格を指摘した個所は、棚橋光男の研究に依拠して、絵巻の研究を参考にして新たに指摘した。
　第32節「女性天皇」の項で、大王・天皇が皇女を后とした例を指摘分析した個所は、河内祥輔や保立道久の研究に依拠しながら、彼らが指摘しなかった例も含めて独自に検討してみた。

2006年7月

川瀬　健一（かわせ　けんいち）

1950年　神奈川県小田原市に生まれる。
1973年　国学院大学文学部史学科（東洋史専攻）卒業。
1974年〜2003年まで、神奈川県川崎市で公立中学校社会科教諭をつとめ、2003年春退職。その間、市教組中央委員・教研対策委員、職場では図書館指導・文化祭企画委員・環境教育推進委員などを務める。

　論文としては、日教組教研レポートとして、「教科書の記述についての一考察──世界地理教科書の検討：世界の国々をどう子供たちは認識するか──」（1982年）、「OPEN THE 文化祭──地域との交流をもとめて」（1985年）、雑誌掲載論文は、「『子どもたちの生きる力』を育む環境教育：総合学習としての多摩川自然観察」（教育研究情報 vol.31:1999年）などがある。退職後は、著者サイト「学校をかえよう」http://www4.plala.or.jp/kawa-k/ などで評論活動を続ける。

徹底検証「新しい歴史教科書」第1巻〈古代編〉
──東アジア・境界域・天皇制・女性史・社会史の視点から

2006年8月31日　初版第1刷発行

著　者　　川瀬健一
装　幀　　閏月社
制　作　　いりす
発行者　　川上　徹
発行所　　同時代社
　　　　　〒101-0065 東京都千代田区西神田 2-7-6
　　　　　電話 03-3261-3149　FAX 03-3261-3237
印　刷　　モリモト印刷㈱

ISBN4-88683-584-8